Berthold Wendt

Layout mit
Papyrus Autor

das Praxisbuch

Berthold Wendt

Layout mit Papyrus Autor

das Praxisbuch

mit über 60 Schritt-für-Schritt-Anleitungen

und mehr als 350 Abbildungen

Bibliografische Information der Deutschen Nationalbibliothek: Die Deutsche Nationalbibliothek verzeichnet diese Publikation in der Deutschen Nationalbibliografie; detaillierte bibliografische Daten sind im Internet über dnb.dnb.de abrufbar.

Impressum:
Copyright © 2024. Alle Urheber- und Nutzungsrechte verbleiben beim Autor.
Abdruck, Vervielfältigung und Verwendung aller Bestandteile nur mit ausdrücklicher Genehmigung des Autors.
Verwendung des Papyrus-Logos und Screenshots genehmigt.
Titelbild: Seite aus »Der Rattenfänger von Hameln«, gereimt von Theodor Nebl.
Layout und Satz mit Papyrus Autor von R.O.M. Logicware GmbH.
Herstellung und Verlag: BoD – Books on Demand, Norderstedt
ISBN: 978 375838307 6 Preis: 17,20 €
© 2024 Berthold Wendt

Inhalt

1. Auftakt

Menschliche Wertschätzung

Die Zukunft wird zeigen, ob die sprachlichen Veränderungen, die zurzeit diskutiert werden, von Dauer sind. Einerseits soll die *Wertschätzung* aller Menschen durch das Gendern für Menschen jedweden Geschlechts, besonders des weiblichen und diversen, angeglichen werden, mit der Folge, dass das *generische Maskulinum** verpönt und Wortkonstruktionen mit großem Binnen-I, mit Stern*chen oder einem Doppel:punkt inmitten eines Wortes, beworben werden.

Andererseits ist es in unheilvolle Mode gekommen, *jede x-beliebige* Person für sie unerwartet mit dem potenziell abwertend empfundenen *Du* anzusprechen, auch wenn es anders gemeint ist. Mit dieser Unsicherheit ist das Duzen aus meiner Sicht unbedachter als das *generische Maskulinum*.

Beide Ausdrucksweisen schließen sich aus meiner Sicht gegenseitig aus. Deshalb wird in diesem Buch nicht gegendert und alle Leser mit dem höflicheren, persönlichkeitsachtenden *Sie* angesprochen.

Es kann aber auch sein, dass ich in einer anderen Zeit großgeworden bin.

Zu diesem Buch

Kürzlich entdeckte ich Papyrus Autor in einer Aufstellung von DTP-Programmen neben *Scribus*, *QuarkXPress*, *Adobe Indesign* und anderen mit einer vergleichsweise guten Bewertung. Und tatsächlich gibt es im Autorenprogramm *Papyrus Autor* wichtige zusätzliche Funktionen, die sonst nur zum Publizieren von Zeitungen, Zeitschriften und Büchern notwendig sind. Es ist die gelungene Kombination für das Erstellen, Lektorieren *und* Veröffentlichen von Texten aller Art bis hin zur Druckvorstufe, also den PDF-Dateien für die Druckerei für den Textblock und den Buchdeckel, auch Cover genannt.

---

* Wenn alle Geschlechter gemeint sind, wird die männliche Form verwendet.

Alle Desktop-Publishing-Programme haben ihre eigenen und speziellen Ansatzpunkte, das erstrebte Druckwerk am Ende perfekt zu gestalten. Da Papyrus Autor für Schriftsteller geschaffen wurde, liegt das Hauptaugenmerk logischerweise auf gebundenen Büchern. Aber auch Zeitschriften, Broschüren und großflächige Plakate sind damit in Reichweite gerückt, zumal dieses Programm von Haus aus die Möglichkeit bietet, von der Broschüre bis zum Plakat aus mehreren DIN-A4-Blättern, alles zur probeweisen Ansicht ohne weitere Zusatzprogramme am heimischen PC auszudrucken.

Vorausgesetzt werden hier nur die erfolgreiche Installation und Inbetriebnahme von Papyrus Autor auf Windows und Mac-OS. In den verschiedenen Linux-Distributionen kann die Windows-Version mithilfe von *PlayOnLinux* und *Wine* ebenfalls erfolgreich installiert werden. Nur unwesentliche Abstriche in der Funktion müssen gemacht werden. In den *Erweiterungen* wird diese oft erprobte Installation genauer beschrieben.

Sicher ist *Papyrus Autor* nicht mit speziellen Design-Programmen vergleichbar, mit denen fast alles gedruckt werden kann, ist aber zum Selfpublishing für angehende Schriftsteller dennoch bestens geeignet. Den Ergebnissen sieht bei entsprechenden Ideen niemand deren Herkunft an, wenn alle Möglichkeiten ausgereizt sind. Dies zu erreichen ist das Ziel dieser Veröffentlichung, indem die Stellschrauben benannt werden, wie und wo das Ergebnis mit dem Werkzeug *Papyrus Autor* erfolgreich erreicht werden kann.

Besonderes Augenmerk wird in der vorliegenden Fassung auf eine menügenaue Beschreibung der Arbeiten am Layout gelegt. Deswegen beziehen sich alle Angaben auf die Version **11.x Win**. Mit geringen Verschiebungen treffen die Menüpunkte auch auf die Versionen **10.x** zu. Wer noch die Version **9.x** benutzt, kann nach dieser Anleitung zwar ebenfalls erfolgreich arbeiten, aber zwischenzeitlich ist die Aufteilung der Menüs sowie deren Benennung teilweise geändert worden. Nutzer müssen sich dann auf ein Suchen der richtigen Menüs einstellen. Prinzipiell sind aber auch in der Version 9.x alle benötigten Funktionen vorhanden.

Lassen Sie mich noch ein Wort zum verwendeten Monitor und zum Computer erklären. Ein Layout auf einem zu kleinen Bildschirm zu entwickeln, gleicht dem Versuch, eine Werft statt an der Elbe an der Wupper zu errichten. Vielfach ist es notwendig, Details zu betrachten, um daraufhin gleich wieder den Gesamteindruck zu bewerten. Das heißt, dass die Auflösung des Bildschirms in der Senkrechten über 1000 Bildpunkte betragen sollte. Die Breite richtet sich dann nach dem Seitenverhältnis. Allgemein werden derzeit kaum noch Bildschirme mit dem Verhältnis von 4 : 3 bzw. 5 : 4 (Breite zu Höhe) angeboten. Die meisten bewegen sie sich bei Seitenverhältnissen von 16 : 10, 16 : 9. oder mehr. Eine größere Diagonale ist zwar besser, aber nicht jeder hat den Platz dazu. Mit diesen Breitbildschirmen ist es möglich, zwei hochformatige DIN-A4-Seiten gut lesbar nebeneinander anzuzeigen. Um wenigstens DIN-A5-Seiten in ihrer Originalgröße darzustellen, empfehle ich einen Breitbildschirm von wenigstens 56 cm Bildschirmdiagonale (22 Inch). Bei ihm lässt sich durch die knapp 30 cm Bildschirmhöhe die Coverdatei von DIN-A5-Büchern noch in Originalgröße abzubilden. Die Menüs von Papyrus Autor benötigen ja auch noch etwas Bildschirmfläche.

Für Papyrus Autor benötigen Sie keinen Hochleistungscomputer. Dieses Programm funktioniert auf allen Geräten, die mit einem 64-Bit-Prozessor, nur *einem* Rechenkern und Internet ausgestattet sind. Eine zusätzliche Grafikkarte ist nicht notwendig. Dies kann sich aber ändern, wenn Sie für Ihre Aufgaben noch ein Bildbearbeitungsprogramm, beispielsweise GIMP oder Adobe Photoshop, verwenden möchten. Manche Prozesse benötigen da etwas mehr Zeit oder Rechenpower.

Wie wird der Inhalt dargeboten?

Es kommt mir darauf an, in *einem* durchgehenden Text den Papyrus-Autor-Neuling ebenso anzusprechen, wie den Geübten und den, der sich schon ein wenig in Papyrus eingearbeitet hat. Erfahrungsgemäß benötigen die Nutzer mit der Zeit immer weniger Hilfe. Welche und in welchem Umfang, ist individuell verschieden und hängt unter anderem mit den immer wieder benutzten Funktionen unseres Lieblings-Schreibprogramms zusammen. Das kann verständlicherweise äußerst unterschiedlich sein.

Sich immer wieder auf neue Texte oder sogar Bücher einzustellen, ist sehr ineffektiv. Besser ist es da schon, wenn der Nutzer weiß, wo er dieses oder jenes 'mal schnell nachlesen kann – ganz gleich, welchen Wissensstand er zu diesem Problem im Einzelnen hat. Erklärende Grafiken und Einstelldialoge werden in allen Stufen angeboten.

Der folgende Textabschnitt kennzeichnet die einzelnen Wissensstufen, die das spezielle Layout das kenntlich macht:
Während der *Geübte* möglicherweise mit den Überschriften und dem ersten erklärenden Text auskommt und nur das zuständige **Menü** und/ oder die Tastenkombination (z.B. ⌈Strg⌉+⌈A⌉ für alles markieren) wissen möchte...

Schnell mal nachgucken ...

1. benötigt der **wenig Erfahrene** dazu noch einige Erklärungen

2. und eine grobe Abfolge der Bedienung, die wie hier mit 1., 2., 3., usw. beschrieben werden.

Hin und wieder bestehen Probleme aus mehreren Teilen, bevor sie ein Ganzes ergeben. Meistens wird dann der Algorithmus, die Handlungsanweisung, unterbrochen, bis alle Wissensstufen ungefähr auf demselben Niveau der Abarbeitung angelangt sind. Dies gibt auch dem schon etwas Erfahrenen die Möglichkeit, es noch einmal zu durchdenken oder doch noch im Detail nachzulesen.

Weiter nachgucken ...

1. Hier geht die Bedienreihenfolge **Geübter** für das Problem weiter

2. und beginnt wieder mit 1., um bei kleinen Nummern zu bleiben.

Der **Anfänger** und **Einsteiger** findet unter dem Logo ...

Und nun im Detail:

... und bei umfangreichen Erklärungen ...

Weiter im Detail:

a) ... den detaillierten Bedien-Vorgang mit Angabe des Menüs und dessen Unterpunkte und den einzustellenden Buttons

b) ... den Hintergründen und die darauf folgende Bildschirmausgabe sowie Reaktionen von Papyrus Autor.

c) Alles wird hier Schritt für Schritt beschrieben. Zur weitern Kennzeichnung dieser detailgenauen Darstellung wird hier ein kleinerer Schriftgrad benutzt, damit diese Erklärungen nicht wie eine unüberwindliche Mauer wirken und Sie den Mut verlieren.

d) Nur wer es ganz genau wissen will, oder wenig Erfahrung mit Papyrus Autor hat, braucht in diesen Aufzählungen mit den Kleinbuchstaben **a)**, **b)**, **c)** usw. die Details nachzulesen.

e) Diese haarkleine Beschreibung unterbricht mit:

Bis hierher erstmal.

Ist die Erklärung der Details eines Problems vollständig, wird stattdessen als Abschluss darauf hingewiesen:

Das war es schon!

Insgesamt wurde diese Form gewählt, um ein häufiges Hin-und Herblättern zu vermeiden, wenn eine kleinteiligere Anleitung benötigt wird. Dass dadurch Informationen möglicherweise mehrfach gegeben werden, wurde im Interesse einer einfachen und entspannten Informationsbeschaffung gern hingenommen und kann für den Anfänger durch die Wiederholung leichter verinnerlicht werden.

2. Nützliche Voreinstellungen

Rationell Arbeiten

Meist ist es so, dass ein Nutzer die vorgefundene Werkzeugausstattung auf einem neuen Arbeitsplatz erst einmal ausprobiert und prüft. Bald stellen sich Bedürfnisse und Wünsche ein, die er versucht, bestmöglich umzusetzen. Jeder hat seine eigenen Vorlieben und Abneigungen. Während der eine gern mit Tastenkombinationen arbeitet, kann der andere sich so etwas schlecht merken und klickt gern mit der Maus oder dem Trackball oder nutzt andere intuitive Arbeitsweisen.

Konventionen und Kennzeichen

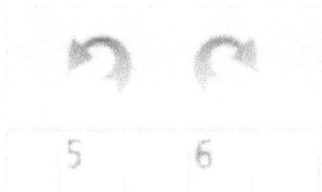

Icons für rückgängig und wiederherstellen in der Symbolleiste

Dass sich gemachte Veränderungen im Text oder in dessen Bearbeitung mit Strg + Z, wieder rückgängig machen lassen dürfte allgemein bekannt sein. Das Gegenteil davon, also das Wiederherstellen hört auf die Tastenkombination Strg + Shift + Z. Beides lässt sich auch über die Symbolleiste mit den bekannten Zeichen erreichen.

Das Entwickeln eines neuen Layouts ist nicht nur Handwerk, sondern hat auch eine künstlerische Komponente. Dazu gibt es im Kapitel *7. Das Layout auf Seite 203* zusätzliche Hinweise. Die Angabe der Seite wurde mittels Hypertext (*Querverweise auf Seite 172*) eingefügt und passt sich automatisch der laufenden Bearbeitung an.

Ihrer jeweiligen Arbeitsweise will ich gar nicht ins Handwerk reden, auch wenn ich zugegebenermaßen ein »Treckball-Klicker« bin. Tastenkombinationen verwende ich nur wenige. Diese werden im Folgenden immer nach folgendem Muster für *»Alles Markieren«* mit [Strg]+[A] dargestellt. (Mac-User verwenden statt [Strg] generell [Ctrl]). Diese Funktion ist auch im Menü **Bearbeiten → Alles markieren Strg+A** erreichbar, womit ich schon das prinzipielle Muster für *Menüoperationen* dargestellt habe.

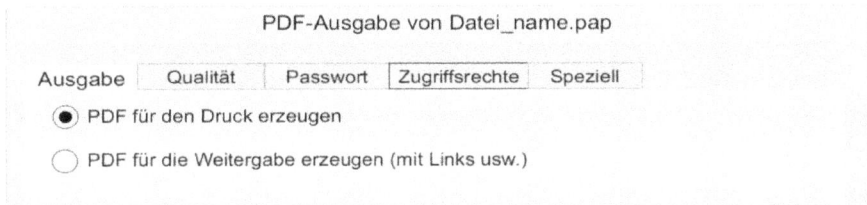

PDF-Ausgabe von Datei_name.pap

Ausgabe	Qualität	Passwort	Zugriffsrechte	Speziell

◉ PDF für den Druck erzeugen

◯ PDF für die Weitergabe erzeugen (mit Links usw.)

Beispiel für Reiter

Wie gezeigt, werden die konkreten Menüpunkte und Funktionen immer **fett** dargestellt. Das vermeidet eine unübersichtliche Verwendung von zigtausendfachen Anführungszeichen, die eher verwirren als klären. Der *Pfeil* (→) bezeichnet den Übergang zur nächsttieferen Ebene; von **Menü → Untermenü → Menüpunkt** bei einem Menü mit Untermenü. Weitere Pfeile (→) deuten dann oft darauf hin, dass es innerhalb von Einstellungsfenstern weitere Verzweigungen gibt.

Dies können **Reiter** sein, die waagerecht angeordnet sind, oder senkrechte **Rubri-**

Seitenlayout
Seitennummern
Stammseiten
Seitenbereich zuweisen
Verwaiste Zeilen
Fußnoten
Papierformat

Beispiel für Rubrik

Voreinstellungen

Voreinstellungen

ken, die in den Dialogen auf der linken Seite untereinander stehen, und sich ebenfalls noch weiter verzweigen können.

Symbolleiste mit Icons ergänzen

Wichtig beim Arbeiten ist oft ein schnelles Umschalten vom Text- in den Grafikmodus und zurück. Prinzipiell ist das auch im Menü **Text → Textmodus** und zurück im Menü **Text → Grafikmodus** beziehungsweise mit den Tastenkombinationen [Alt]+[F1] und zurück mit [Alt]+[F2] möglich.

Um die entsprechenden Icons in den Zeilen der Symbolleiste zu platzieren, öffnen Sie den Dialog für die umfangreichen Papyrus-Einstellungen.

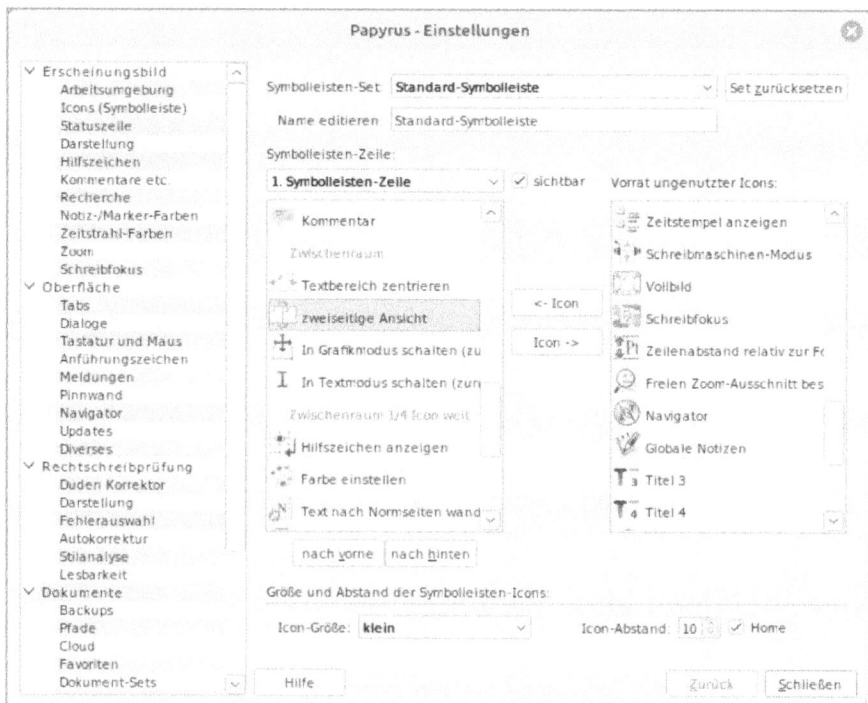

Dialog Payrus-Einstellungen Rubrik Icons (Symbolleiste

Schnell mal nachgucken ...

1. Öffnen Sie das Menü **Einstellungen** →
   Einstellungen... → **Erscheinungsbild** →
   Icons (Symbolleiste)

2. Dort gibt es zwei Auswahlfelder, *rechts*
   für den Vorrat an Funktionen und *links*
   für die angewählte Symbolleiste.

   Symbolleisten-Set: Standard-Symbolleiste
   Name editieren: Standard-Symbolleiste
   Symbolleisten-Zeile:

   Vorauswahl der Symbolleiste

3. Mittels der beiden Buttons zwischen
   diesen Auswahlfeldern können die Icons
   in die Symbolleiste oder den Vorrat bug-
   siert werden.

Und nun im Detail:

a) Legen Sie durch einen Klick mit der linken
   Maustaste auf das Auswahlfeld ganz oben
   hinter **Symbolleisten-Set:** fest, welche Symbolleiste Sie ändern wollen.

b) In der Eingabezeile hinter **Name editieren:**
   können Sie der zu verändernden Symbolleiste einen speziellen Namen geben. Stellen
   Sie dazu in der Zeile **Symbolleisten-Set:** ein
   bisher ungenutztes Symbolleisten-Set ein.

c) Verändern Sie den Namen, beispielsweise
   »**Layout**«. (Die Nummer brauchen Sie dabei
   nicht stehenlassen.)

d) Ein Grundstock von Icons/Symbolen wird
   bereits in der Symbolleiste über dem Text
   sowie in der linken Aufstellung eingetragen.
   Die Richtung erkennen Sie schnell.

n-Set:	Standard-Symbolleiste
eren:	**Standard-Symbolleiste**
	Office
n-Zeile	Schriftstellerei
sten-Ze	Kompatibel
	Überarbeiten
Text-D	Nur Schreiben
	Simpel
ent öffr	8. Symbolleisten-Set
ent dru	9. Symbolleisten-Set
	10. Symbolleisten-Set
eichen	11. Symbolleisten-Set
	12. Symbolleisten-Set
raum	13. Symbolleisten-Set
raum	14. Symbolleisten-Set
	15. Symbolleisten-Set
chriftg	16. Symbolleisten-Set
raum	1 Pixel

Voreingestellte Symbolleisten

Voreinstellungen

e) Wählen Sie nun in dem Auswahlfeld unter der Überschrift **Symbolleisten-Zeile:** die zu verändernde Symbolleiste aus. Insgesamt können 4 Symbolleisten angezeigt werden.

f) Wenn der Haken in der Checkbox vor **sichtbar** gesetzt ist, wird natürlich die gewählte Symbolleiste angezeigt.

g) Rechts im Einstelldialog werden unter **Vorrat ungenutzter Icons:** mögliche Symbole/ Icons aufgelistet. Der Schieberegler funktioniert auf die bekannte Weise und lässt Icons sichtbar werden, die durch die obere/untere Fensterbegrenzung verdeckt werden.

Icons in Symbolleiste und heraus

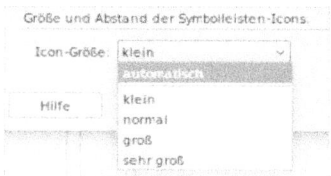

h) Ein Klick auf das gewünschte Icon, sodass es *markiert* ist, und anschließend auf den Button **<-Icon** platziert das gewünschte Icon. Mit den Buttons **nach vorne** und **nach hinten** kann das markierte Icon innerhalb der Menüleiste verschoben werden.

i) Je nach Bildschirmauflösung lässt sich die Icongröße in dem Auswahlfeld rechts neben **Icon-Größe:** einstellen sowie auch der **Icon-Abstand:** Eine Veränderung wird *sofort* in der Symbolleiste angezeigt.

Größe der Icons einstellen

j) Sobald ein Icon/Symbol platziert wurde, kann es auch verwendet werden.

k) Haben Sie alle gewünschten Symbole eingeordnet, klicken Sie rechts unten auf **Schließen**. Damit wird alles gespeichert.

Das war es schon!

Aus Erfahrung empfehle ich für die Symbolleiste neben dem Grundstock folgende Symbole:

- **Neues Textobjekt,**
- **Neues Rechteck,**
- **Neuer Kreis** und
- **Neue Linie** außerdem
- **Textbereich zentrieren,**
- **Zweiseitige Ansicht,**
- **Hilfszeichen anzeigen,**
- **Farbe einstellen** und
- **Grafikmodus** sowie
- **Textmodus**

Wer Texte bearbeiten will, für den sind je nach Arbeitsweise weiterhin Kommentare und mehrere Textmarker als Symbol angebracht.

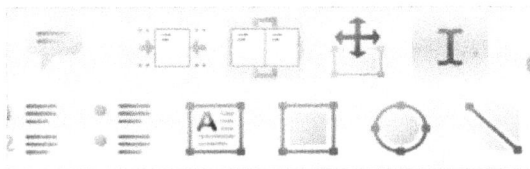

Zusätzlich eingefügte Icons

Originalgröße auf dem Bildschirm

Auf Etiketten, beispielsweise von Lebensmitteln, muss eine Vielzahl von Informationen angegeben werden. Vermutlich starrte dabei der »Etiketten-Layouter« auf einen sehr großen Bildschirm ...

Wie, wie ich darauf komme?

Auch Sie kennen Beispiele, in denen auf dem handtellergroßen Etikett der Informationsgehalt einer DIN-A4-Seite untergebracht ist. Dazu ist eine Schriftgröße notwendig, bei der selbst Normalsichtige eine Lupe benötigen, um die Angaben entziffern

2024

Kalenderkarte, Originalgröße!

zu können – gut, es kann auch sein, dass diese Etiketten ohnehin nicht gelesen werden (sollen) ...

Für Bücher und Zeitschriften ist die Manie mit der superkleinen, für Fehlsichtige unleserlichen Schrift undenkbar. Da wäre es von Vorteil, wenn die Anzeige auf dem Bildschirm in genau derselben Größe angezeigt würde, wie in der gedruckten Publikation.

Ist der Text auf dem Bildschirm (bei normalem Abstand) lesbar, dann ist er es auch mit Sicherheit durch die viel bessere Auflösung im Fertiggedruckten.

In Papyrus Autor gibt es die Möglichkeit, sich reproduzierbar genau diesen Wert voreinzustellen. Sie brauchen dafür nur etwas Geduld, ein (biegsames) Lineal und die folgende Arbeitsanleitung.

Ausprobierte Zoom-Einstellung für 1:1-Darstellung von Bildschirm und Papier.

Schnell mal nachgucken ...

1. Holen Sie sich im Menü **Datei → Neu** ein leeres DIN-A4-Blatt auf das Display oder öffnen Sie ein Dokument dieser Größe.

2. Unten in der **Statuszeile** klicken Sie nun mit der **linken Maustaste** auf die **Zoomeinstellung.** Es öffnet sich ein Untermenü mit einigen Standardmaßstäben.

3. Messen Sie nun mit einem (bei Röhrenmonitoren biegsamen) Lineal die angezeigte Breite.

4. Klicken Sie mit der linken Maustaste ganz unten auf: **Zoom einstellen**. Es öffnet sich der **Einstelldialog** für den Zoom.

5. Hier können Sie entweder nur den Wert von 100% verändern, oder nach Belieben auch alle. (*Achtung!* Die hier eingestellten Zoom-Werte werden auch im *Bildkatalog* verwendet.)

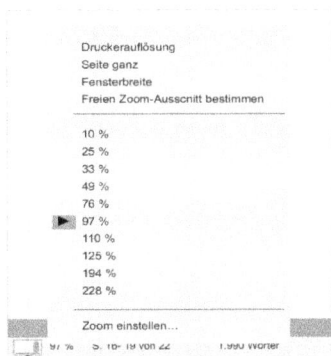

Druckerauflösung
Seite ganz
Fensterbreite
Freien Zoom-Ausscnitt bestimmen

10 %
25 %
33 %
49 %
76 %
▶ 97 %
110 %
125 %
194 %
228 %

Zoom einstellen...

Zoom -Einstellung

Und nun im Detail:

a) Sie benötigen für die folgenden Einstellarbeiten ein DIN A4-Blatt auf Ihrem Bildschirm. Ein unbeschriebenes erhalten Sie, wenn Sie im Menü **Datei** → Menüpunkt **Start...** → Rubrik **Neuer Text** auf **Leere Seite** klicken.

DIN-A4-Blatt erzeugen

b) Ob es auch DIN A4 im Hochformat ist, können Sie prüfen, indem Sie auf das obere Lineal schauen. Ein DIN-A4-Blatt misst genau 21 cm. Diese Blattbreite sollten Sie oben im horizontalen Lineal ablesen können.

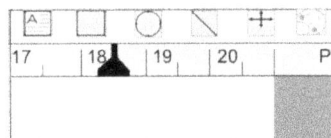

Ein DIN A4 ist genau 21 cm breit

c) Links-unten in der Statuszeile wird der Zoom-Wert angezeigt. Oft liegt der Ausgangspunkt zum genauen Zoom-Wert bei 100 %, sodass es sich anbietet, diesen Wert an die wirklichen 100 % anzupassen.

d) Wenn Sie mit der linken Maustaste auf diesen Zoom-Wert Klicken, öffnet sich ein Auswahlfeld, in dem der aktuelle Wert mit einem Haken versehen ist.

Voreinstellungen

Zoomstufen		
10	%	(Strg+Alt+F1)
25	%	(Strg+Alt+F2)
33	%	(Strg+Alt+F3)
49	%	(Strg+Alt+F4)
76	%	(Strg+Alt+F5)
97	%	(Strg+Alt+F6)
110	%	(Strg+Alt+F7)
125	%	(Strg+Alt+F8)
194	%	(Strg+Alt+F9)
256	%	(Strg+Alt+F10)

Erscheinungsbild
Arbeitsumgebung
Icons (Symbolleiste)
Statuszeile
Darstellung
Hilfezeichen
Kommentare usw.
Recherche
Notiz-/Marker Farben
Zeitstrahl-Farben
Zoom
Schreibfocus
Oberfläche
Tabs
Dialoge
Tastatur und Maus
Anführungszeichen
Meldungen
Pinnwand
Navigator

Zoom-Einstelldialog

Tatsächliche Breite mit einem Lineal auf dem Bildschirm gemessen

97 %

Ausprobierte Zoom-Einstellung für 1:1-Darstellung von Bildschirm und Papier.

e) Ganz unten ist **Zoom einstellen...** eingetragen. Ein Links-Klick darauf öffnet den Einstelldialog für den Zoom. Er lässt sich *auch* aus dem Menü **Einstellungen** → Menüpunkt **Einstellungen...** → Rubrik **Erscheinungsbild** → **Zoom** erreichen.

f) Ist die tatsächliche Breite bei 100 % breiter als 210 mm (mit dem Lineal auf dem Bildschirm gemessen), so ist der korrekte Wert kleiner, anderenfalls größer.

g) Ändern Sie im Einstelldialog diesen Wert, indem Sie ihn einfach mit dem zunächst geschätzten Wert überschreiben. Es werden nur ganzzahlige Prozentwerte übernommen.

h) Sie können den Wert auch errechnen, indem Sie den Sollwert durch den mit dem Lineal gemessenen Wert teilen und das Ergebnis mit 100 multiplizieren. Im nebenstehenden Bild ergibt sich 210 : 216 * 100 = 97,2%. Das ist genau der einzustellende Wert.

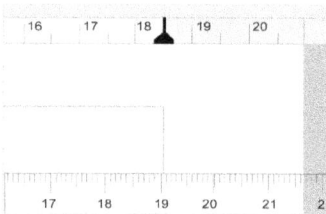

i) Klicken Sie mit der **linken Maustaste** ein weiteres Mal in der **Statuszeile** auf die **Seitengröße** und wählen Sie den eingegebenen Wert aus. Der Bildschirm wird sofort angepasst.

j) Noch einmal messen Sie mit dem (biegsamen) Lineal nun die angezeigte Breite.

k) Sollte der Wert von 21 cm erreicht oder wie ein DIN-A4-Blatt breit sein, so haben Sie den passenden Bildschirmwert gefunden.

Das war es schon!

Senkrechtes Lineal

Das senkrechte Lineal am linken Rand ist leider *nach* der Neuinstallation unsichtbar. Es ist ein erster Hinweis darauf, wie viel Platz noch bis zum Seitenende zur Verfügung steht. Auch zur Aufteilung der Seite mithilfe der magnetischen grünen Linien, die aus den Linealen mit gedrückter linker Maustaste herausgezogen werden können, sind beide Lineale notwendig.

Schnell mal nachgucken ...

1. Öffnen Sie das Menü **Einstellungen** → **Einstellungen...** Rubrik **Darstellung** und aktivieren Sie die Checkbox vor **Vertikales Lineal anzeigen** und am besten auch gleich die vor **Mausposition im Lineal zeigen**.

2. Klicken rechts-unten auf Schließen.

Papyrus - Einstellungen

∨ Erscheinungsbild	Seiten nebeneinander: ● 2 Seite(n)
Arbeitsumgebung	○ abhängig vom Papierformat
Icons (Symbolleiste)	
Statuszeile	Lineal: ✓ vertikales Lineal anzeigen
Darstellung	✓ Mausposition im Lineal zeigen
Hilfszeichen	
Kommentare etc.	

Vertikales Lineal anzeigen und Mausposition zeigen sind aktiviert.

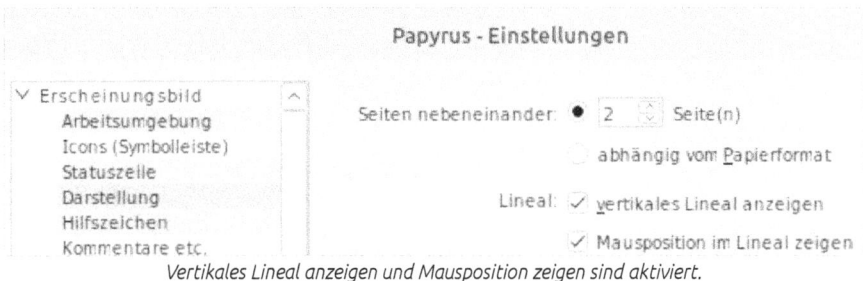

Und nun im Detail:

a) Im Menü **Einstellungen** → **Einstellungen...** → Rubrik **Erscheinungsbild** → **Darstellung** können oben die Anpassungen vorgenommen werden.

b) Setzen Sie nach **Lineal:** und vor **vertikales Lineal anzeigen** und ein weiteres vor **Mausposition im Lineal zeigen** ein Häkchen.

c) Mit einem Klicken auf den Button **Schließen** (rechts-unten) beenden Sie die Einstellung.

Das war es schon!

Hilfszeichen-Farbe verändern

Da Sie möglicherweise im weiteren Verlauf den Textbereich für den Haupttext teilweise verändern wollen, ist es nützlich, dass Sie sich diesen Bereich sichtbar auf den Bildschirm holen. Mit dem Icon **Hilfszeichen anzeigen** in der Symbolleiste oder der Tastenkombination ⟨Strg⟩+⟨Shift⟩+⟨D⟩ lassen sie sich jederzeit ein- und ausschalten. Das trifft auch für das Menü **Ansicht** → Menüpunkt **Hilfszeichen anzeigen** zu.
Die Voreinstellungen sind für meine Augen nicht optimal. Jeder sieht Farben etwas anders. Dabei ist noch nicht einmal an eine teilweise Farbblindheit gedacht. Es ist deshalb gut, dass sich dies in Papyrus einfach einstellen lässt.

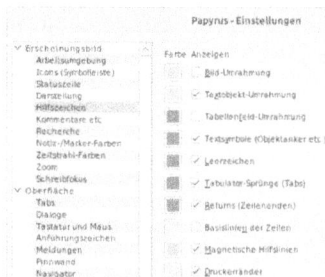

Farbzuordnung für Hilfszeichen

Schnell mal nachgucken ...

1. Öffnen Sie das Menü **Einstellungen** → **Einstellungen...** → Rubrik **Erscheinungsbild** → **Hilfszeichen**.

2. Mit einem Linksklick auf die kleinen Farbquadrate vor den Checkboxen können Sie die gewünschten Farben einstellen.

3. Wie immer, verlangen die Manipulationen in dem Dialog **Papyrus-Einstellungen** keine besondere Bestätigung. Mit dem Schließen dieses umfangreichen Dialogs werden die Veränderungen bis zur nächsten registriert, auch über einen Neustart von Papyrus hinaus.

Und nun im Detail:

a) In dem Dialog **Papyrus-Einstellungen**, den Sie mit [Strg]+[.] erreichen, werden die Grundeinstellungen verwaltet. Sie finden diesen Dialog auch im Menü **Einstellungen** → Menüpunkt **Einstellungen...** → Rubrik **Erscheinungsbild** → **Hilfszeichen**.

b) Unter **Farbe Anzeigen** wird mit dem Häkchen mitgeteilt, welche Hilfszeichen im derzeitigen Dokument aktiv sind und welche Farben ihnen derzeit zugeordnet sind.

c) Wenn beispielsweise das Häkchen vor **Textobjekt-Umrahmung** gesetzt ist, wird die äußere Begrenzung der Textobjekte und auch des Haupttextes(!) durch eine graue Linie sichtbar gemacht.

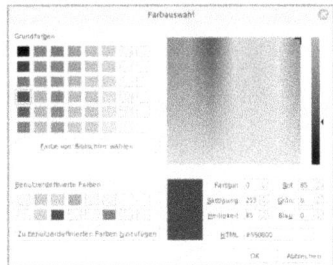

Farbauswahldialog

d) Die Farbe der Linie lässt sich durch einen Klick auf das Farbquadrat vor dem Checkbox-Häkchen einstellen. Es öffnet sich der bekannte Dialog **Farbauswahl**, in dem Sie die Farbe beliebig einstellen können.

e) Ein Klick auf **OK** im schließt die Konfiguration der Farbe ab, die *sofort* verändert wird.

Voreinstellungen

f) Mit dem Schließen des Dialogs **Papyrus-Einstellungen** werden diese Werte bis zur nächsten Veränderung gespeichert (auch über das Ausschalten des PCs hinaus).

g) Informationen über die Formatierungen sind oft nützlich. Andererseits verwirren zu viele Linien und Hilfszeichen auch sehr schnell. Sie sollten sich dabei von Ihrem eigenen Empfinden leiten lassen.

Das war es schon!

Textmakros

Anders, als bei Tastenkombinationen, müssen Sie bei Textmakros in der Regel keine Taste gedrückt halten und dazu eine zweite oder gar dritte Taste der Tastatur betätigen. Die meisten der Textmakros sind »selbstexplodierend«, was in diesem Falle nicht außerordentlich gefährlich ist, sondern das Schreiben bestimmter, auf der Tastatur nicht vorhandener Zeichen außerordentlich vereinfacht. Bei der Einrichtung derartiger Makros müssen Sie eigentlich nur darauf achten, dass diese Tastenfolgen *keinesfalls* in normalen Texten vorkommen. Es ist allerdings von Vorteil, wenn solche aufeinanderfolgenden Tastendrücke, die als Code verwendet werden, schon im eigenen Gedächtnis abgespeichert sind, oder doch wenigstens schnell aus einer bereitliegenden Sonderzeichen-Tabelle abgelesen werden können. Zu den schon nach dem Installieren in Papyrus verfügbaren Textmakros gehört der Halbgeviertstrich. Er hört auf die Tastenfolge [Space] [-] [Space].

Zum Einrichten *mehrerer* Textmakros wird im Folgenden eine effektive Methode beschrieben, die eine Tabelle als Hilfsmittel benutzt. Eine Tabelle ist besonders dann von Vorteil, wenn mehrere Textmakros sozusagen ›in einem Rutsch‹ definiert werden sollen.

Tabellen einrichten

Papyrus kann Tabellen je nach Erfordernis in verschiedenen Darstellungsarten erzeugen und Texte in Tabellen umwandeln und umgekehrt. Für den, der mit der Erstellung von Tabellen in Papyrus Autor auf Kriegsfuß steht, hier außer der Reihe eine kurze Anleitung dafür:

Schnell mal nachgucken ...

1. Öffnen Sie den Dialog **Tabellen-Eigenschaften** im Menü **Einfügen → Tabelle → neue Tabelle / Tabelle ändern →** Reiter **Tabelle** oder aber mit der Tastenkombination ⎡Strg⎤+⎡↵⎤+⎡T⎤.

2. Geben Sie die gewünschten Zeilen und Spalten ein und wählen Sie das Aussehen der neuen Tabelle im Reiter **Tabelle** aus.

3. Im Reiter **Tabellenfeld** werden die Maße und die Textausrichtung ausgewählt.

4. Mit einem Klick auf den Button Übernehmen erzeugen Sie die Tabelle und mit einem Klick auf Schließen beenden Sie die Einstellarbeiten.

Tabellen einrichten

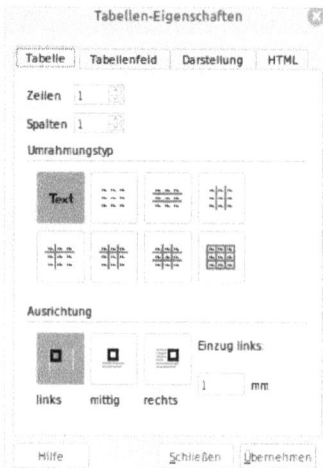
Tabellen einrichten

Und nun im Detail:

a) Eine Tabelle wird mit dem Dialog **Tabellen-Eigenschaften** erzeugt. Den erreichen Sie aus dem Menü **Einfügen → Tabelle → neue Tabelle / Tabelle ändern →** Reiter **Tabelle** heraus oder mit Strg + ⇧ + T.

b) In unserem Falle geben Sie hinter **Zeilen** den Wert **25** direkt ein oder klicken auf das obere Dreieck im Eingabefeld so lange, bis der gewünschte Wert zu sehen ist.

c) Hinter **Spalten** sollte die Zahl **5** stehen.

d) Unter der Überschrift **Umrahmungstyp** werden verschiedene Möglichkeiten angezeigt. Klicken Sie auf das Zeichen rechts-unten, wenn Sie es mögen.

e) Klicken Sie auf den Reiter **Tabellenfeld**.

f) Hinter **Textausrichtung** stehen 3 Buttons mit Symbolen. Klicken Sie auf das mittlere, wenn die Zeichen in den Tabellenfeldern auf halber Höhe stehen sollen.

g) Führen Sie in Ihrem Dokument drei bis vier Absatzschaltungen ↵ aus.

h) Setzen Sie Ihren Cursor in die *vorletzte* Zeile, andernfalls ist es schwierig, nach der Tabelle weiterzuschreiben. *Sie verhalten sich beim Verschieben etwas störrisch.* Wenn Sie sicher gehen wollen, erzeugen Sie die Tabelle in einem *Textobjekt.* Es ist so viel leichter, sie an den gewünschten Ort zu verschieben.

Tabellenfelder einstellen

i) Klicken Sie rechts-unten auf den Button **Übernehmen**. Die Tabelle wird an der Stelle des Cursors eingefügt.

j) Mithilfe der Maus können Sie Ihre Tabelle in der Waagerechten anpassen. Der Mauszeiger verändert sich über den Spaltenenden.

k) Jede der senkrechten Abtrennungen werden mit der gedrückt gehaltenen linken Maustaste waagerecht verschoben werden. Geändert wird immer nur die Spalte, die *links* vom erfassten Spaltenende verschoben wird. Spalten, die *rechts* vom Spaltenende auftreten, werden nur *weitergeschoben*.

l) Werden die Tabelle oder Teile davon markiert, werden alle markierten Spalten in der Breite verändert, alle rechts davon nur verschoben.

m) Bei markierten Teilen der Tabelle können im Kontextmenü (*Klick mit rechter* Maustaste) zusätzliche Zeilen und Spalten eingerichtet und auch entfernt werden.

n) Indem einzelne Tabellenfelder, -Zeilen, -Spalten oder die ganze Tabelle markiert werden, können sie wie normaler Text auch mit der Textausrichtung, beispielsweise zentriert, Schriftart, -Stil und -Größe formatiert werden.

o) Wird eine bestimmte Breite und Höhe der Spalten gebraucht, können sie in dem Reiter **Tabellenfeld** eingestellt werden. Hier können auch nebeneinander oder übereinander liegende Felder vereinigt und auch wieder getrennt werden.

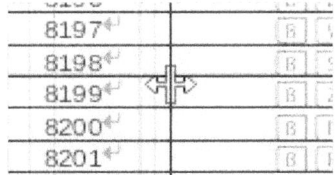

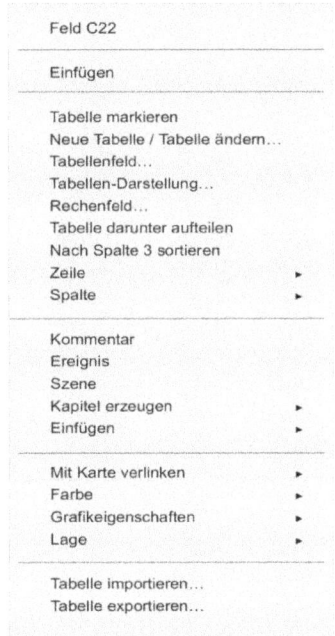

Voreinstellungen

Feld C22

Einfügen

Tabelle markieren
Neue Tabelle / Tabelle ändern…
Tabellenfeld…
Tabellen-Darstellung…
Rechenfeld…
Tabelle darunter aufteilen
Nach Spalte 3 sortieren
Zeile   ▸
Spalte   ▸

Kommentar
Ereignis
Szene
Kapitel erzeugen   ▸
Einfügen   ▸

Mit Karte verlinken   ▸
Farbe   ▸
Grafikeigenschaften   ▸
Lage   ▸

Tabelle importieren…
Tabelle exportieren…

Kontextmenü zur
Tabellenveränderung

p) Eine Tabelle kann in Text – und wieder zurück gewandelt werden.

q) Wird die Tabelle oder Teile davon markiert, können in einem Kontext-Menü noch weitere Bearbeitungen erreicht werden, wie in **Tabellen einrichten auf Seite 29** nachzuvollziehen ist.

Das war es schon!

Textmakros definieren

Öffnen Sie aber erst einmal ein neues Dokument und stellen einen geeigneten Zeichensatz ein. Beachten Sie dabei, dass nicht alle Zeichensätze einen gut gefüllten Unicode haben. Dazu gehen Sie folgendermaßen vor: Da Sie schon mal beim Einrichten von Makros sind, bereiten Sie am besten gleich eine Tabelle mit 4 bis 5 Spalten für oft verwendete Sonderzeichen vor. Die Überschriften sind hier:

Sonderzeichen-Tabelle

Zeichen	Bezeichnung	Unicode dez.	Tastenkombination	Probe
—	Halbgeviertstrich	8211	[#][.]	—
—	Geviertstrich	8212	[#][#][.]	—

So die Tabelle einrichten

Schnell mal nachgucken ...

1. Öffnen Sie ein neues leeres Dokument und stellen den Zeichensatz auf Arial, Times New Roman, FreeSans oder Free-Serif. Die beiden letztgenannten Schriftarten haben den vollständigsten Unicode-Zeichensatz.

2. Schreiben Sie ein beliebiges Wort in dieser Schriftart und lassen Sie den Cursor im Wort stehen.

3. Öffnen Sie das Menü **Text** → **Zeichen-übersicht...**. Es öffnet sich das Fenster **Zeichenübersicht**.

4. Stellen Sie hier **Unicode komplett** ein

5. Stellen Sie die Anzahl der Spalten auf **10**.

6. Ordnen Sie Ihre **Tabelle** und die **Unicode-Zeichenübersicht** nebeneinander an.

7. Lassen Sie die linke Spalte Ihrer **Tabelle** frei. Sie wird für das zu codierende Zeichen benötigt,

8. Tragen Sie in die Tabelle nun in der 1. Zeile unter der Spaltenüberschrift **Bezeichnung,** also der 2. Spalte die Bezeichnung **Halbgeviertstrich** und in der 3. Spalte die dezimale Unicode-Nummer **8211** ein.

9. Setzen Sie den Cursor in die 1. Spalte der 1. Zeile *unter der Überschrift.*

10. Suchen Sie nun in der **Unicode-Tabelle** die Nummer 8211 und klicken Sie *einmal* darauf.

11. Der Halbgeviertstrich manifestiert sich, wo der Cursor steht. In unserem Falle ist das die 1. Zeile in der 1. Spalte unter der Spaltenüberschrift **Zeichen** sein.

Und nun im Detail:

a) Öffnen Sie ein neues Papyrus Autor-Dokument und stellen den Zeichensatz auf Arial, Times New Roman, FreeSans oder FreeSerif. Die beiden letzten Schriftarten haben den vollständigsten Unicode-Zeichensatz.

b) Schreiben Sie irgendeinen kurzen Text in dieser Schriftart und lassen Sie den Cursor im Wort stehen.

c) Öffnen Sie im Menü **Text → Zeichenübersicht...** die Unicode-**Zeichenübersicht**.

d) Ordnen Sie Papyrus und die Zeichenübersicht in Fenstern so an, dass sie sich *nicht gegenseitig verdecken* können,

e) Klicken Sie auf: **Zeichensatz halten.** Der Begriff wird blau unterlegt, wenn er aktiv ist.

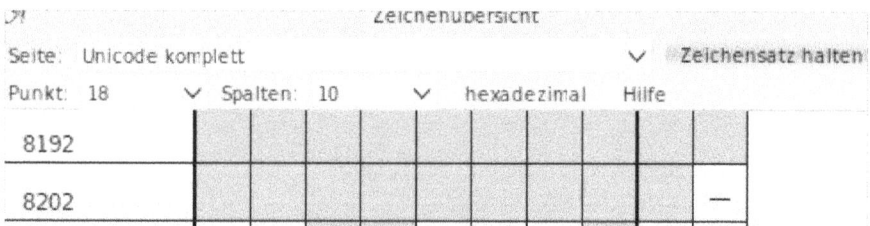

	Zeichenübersicht				
Seite: Unicode komplett				∨	Zeichensatz halten
Punkt: 18 ∨ Spalten: 10 ∨	hexadezimal		Hilfe		
8192					
8202					—

So sollte die Zeichenübersicht aussehen

f) Stellen Sie in der Zeichenübersicht eine gut entzifferbare Größe ein, z.B. 24 **Punkt**.

g) Wenn **hexadezimal** blau unterlegt ist, klicken Sie mit der linken Maustaste einmal darauf. Das Wort **hexadezimal** darf *nicht* blau unterlegt sein.

Voreinstellungen

h) Oben in der ersten Dialogzeile stellen Sie nach **Seite:** die Option **Unicode komplett** ein, indem Sie mit der linken Maustaste auf den abwärts zeigenden Winkel klicken und mit einem Klick auswählen.

Papyrus und Zeichenübersicht nebeneinander

i) Stellen Sie auf die gleiche Art und Weise auch die **Spalten** auf **10**.
Dieses Zählen ist uns allen am geläufigsten.

j) Erstellen Sie sich eine Tabelle ähnlich der vorhin gezeigten. Sie können auch rechts noch eine Spalte zusetzen, in der Sie Ihre Tastenkombination ausprobieren.

k) Die linke Spalte lassen Sie vorerst frei. Sie wird benötigt, um die gewünschten Zeichen der Textmakro-Definition zur Verfügung zu stellen.

Sonderzeichen-Tabelle

Zeichen	Bezeichnung	Unicode dez.	Tastenkombination	Probe
–	Halbgeviertstrich	8211	[#][-]	–
—	Geviertstrich	8212	[#][#][-]	—

So die Tabelle einrichten (größer gezeichnet oben)

l) Tragen Sie in die Tabelle nun in der zweiten Spalte die Bezeichnung und in der dritten die dezimalen Unicode-Nummern ein.

m) Setzen Sie nun den Cursor in die *erste* Zeile nach den Überschriften der *ersten* Spalte.

n) Suchen Sie sich links in der Unicode-Zeichenübersicht die Nummer des gewünschten Zeichens. Im ersten Falle ist das **8211**. Das ist der **Halbgeviertstrich**.

o) Die Unicode-Nummern erhöhen sich durch die 10 Spalten ausgehend von Nummer 32 (Leerzeichen) immer um zehn. Die 8211 befindet also sich zwischen **8202** und **8212**.

Voreinstellungen

p) Das erste Feld ist die **8202**. Zählen Sie nun nach rechts bis **8211** weiter. Das ist das letzte Zeichen in der Reihe (bei 10 Spalten).

q) Klicken Sie einmal auf den kleinen waagerechten Strich. Dieser Strich, das **Halbgeviert**, erscheint nun an der Stelle des Cursors in Ihrer Tabelle.

Bis hierher erstmal.

Füllen Sie auf diese Weise Ihre Tabelle. Lassen Sie sich bei dieser Arbeit die Hilfszeichen anzeigen. Nicht alle Zeichen haben aktiv etwas auf den Bildschirm zu schreiben, zum Beispiel die verschiedenbreiten Leerzeichen, sodass sie normalerweise nicht direkt auf dem Bildschirm sichtbar sind. Die können Sie jedoch einfärben, indem sie vorsichtig bei großem Zoom-Wert markiert und dann mit einem Marker, beispielsweise dem gelben oder blauen, sichtbar zu machen.

Schließen Sie das Fenster **Zeichenübersicht** für den Unicode. Auch Papyrus darf nun gern wieder gern den gesamten Bildschirm einnehmen.

Dialog Textmakro-Definition

Weiter nachgucken ...

1. Öffnen Sie im Menü **Einstellungen** → **Textmakros...** den Einstelldialog **Textmakro-Definition**. Hier sind schon etliche Einträge für Sonderzeichen existent.

2. Markieren Sie ein Sonderzeichen in der Tabelle und schreiben Sie es als Makro in die Aufstellung.

3. Schreiben Sie den Tastencode in die dritte Spalte Ihrer vorhin angelegten oder schon vorhandenen Papyrus-Tabelle.

Weiter im Detail:

a) Öffnen Sie im Menü **Einstellungen** → Menü-punkt **Textmakros...** den Einstelldialog **Textmakro-Definition**. In der Aufstellung sind schon eine Menge an Einträgen für Sonderzeichen vorhanden.

b) Kicken Sie oben-links auf den Button **Neues Makro**.

c) Wenn Sie die Tabelle weiter unten übernehmen wollen, markieren Sie das Zeichen in Ihrer angelegten *Papyrus-Tabelle*. Als Erstes den **Halbgeviert**-Strich.

d) Klicken Sie auf den Button: **Block aus Dokument holen.** Der Halbgeviertstrich erscheint in dem größeren Eingabefeld *links-oben*, rechts von der Bezeichnung **Text**.

e) Tragen Sie in das Eingabefeld hinter Kürzel **#-** (oder ein anderes Kürzel) ein.

f) Machen Sie den Radiobutton vor **selbst-explodierend** aktiv.

g) Klicken Sie rechts-unten auf den Button **Übernehmen**. Ihr neues Kürzel ordnet sich automatisch in das Vorschaufenster der Makros im Dialog **Textmakro-Definition** ein.

Radiobutton selbst-exprodierend

ei ein: ● selbst-explodierend

F9 für Kürzeleingabe (+)

Schließen   Übernehmen

h) Notieren Sie in Ihrer *Papyrus-Tabelle* das *Kürzel* für das soeben erstellte Makro.

i) Für das nächste *Textmakro* klicken Sie wieder auf den Button **Neues Makro**. Das macht auch alle Eingabefelder wieder frei.

j) Markieren Sie in der *ersten Spalte Ihrer Tabelle* auf das nächste Zeichen.

k) Klicken Sie rechts-oben auf den Button **Makros sichern**.

l) Probieren Sie zur Kontrolle die eingegebenen Kürzel mit anschließendem ⎡Space⎤ aus, klugerweise in Ihrer Tabelle in der Spalte **Probe**.

m) Schließen Sie das Fenster **Textmakro-Definition**.

Das war es schon!

Die folgende Sonderzeichen-Tabelle ist natürlich nur ein Vorschlag. Ihre Bedürfnisse können ganz andere sein.

Tipp:
Wird in Texten und Tabellen auch das Pluszeichen verwendet, kann der Halbgeviertstrich statt des Minuszeichens verwendet werden. Es hat dieselbe Breite wie das Plus- und das Gleichzeichen (=). Wenn aber beispielsweise in Tabellen *gerechnet* werden muss, ist es dafür untauglich, weil es keine Rechenfunktion besitzt.

Zeichen	Bezeichnung	Unicode dez.	Tastenkombination	Probe
–	Halbgeviertstrich	8211	# -	–
—	Geviertstrich	8212	# # -	—
	Halbgeviert-Leerzeichen	8194	ß H	
	Geviert-Leerzeichen	8195	ß G	
	Drittelgeviert-Leerzeichen	8196	ß D	
	Viertelgeviert-Leerzeichen	8197	ß V	
	Sechstelgeviert-Leerzeichen	8198	ß S	
	Ziffernbreites Leerzeichen	8199	ß Z	
	Punktbreites Leerzeichen	8200	ß P	
	Schmales Leerzeichen	8201	ß F	
	Haarspatium	8202	ß T	
	breitenloses Leerzeichen	8203	Alt + Shift + leer	
-	Viertelgeviertstrich, Minuszeichen	45	-	-
–	Halbgeviert Gedankenstrich	8211	Leer - leer	–
±	Plus-Minus	177	# p m	±
×	Mal-Zeichen	215	# m a	×
≠	Ungleich	8800	# u g	≠
≅	Ungefähr gleich	8773	# u f	≅
≡	Identisch gleich	8801	# i d g	≙
≙	Entspricht	8793	# e s p	≙
'	Apostroph	8217	# 1	'
∞	Unendlich	8734	# u e	∞
...	Drei Punkte	8230	. . .	...
	Manueller Trennstrich (nur bei Zeilenumbruch sichtbar)	8209	Strg + -	
'	Fuß, Minuten	8242	# m i	'
ß	Großes scharfes S	7838	ß ß	ß
√	Quadratwurzel	8730	# q w	√
∛	Kubikwurzel	8731	# k w	∛
π	Pi	960	# p i	π
"	Zoll, Sekunden	8243	# s	"
←	Pfeil weit nach links.	8426	ß p	←
◄	Links	9666	ß d l	◄
►	Rechts	9656	ß d r	►
▲	Oben	9652	ß d o	▲
▼	Unten	9662	ß d u	▼
←	Nach links	8592	ß r l	←
↑	Nach oben	8593	ß r o	↑
→	Nach rechts	8594	ß r r	→
↓	Nach unten	8595	ß r u	↓

Sonderzeichentabelle

Voreinstellungen

3. Fehler vermeiden

Verwaiste Zeilen

Im Schriftsetzerjargon werden einige Umbruchfehler als *Schusterjunge* und *Hurenkind* bezeichnet. Papyrus Autor bezeichnet den beginnenden Absatz in der letzten Zeile der Seite oder Spalte (Schusterjunge) und die letzte Zeile eines Absatzes auf der Folgeseite oder Folgespalte (Hurenkind) kultiviert als *Verwaiste Zeilen*.

Da wir alle mitfühlend sind, versuchen wir an diesen unhaltbaren Zuständen etwas zu ändern. In Papyrus Autor finden Sie im Menü **Dokument** → **Seitenlayout...** → Rubrik **Verwaiste Zeilen** nur die grundlegenden Eigenschaften zum **Absatz-Seitenumbruch**. Sie können hier die **Am Seitenanfang** und **Am Seitenende zusammengehaltenen Zeilen** einstellen. Der *voreingestellte* Wert ist bei beiden Möglichkeiten immer die **2**.

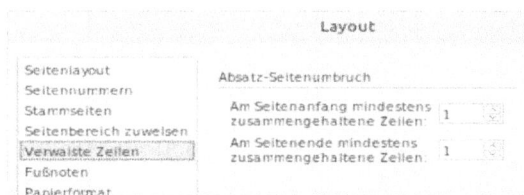

Einstellung zur Vermeidung von verwaisten Zeilen

Das Ergebnis dieser *Automatik* ist, dass, sollte es zu den verwaisten Zeilen kommen, bei diesen einsamen Zeilen der Seitenumbruch einfach an früherer Stelle eingefügt wird. Haben Sie bei beiden Werten die Voreinstellung von 2 übernommen, wird der Seitenumbruch einfach eine Zeile früher vorgenommen. Schusterjungen und Hurenkinder werden dadurch vermieden.

Immer öfter ist allerdings in neueren Büchern zu beobachten, dass auf die verwaisten Zeilen überhaupt keine Rücksicht mehr genommen wird. Allerdings brauchen Sie auch nicht befürchten, dass die verwaisten Zeilen auf jeder Seite vorkommen. Sie sind meiner Erfahrung nach auch auf diese Weise einigermaßen selten.

Eine andere Sache ist, dass weder der frühere Seitenumbruch noch das Ignorieren von verwaisten Zeilen ein ansprechendes Layout ergibt. Abgesehen davon hat diese Arbeitsweise ein paar entscheidende Schönheitsfehler, da Papier immer etwas transparent ist, also die bedruckte Kehrseite immer etwas durchschimmert.

Mit ein wenig Arbeit können das mangelhafte Layout und das auffällige Durchschimmern der Kehrseite oder sogar des Folgeblatts versteckt werden. Wenn Sie die Automatik mit den verwaisten Zeilen akzeptieren, dann brauchen Sie auch nicht auf die Registerhaltigkeit achten, auch ein auffälliger Layoutfehler.

Überlegungen und Möglichkeiten

Im Folgenden wird nun gezeigt, wie Sie verwaiste Zeilen vermeiden und trotzdem Ihre Seiten bis zur letzten Zeile bedrucken können. Wie Sie die Registerhaltigkeit erreichen, habe ich unter *Optimaler Zeilenabstand auf Seite 103* prinzipiell angedeutet. Es sind praktisch die letzten Arbeiten an einem Druckwerk, die verwaisten Zeilen zu eliminieren. Vorher sollten Sie das Buchfor-

mat festgelegt haben, alle Bilder und Grafiken eingefügt und den gesamten Text korrigiert haben. Das sind alles Manipulationen,
die den Text mehr oder weniger auf den
Zeilen und Seiten verschieben können.

Wenn Sie Autor des Textes sind, haben Sie
die Möglichkeit, durch weglassen oder hinzufügen von weniger wichtigen Wörtern
auch ohne den Eingriff in den Zeichenabstand schon einiges bewirken. Das würde
ich als den elegantesten Weg ansehen.

Wenn Sie also *fast* vollständig zufrieden
sind, stecken Sie als i-Tüpfelchen noch diese
Arbeit hinein, bevor Sie den Text in eine
PDF-Datei umformen und zur Druckerei
schicken. Öffnen Sie dazu neben Ihren *fast*
fertigen Text das Menü **Text → Sperrung…**

Der Einstelldialog, wie er
nebenstehend zu sehen
ist, öffnet sich. Da die Einheit Druckerpixel von
ihrem installierten Drucker
abhängig ist, wählen Sie
die feste Einheit **Punkt
(1/72 Zoll)** aus.

Dialog zum Einstellen der Laufweite

Zum Glück gibt es den Parameter **Extra für
Leerzeichen**. Da durch den meist üblichen
Blocksatz die Breite der Leerzeichen in
einem relativ großen Bereich schwanken,
fällt es im Text auch weniger auf wenn
diese Werte zusätzlich um 20 bis 30 Prozent
der nominellen Schrifthöhe schwanken. Bei
unserer 11-Punkt-Schrift liegen die Grenzen
bei −2,2 Punkt bis +3,3 Punkt. Darüber hinaus wird diese Mogelei sehr auffällig.

Dieser Part wird vielfach noch nicht vollständig ausreichen, eine Zeile mehr oder

weniger in einem Absatz zu erzeugen. Wie bereits bekannt, kann der Zeichenzwischenraum um – 2,0 Prozent, bis +2,5 Prozent der nominellen Schrifthöhe verändert werden, ohne dass es dem menschlichen Auge unverzüglich auffällt. Legen Sie also die Grenzen in Abhängigkeit von der konkreten Schrifthöhe fest. Bei einer 11-Punkt-Schrift darf also der Zeichenzwischenraum −0,22 Punkt bis +0,28 Punkt abweichen. Dieser Wert wird hinter dem Begriff **Sperrung** eingetragen.

Leerzeichen ± 20%:
11 Pt × 20 / 100 = 2,2 Pt

Zeichenzwischenraum ± 2 Pt:
11 Pt × 2 / 100 = 0,22 Pt

Bevor Sie mit der Bearbeitung beginnen, kontrollieren Sie bitte, ob die beiden Checkbox-Häkchen im Einstelldialog **Sperrung** gesetzt sind. Anderenfalls tun Sie dies.

Weiterhin ist es notwendig, dass Sie im Menü **Dokument** → **Seitenlayout** → Rubrik **Verwaiste Zeilen** beide Werte auf **1** setzen und dann auf **Übernehmen** klicken. Ansonsten löst Papyrus Autor das Problem der verwaisten Zeilen kategorisch auf die eigene Art und Weise.

Layout

Absatz-Seitenumbruch

Am Seitenanfang mindestens zusammengehaltene Zeilen: 1

Am Seitenende mindestens zusammengehaltene Zeilen: 1

Die Praxis

Beginnen Sie *immer* am Anfang des Textes mit Ihrer Arbeit und gehen Sie Seite für Seite vor, denn jedes Verändern der Länge eines Absatzes wird mindestens bis zum nächsten *festen Seitenende* durchgereicht, bei entsprechenden Verhältnissen ungünstigstenfalls durch Ihr gesamtes Werk.

Wenn Sie am Ende einer Seite oder Spalte einen ›Schusterjungen‹ haben, brauchen Sie in den Absätzen davor eine Zeile mehr.

Nebenstehend finden Sie ein Beispiel für einen ›Schusterjungen‹ am Ende der ersten

Spalte und ein ›Hurenkind‹ am Anfang der zweiten Spalte in der sehr seltenen Kombination beider, wie sie nur bei *zweizeiligen* Absätzen vorkommen kann. Einzeilige Absätze, wie sie meistens in Romanen und Erzählungen beziehungsweise Dialogen vorkommen, können keine verwaisten Zeilen bilden. Wenn ein Absatz zu Ende ist, ist er zu Ende und muss auch in der letzten Zeile einer Seite nicht die Zeile bis zum Schluss füllen. Einstellbar ist dies aber auch im Menü **Absatz** → Menüpunkt **erweiterte Absatzformatierung...** → mit einem Checkboxhäkchen vor **Blocksatz auch in letzter Zeile**. Sie sollten es zur Abschreckung 'mal ausprobieren...

Im Beispiel gibt es noch einen weiteren Layoutfehler, den sogenannten *Sturzbach,* auch *Gasse* genannt. In der linken Spalte in der zweiten bis vierten Zeile sind gleich zweimal hintereinander die Wortzwischenräume direkt untereinander. Das Mittel, diese zu vermeiden, sind dieselben, mit denen es gelingt, verwaiste Zeilen zu verhindern.

Nebenan noch einmal die beiden Spalten in denen der Sturzbach und den verwaisten Zeilen, die jetzt korrigiert dargestellt sind.

Für die 8/10 Pt-Schrift wurde eine Sperrung von −0,135 Pt und für Extra für Leerzeichen −1 eingegeben.

Text mir verwaisten Zeilen

Korrigierte Umbruchfehler

Schnell mal nachgucken ...

1. Benötigen Sie auf einer Seite eine zusätzliche Zeile, markieren Sie einen möglichst langen Absatz, dessen letzte Zeile so lang wie möglich ist.

2. Geben Sie im Menü **Text → Sperrung...** in das Eingabefeld nach **Extra für Leerzeichen** den ausgerechneten maximalen positiven Wert (20% bis 30% der Schrifthöhe) ein und klicken Sie auf **Übernehmen**.

Dialog zum Einstellen der Laufweite

3. Prüfen Sie, ob sich der ›Schusterjunge‹ aufgelöst hat.

4. Wenn Ja, dann prüfen Sie den veränderten Absatz, ob die letzte Zeile lang genug geworden ist. Es sieht nämlich nicht so gut aus, wenn dort nur eine kurze Silbe steht.

5. In diesem Falle geben Sie einen weiteren positiven Wert (maximal 10% vom Wert Leerzeichen) hinter **Sperrung** ein. Verlassen Sie sich dabei auf Ihr gutes Gefühl und später auf Ihre Erfahrung.

6. Es kann auch sein, dass durch das Sperren eines Absatzes ein ›Hurenkind‹ entstanden ist. Dann verringern Sie den eingegebenen Wert.

7. Hat der Versuch keine zusätzliche Zeile auf der Seite zur Folge gehabt, klicken Sie in der Symbolleiste das Rückgängig-Icon und versuchen Sie die Prozedur an einem anderen Absatz.

Das ist einfach. Weitere Details sind nutzlos. Einen kleinen Tipp beim *Markieren* von Sätzen und Absätzen möchte ich Ihnen an dieser Stelle dennoch im Detail geben:

Fehler vermeiden

Und nun im Detail:

a) Ein *Dreifachklick* in einen Satz markiert den ganzen Satz.

b) Sollen Absätze markiert werden, setzen Sie die Maus *in den Raum hinter oder vor dem Absatz* und klicken Sie doppelt hinein. Das ist eine sichere, schnelle und elegante Methode.

Das war es schon!

Nun kümmern wir uns um die ›Hurenkinder‹. Sie stehen oben auf einer Seite als letzte Zeile eines Absatzes. Sie müssen also irgendwie eine Zeile in den Absätzen davor einsparen. (Manchmal kann es auch helfen, einen Absatz noch etwas länger zu machen, sodass zwei statt eine Zeile oben stehen.)

Schnell mal nachgucken ...

1. Markieren Sie einen möglichst *langen* Absatz, dessen letzte Zeile möglichst *kurz* ist.

2. Geben Sie Menü **Text → Sperrung...** in **Extra für Leerzeichen** den vorher ausgerechneten maximalen *negativen* Wert ein und klicken Sie auf **Übernehmen**.

Dialog zum Einstellen der Laufweite

3. Wenn die Aktion erfolgreich war und das ›Hurenkind‹ sich aufgelöst hat, prüfen Sie, ob die neue letzte Zeile möglichst lang geblieben ist. Sie sollte fast über die Breite des Textes reichen.

Fehler vermeiden

4. Justieren Sie mit geringeren negativen Werten nach, wenn das nicht der Fall sein sollte.

5. Sollte die Verkürzung des Absatzes nicht ausreichen, um das ›Hurenkind‹ zu eliminieren, geben Sie bei **Sperrung** einen weiteren negativen Wert ein.

6. Erst wenn durch die *Wortzwischenräume* nichts zu erreichen ist, sollten Sie die *Zeichnenabstände* verändern. Allerdings liegen hier die Werte zwischen -2% und + 2,5%. Bei einer 12-Punkt-Schrift wären dies -0,24 Pt bis +0,30 Pt.

Es kann natürlich sein, dass die Aktionen nicht die gewünschten Auswirkungen haben. In diesem Fall klicken Sie auf das **Rückgängig-Icon** in der Symbolleiste. Das sollte alle Aktionen seit dem letzten Markieren zurücksetzen. Probieren Sie dann die nötigen Aktionen an einem anderen geeigneten Absatz aus.

Mit der Erfahrung werden Sie sicherer, was das Auswählen eines Absatzes betrifft. Manchen Absätzen sieht man durch besonders breite oder schmale Wortzwischenräume deren Potenzial schon an. Gibt es lange Absätze, die weit über einen Seitenumbruch gehen, besteht manchmal die Möglichkeit, die Verkürzung oder Verlängerung eines Absatzes nicht auf der aktuellen, sondern auf der vorhergehenden Seite zu erreichen. Auf jeden Fall sollten sie mehrere Seiten im Blick behalten.

Fehler vermeiden

Notnagel: Breite der Buchstaben

Selbstfestgelegte Unterschneidung

Die letzte Rettung

Führen alle Aktionen nicht zum Erfolg, könnten Sie auch einen entsprechenden Absatz markieren und die Breite der Buchstaben um maximal 0,5% bis 1% variieren. Diese Manipulationen werden sehr schnell sichtbar. Sie erreichen diese Einstellung im Menü **Text → Zeichensatz...** Dort kann rechts das Verhältnis von Breite zu Höhe verändert werden, wenn Sie vor **B/H** ein Häkchen setzen und darunter den Wert 1 auf 0,99 bis 1,01 verändern. Größere Werte erzeugen breitere Buchstaben. Zu empfehlen ist diese Maßnahme aber nicht unbedingt! Sie ist bestenfalls als *Notnagel* geeignet.

Überschriften

Mit der Gattung der Überschriften und Schlagzeilen sollten Sie besonders sorgfältig umgehen. Durch ihre Größe erheischen sie besondere Aufmerksamkeit. Und das sollen sie auch. Es ist ihre Aufgabe.

Dass das Auge jeden Text in kurzen Sprüngen abtastet, den Sakkaden (siehe ***Augensprünge, Sakkaden auf Seite 87***), ist Ihnen vielleicht bekannt. Durch die großen Glyphen fallen überdimensionale Zeichenabstände besonders schnell ins Auge. Eine Regel besagt deshalb, dass es meist günstig ist, die Zeichenabstände, die beim normalen Text fast unantastbar sind, etwas zu verringern. Bei manchen Buchstabenkombinationen reicht das aber nicht. Die Kombination »Ve«, »Vo« und andere benötigen in Schlagzeilen meist etwas zusätzliche Aufmerksamkeit, wie nebenstehend demonstriert wird. Der Abstand zwischen **V** und **o** scheint im Beispiel hier bei Arial 60 Pt etwas zu groß zu sein. Deshalb wurde das **V** markiert und bei Sperrung ein Wert von **-6 Punkt** eingegeben, was einer *Unterschneidung* des Buchstaben **V** gleichkommt. Das Ergebnis ist ein ausgewogenerer Eindruck. Manche Kombinationen werden automatisch unterschnitten, beispielsweise die Kombination **To** und **Te**. Wenn Sie sich das Beispiel genau ansehen, werden Sie feststellen, dass auch zwischen **Vo** im normalen Abstand schon ein wenig automatisch unterschnitten wurde.

Einzug und Tabulatoren

Die allermeisten Schreibprogramme ermöglichen den Einzug, ein Einrücken von einer oder mehreren Zeilen als optisches Signal, dass ein neuer Gedanke, ein neuer Absatz beginnt. Absätze schaffen Struktur, auch in den Gedanken.

Im Gegensatz zu anderen Textverarbeitungen wird in Papyrus Autor die maximale Schreibbreite durch die Einstellungen in den vorher festgelegten *Stammseiten* begrenzt. Die dreieckigen (eigentlich fünfeckigen) blauen Textfeldbegrenzungen links und rechts auf der Grundlinie des oberen Lineals müssen in dem Bereich des weißen Untergrundes bleiben. Sie können ganz einfach mit der gedrückten linken Maustaste verschoben werden und beeinflussen immer die *zweite* bis *letzte* Zeile der Absätze.

Fehler vermeiden

Überschrift

Wenn die erste Zeile eines Absatzes eingezogen werden soll, so geschieht dies meist fünf Millimeter weiter rechts, als der übrige Text.

Papyrus Autor ist in dieser Hinsicht sehr variabel.

Nach einer Überschrift und nach einer Leerzeile kann dieses Einrücken automatisch außer Kraft gesetzt werden. Ebenso ist es auch möglich, den eigentlichen Absatz einzurücken und nur die erste Zeile in der vorgegebenen Breite zu halten. Das wird hängender Einzug genannt.

Zur Kennzeichnung bestimmter Inhalte können Sie in einem Absatz auch die Zeilen verkürzen.

Sie können die Voreinstellungen aber auch so wählen, dass es auch in der letzten Zeile Blocksatz gesetzt wird, auch wenn es aus meiner Sicht nicht gut aussieht.

Verschiedene Einzüge

Neben den beiden Textfeldbegrenzungen gibt es im oberen Lineal noch den kleinen runden blauen Punkt. Er beeinflusst den Beginn der *ersten* Zeile der Absätze.

Stehen die linke Textfeldbegrenzung und der blaue Punkt übereinander, beginnen alle Zeilen eines Absatzes bei dieser Position des oberen Lineals. Wenn die erste Zeile der Absätze eingezogen werden soll, ist es üblich, dies fünf Millimeter weiter rechts als der übrige Text einzustellen.

Erweiterte Absatzformatierung

Abstand über Absatz ☑ 0   Punkt

Abstand unter Absatz ☑ 0   Punkt

Position: <normal>

☐ Zeilen klammern (kein Seitenumbruch im Absatz)

☐ Mit Folgeabsatz zusammenhalten: 2 Zeile(n)

☐ Zeilenabstand anpassen an große Zeichen

☐ Kein Einzug nach einem Titel

☐ Kein Einzug nach einer Leerzeile

☐ Blocksatz auch in letzter Zeile

Hilfe   Schließen   Übernehmen

Dialog der erweiterten Absatzformatierung

Weitere Einstellmöglichkeiten für den Einzug finden Sie im Menü **Absatz → Erweiterte Absatzformatierung...**, dessen Einstelldialog Sie in der Marginale sehen. Hier sind es die beiden mit Häkchen versehenden Funktionen **Kein Einzug nach einem Titel** und **Kein Einzug nach einer Leerseite**. Diese Bezeichnungen sind so eindeutig, dass sich eine weitere Erklärung erübrigt.

Überschrift

Ein weiterer Klick auf **Neu**
Setzen Sie die Checkbox-H
satz, **Punktgröße Textfarbe**
Der Button Textstil von akt
mit der linken Maustaste dara

Beispiel für Einzüge

Zum Einzug gehören die Tabulatoren nur bedingt. Bei Aufzählungen allerdings erzeugen sie die notwendige Einrückung, damit die Bullets, Stabsstriche oder Nummern optisch vom Text getrennt werden.

Papyrus stellt vier verschiedene Tabulatoren: linksbündig, zentriert, rechtsbündig und dezimal zur Auswahl. Beim Dezimal-Tabulator können Sie das Zeichen angeben, an dem er sich ausrichtet. In Deutschland ist es das Komma oder beispielsweise in den

USA der Punkt. Es ist aber auch möglich, dass sich die Zeichenfolge an bestimmten Buchstaben Zeile für Zeile ausrichtet. Das klappt außer mit Zahlen sogar mit Wörtern. Eine sinnvolle Anwendung konnte dafür noch nicht entdeckt werden. Es ist aber gut, davon zu wissen und nicht nur als Kuriosum zu sehen.

Tabulatorpraxis

Die folgende Vorgehensweise trifft für den Absatz zu, in der Ihr Cursor gerade steht. Haben Sie schon Angaben, die durch einen Tabulator TAB getrennt sind und die Sie (anders) anordnen wollen, markieren Sie genau passend diesen Textbereich.

Rechts der 8:
Ein gesetzter Tabulator

Schnell mal nachgucken ...

1. Markieren Sie den Text, der mittels Tabulator gegliedert werden soll.

2. Klicken Sie einfach mit der *linken* Maustaste ungefähr an der vorgesehenen Stelle des Tabulators ins obere Lineal. Es erscheint dort im Lineal ein **blaues Dreieck**, das mit der Spitze nach rechts zeigt.

3. Klicken Sie mit der *linken* Maustaste *auf* das **Tabulatorzeichen**. Es öffnet sich der zugehörige Dialog.

4. Hier können Sie die Art des Tabulators mithilfe der **Radio-Buttons** auswählen.

5. Klicken Sie zum Abschluss auf **OK**.

Verschiedene Möglichkeiten

Fehler vermeiden

Und nun im Detail:

a) Setzen Sie den Cursor in die Zeile, in der der Tabulator [Tab] gesetzt werden soll oder markieren Sie den Textbereich dafür.

b) Klicken Sie in das obere Lineal ungefähr dort, wo der Tab gesetzt werden soll. Es erscheint ein **blaues Dreieck**, dessen eine Spitze nach rechts zeigt. Das ist das Zeichen für einen *linksbündigen* Tabulator (Tab).

c) Klicken Sie auf dieses Dreieck. Es öffnet sich der Dialog **Tabulator einstellen**.

Tabulatoren. linksbündig, zentriert, rechtsbündig dezimal

d) Hier haben Sie die Möglichkeit, mittels Radio-Buttons den gewünschten Tabulator auszuwählen. Sie haben die Wahl zwischen **linksbündig**, **zentriert**, **rechtsbündig** und **dezimal**.

e) Zur genauen Positionierung des Tabulators wird Ihnen angeboten den Wert in Millimetern **vom linken Textrand** aus anzugeben.

f) Beim **Dezimal-Tab** haben Sie zusätzlich die Möglichkeit, das **Trennungszeichen** einzugeben. In Deutschland wird es allermeist das Komma sein, das ganze Teile von gebrochenen abgrenzt (beispielsweise 25,4 mm, die Zoll/inch-Breite).

g) Abschließend haben Sie die Alternative, entweder Ihre Eingaben mit **OK** zu bestätigen, die Eingaben mit **Schließen** zu ignorieren oder den **Tab** zu **löschen**. Zum Löschen

eines Tabs ist es aber auch möglich, ihn mit gedrückter Maustaste einfach aus dem Lineal nach unten zu ziehen und dann die Maustaste loszulassen.

Das war es schon!

Tipp

Hin und wieder besteht die Aufgabe, in einer Aufstellung den Text linksbündig anzuordnen und die dazugehörige Zweitangabe (Größe, Preis Zustand) in derselben Zeile rechtsbündig. Das ist die Stunde für den Tabulator, den rechtsbündigen oder den dezimalen. Dasselbe Problem besteht bei einem von Hand eingerichteten Inhaltsverzeichnis. In Papyrus ist es genauso einfach, wenn Sie es erst mal begriffen haben, ein automatisches Inhaltsverzeichnis anzulegen.

Heraushebungen im Text

In der mündlichen Unterhaltung mit Ihren Gesprächspartnern haben Sie vielfältige Möglichkeiten, besonders wichtige Angelegenheiten und Zusammenhänge zu betonen: Sprechgeschwindigkeit, Deutlichkeit, Lautstärke, Betonung, Tonhöhe und andere. Und wenn Sie sich sehen, dann auch Gesten. All das fällt im geschriebenen Text weg. Am schwierigsten ist es bei handschriftlichen Berichten. Dort haben Sie bestenfalls mit Unterstreichungen die Möglichkeit, auf die Wichtigkeit aufmerksam zu machen oder verschiedenen Schriftfarben.

Fehler vermeiden

Fehler vermeiden

Die gute alte mechanische Schreibmaschine hatte neben der Unterstreichung nur noch die Möglichkeit, wichtige Begriffe g e s p e r r t zu schreiben. Manche Maschinenschreiber haben es dann übertrieben und b e i d e Möglichkeiten kombiniert. Bei den elektronischen Schreibmaschinen mit Typenrad war dann auch noch ein **Fettdruck** möglich. Das war aber nicht mehr als eine Episode auf dem Weg zum universellen Schreibprogramm.

Um bei gedruckten Texten die Aufmerksamkeit zu lenken, haben sich im Laufe der Zeit verschiedene Textstile entwickelt. Gang und gäbe sind in der neueren Zeit, *kursiv* bzw. *italic* einen Begriff hervorzuheben, da in einer *Schriftart* oft verschiedene *Textstile* mitgeliefert werden. Ein Muss ist das aber nicht! Verbreitet werden neben normal (Regular) meistens noch *zusätzlich* **fett**, aber auch die Kombination ***fett-kursiv*** werden verwendet.

Sie sehen schon, dass sich **fette Schrift** rein optisch nach vorn drängelt. Jede fette Schrift hat einen dunkleren Grauwert als die Normalschrift, wie unter **Der Grauwert auf Seite 101** beschrieben wird.

Diese drei Textstile und das Unterstreichen sowie deren Kombinationen können Sie oben-links unter **F** *K* und U in der Symbolleiste einstellen. Die Normalschrift erreichen Sie, wenn keins der drei Icons ausgewählt ist.

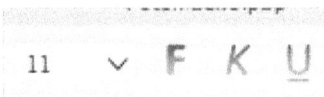

Textstile einstellen

Manche Schriftarten liegen nur in der Normalschrift vor. Die Textstile kursiv und Fett werden in diesem Fall elektronisch bzw. programmtechnisch zur Verfügung gestellt. Bei einem Export in eine PDF-Datei werden sie jedoch *ignoriert*. Direkt in Papyrus ausgedruckt erscheinen sie auf dem Papier wie erwartet kursiv bzw. fett.

Im Menü **Text → Textstile** haben Sie außerdem die Möglichkeit, neben den bereits besprochenen noch KAPITÄLCHEN, GROß-SCHRIFT und ~~durchgestrichen~~ auszuwählen. Auch ^hoch und _tiefgesetzte Schrift für Potenzen und chemische Formeln wie beispielsweise für H_2O oder auch 10^{-12} in der Mathematik sind möglich. Auch Kombinationen mit den Optionen in der Symbolleiste sind möglich.

Weitere Schriftstile

In Kurzgeschichten und Romanen sollte der Grauwert nach Möglichkeit nicht verändert werden, um den Lesefluss nicht zu stören. Für Auszeichnungen kommen deswegen dort nur kursive Schrift oder seltener Kapitälchen infrage.

Anders sieht es in der Sachliteratur aus. Hier kann durch den **fetten** Schriftstil oder bei <u>Unterstreichungen</u> die Aufmerksamkeit auf bestimmte Fakten gelenkt werden. Für Sakkaden und Regressionssakkaden (siehe Abschnitt: ***Wie wir lesen auf Seite 89)*** sind sie ein Haltepunkt und werden so leichter angesprungen.

Es kommt also immer auf die Art des Druckwerks an, für welche Heraushebungen Sie sich entscheiden.

Die verschiedenen Leerzeichen

Der Unicode vieler Schriftarten enthält vielfach nicht nur das normalbreite Leerzeichen, sondern gleich mehrere. Allerdings sind diese verschieden breiten Leerzeichen nicht in jedem Unicode-Schriftstil definiert. Doch Papyrus hat dafür eine Lösung entwickelt: Im Menü **Einstellungen → Einstellungen... → Erscheinungsbild → Darstellung** gibt es die Möglichkeit, mit dem Setzen eines Hakens vor **fehlende Zeichen aus anderen Fonts holen** diesen Mangel hilfsweise zu beheben. Wie üblich schließt der Einstelldialog **Papyrus-Einstellungen** mit einem Klick auf den Button **Schließen**.

Die meisten der modernen und professionellen Schriftarten sind auch in den Wortabständen durchgestylt. Die Schrift wurde zu ›Bleizeiten‹ für jede Größe einzeln entworfen. Jede Typengussform wurde von Hand gefertigt. Im Zeitalter des Desktop-Publishing kann *eine* Schriftgröße in jede beliebige Dimension skaliert werden. Schriftgröße, Laufweite und Wortabstand weisen allerdings eine gewisse Abhängigkeit voneinander auf. Was für kleine Schriften für den Wortabstand vielleicht zu schmal ist, ist bei Schlagzeilen und großen Überschriften, auch *Headlines* genannt, möglicherweise schon relativ breit. Worte einer Überschrift müssen ein Zusammengehörigkeitsgefühl vermitteln und nicht durch die Form der jeweiligen Buchstaben unglücklich auseinanderfallen. Was will man dann vom eigentlichen Text erwarten, wenn dieser Eindruck entsteht?

Ausschlaggebend ist dabei, welche Buchstaben dort aufeinandertreffen und sich so selbst bei linksbündiger Schrift optisch unterschiedlich breite Wortabstände ergeben. Nun wird ein Layouter nicht die kleingeschriebenen Texte von vorn bis hinten ausmessen. Der sehr oft angewandte Blocksatz sorgt selbst von Zeile zu Zeile für unterschiedliche Wortabstände. Überschriften und Schlagzeilen jedoch sollte der Layouter auf diese Effekte untersuchen und entsprechende Gegenmaßnahmen ergreifen.

Dicke und dünne Schriften

Eine andere Möglichkeit ist, besonders bei schmalen und breiten Schriften, statt als Maß die Leerzeichenbreite der Wortzwischenräume festzulegen, die Punzenbreite des kleinen n zu verwenden. Als Punze wird der Innenraum eines Schriftzeichens bezeichnet. Wird die Punze des kleinen N als Maßstab für den Wortzwischenraum gesetzt, ergibt sich als Kuriosum, dass schmale Schriften einen größeren Zwischenraum ergeben, als breite, denn die Schriftdicke bei identischer Schriftgröße beeinflusst die Punze, den Innenraum des kleinen N; hier bei der Schriftgröße 28 Punkt in *Arial* und *Arial Black*. Der normale Wortzwischenraum beträgt bei **Arial 28** = 12 Punkt und bei **Arial Black 28** = 13,6 Punkt.

Zu sehen ist, dass bei der dicken *Arial Black* die Wortzwischenräume in Überschriften etwas verkleinert werden sollten. Erreichen können Sie das beispielsweise mit den angesprochenen schmaleren Viertelgeviert- oder Sechstelgeviert-Leerzeichen.

Normal = breite Punze: **n**,

fett = schmale Punze: **n**

M M n
M M n

Punzenbreite

Fehler vermeiden

Fehler vermeiden

Eine weitere variable Funktion ist in Papyrus Autor im Menü **Text** → Menüpunkt **Sperrung…**, der den Einstelldialog **Sperrung** öffnet, schon eingebaut. Er kann die Wortzwischenräume sowohl extrem vergrößern als auch verkleinern. Am praktikabelsten von den angebotenen sind die Maßeinheiten **Druckerpixel** und **Punkt (1/72 Zoll)**.

Dialog zum Einstellen der Laufweite

Allerdings bezieht sich die Maßeinheit *Druckerpixel* auf den gerade angeschlossenen Drucker, oder zumindest, was der Druckertreiber dafür hält. Mit Punkt (= 0,353 mm) bleiben die Verhältnisse genau berechenbar. Da alle Maße beim Umstellen der Maßeinheit umgerechnet werden, kann leicht festgestellt werden, welches Maß ein Druckerpixel in Punkt entspricht. Bei mir sind es 0,24 Punkt. Sie kann durch einen Klick auf die Maßeinheit einfach ausgewählt werden. Es sind andere, bis hin zum Zoll/Inch möglich.

Wertebereich der Sperrung

Im schon bekannten Dialog **Sperrung** sind zwei Wirkungsbereiche möglich: einmal für *alle* Zeichen hinter **Sperrung**, und einmal *ausschließlich* für Leerzeichen wirkende Sperrungen hinter **Extra für Leerzeichen** einstellbar. Werte von ±2,5 Punkt bei einer 12-Punkt-Schrift sind bei den Leerzeichen akzeptabel. Das entspricht ca. 20% eines Gevierts, also der Schrifthöhe. Diese können mit einem *Minuszeichen* vor dem Wert auch *negativ* sein, sodass statt einer Sperrung ein Engerrücken/Unterschneiden zustande kommt.

Für die normalen Zeichenabstände ist ein Wert von 2,5 Punkt weit überdimensioniert.

Hier sollte über ein Wert von mehr als 2% der Schrifthöhe gar nicht erst nachgedacht werden. Das entspricht bei einer 12-Punkt-Schrift maximal 0,25 Punkt.

Gemeinsam bei beiden Möglichkeiten ist, dass die Bereiche, die verändert werden sollen, vorher markiert werden müssen, was folgenden Arbeitsablauf notwendig macht:

Schnell mal nachgucken ...

1. Rufen Sie den Dialog **Sperrung** im Menü **Text → Sperrung...** auf und kontrollieren Sie die Einstellungen.

2. Markieren Sie den gewählten Textbereich.

3. Tragen Sie die Werte der Sperrung ein.

4. Mit einem Klick auf **Übernehmen** wird der markierte Textbereich verändert.

Und nun im Detail:

a) Öffnen Sie aus dem Menü **Text → Sperrung...** den Dialog **Sperrung** für das Einstellen der Laufweite auf.

b) Kontrollieren Sie die Maßeinheit, ob sie auf **Punkt (1/72 Zoll)** steht. Die Checkboxen nach Sperrung und Extra für Leerzeichen sollten ein Häkchen tragen.

c) Markieren Sie den zu verändernden Textabschnitt.

Hier gibt es 2 Pt Extra für Leerzeichen.

Bei +3 Pt für die Leerzeichen zerfällt der Text.

Die Leerzeichen erhalten mit -1 Pt weniger Raum.

Mit -1,5 Pt bei Leerzeichen wird es schon sehr eng.

Der Wert -3 Pt bei Leerzeichen ist indiskutable.

Dies ist normale Schrift der Größe 10 Punkt (Pt).

Die Lettern erhalten hier 0,2 Pt mehr Abstand.

Bei +0,4 Pt Zeichenabstand ist die Grenze.

Dieser 0,8 Pt-Abstand ist eindeutig zu viel.

Der Wert -0,4 Pt beim Zeichenabstand ist schon zu klein.

Weniger als -0,15 Pt sollte der Wert nicht sein.

Verschiedene Sperrungen (+) und Unterschneidungen (-)

Fehler vermeiden

d) Tragen Sie die zunächst *geschätzten* Werte in die Eingabefelder ein und klicken Sie auf **Übernehmen**.

e) Überprüfen Sie das Ergebnis und verändern Sie eventuell die Werte.

f) Sind Sie mit dem Ergebnis zufrieden, neh-men Sie sich den nächsten Textabschnitt vor.

g) Mit dem Rückgängigmachen-Icon in der Symbolleiste können Sie die eingegebenen Veränderungen ignorieren und die Werte auf 0 (Null) setzen.

Das war es schon!

Zeichen und Spalten

Besonders bei schmalen Spalten, wie bei-spielsweise in regionalen Zeitungen usw., tun sich beim Blocksatz gern breite Wort-zwischenräume auf. Der Text zerfällt förm-lich in einzelne Wörter, die scheinbar nichts mehr miteinander zu tun haben.

Silbentrennung

he und Silbentrennung

)okument:

1onetisch (nach Silben)

☐ unästhetische Trennung er

anfang/-ende):   2 ⬦ Zeict

Silbentrennung einstellen

Gewöhnlich ist die Trennung so eingestellt, dass mindestens drei Buchstaben zusam-menbleiben. Das verhindert das Trennen von kurzen zweisilbigen Wörtern wie »da-mit« und »also«. In schmalen Spalten ist das eine eher ungünstige Situation. Im Menü **Text → Sprache und Silbentrennung** kann im sich öffnenden Einstelldialog **Sprache und Silbentrennung** hinter **Zusammenhal-**

ten (an Wortanfang/-ende): die zusammengehaltenen Zeichen zur Not auf 2 eingestellt werden.

Nicht in jedem Fall werden die möglichen Worttrennungen auch automatisch eingesetzt. Einen manuellen Trennstrich $\boxed{\text{Strg}}$+$\boxed{-}$ zu setzen, ist oft die schnellere Methode. Er ist auch im Menü **Einfügen** → **Sonderzeichen** → **Manueller Trennstrich** zu finden. Eine schmalere oder kleinere Schriftart kann das Problem entschärfen, ist aber nicht immer möglich. Ziel muss es immer sein, dass Löcher im Text vermieden werden.

Der Zeichenabstand

Der Designer einer bestimmten Schrift hat oft viel Arbeit in die Optimierung der Buchstaben und deren Abstände gesteckt, um ein ausgewogenes Schriftbild zu entwickeln. Ein Begriff, der in diesem Zusammenhang immer wieder fällt, ist der *Grauwert*, der möglichst über die gesamte Schriftart hinweg einen einheitlichen Wert haben soll.

Und nun im Detail:

a) Sind Sie so weit von einem gedruckten(!) Text entfernt, dass Sie statt der Buchstaben nur noch graue Zeilen erkennen können, kommen Sie diesem Grauwert schon recht nahe.

b) Beim Betrachten werden Sie feststellen, dass unterschiedliche Schriftarten auch unterschiedliche Grautöne ergeben, ohne da irgendeine Zahl angeben zu können.

Fehler vermeiden

c) Werden die Buchstaben einer bestimmten Schriftart näher aneinandergerückt, ändert sich das Verhältnis von unbedrucktem zu bedrucktem Papier. Der Gesamteindruck wird dunkler. Das Gegenteil ist beim Auseinanderrücken der Buchstaben der Fall.

d) Um diesen Eindruck in Zahlen auszudrücken, gibt es inzwischen unbestechliche Geräte, um den Grauwert in Zahlen zu fassen.

Das war es schon!

Obwohl das ein vorrangig subjektiver Begriff ist, gibt er doch Aufschluss darüber, wie gut sich ein Text (individuell) lesen lässt. Das menschliche Auge mag weder zu wenig noch zu viel Kontrast. Denkt man darüber nach, dann wird einem schnell klar, worauf ein kleingeduckter Text mit grauer Schriftfarbe hinzielt, beispielsweise bei *Nutzungsbedingungen* ...

Gassen

Papyrus Autor bezeichnet sie als »verwaiste Zeilen«. Bekanntgeworden sind diese Umbruchfehler aber als »Schusterjunge« und »Hurenkind«. Das Hurenkind wurde je nach Herkunft und Zeit auch Als Hundesohn, Missgeburt oder Witwe bezeichnet, während der Schusterjunge auch als Waisen- oder Findelkind bezeichnet wird. Die Frage ist, was die beiden Begriffe konkret bedeuten. Deshalb gibt es für alle Bezeichnungen Sinnsprüche: »Ein Hurenkind weiß nicht, wo es herkommt, ein Schusterjunge nicht, wo er hingeht«, oder »Eine Witwe hat keine Zukunft und eine Waise keine Vergangenheit.«, oder »Ein Schusterjunge muss unten im Keller arbeiten, ein Hurenkind steht oben verloren auf der Straße.«

Noch unangenehmer sind zu große Wortzwischenräume die sich nicht nur in der Breite, sondern auch noch über zwei oder mehrere Zeilen hinwegziehen. Im Layouterjargon wird das »Gasse« oder »Sturzbach« bezeichnet, hin und wieder sogar als Flughafen, wenn das Loch extrem lang ist. Diesem Phänomen sollten Sie gezielt mit den hier genannten Mitteln gegensteuern. Neben dem Ändern der Einstellungen der Silbentrennung kann das Entstehen von Löchern mit der Variation des Zeichenabstandes umgangen oder repariert werden.

Im Beispiel ist so eine Gasse in der linken Spalte über die Zeilen 2 bis 4 zu entdecken.

Kapillare

Laserdrucker haben den Ruf, ein besonders scharfes Schriftbild abzugeben. Dadurch, dass der wachsartige Toner von der Walze auf das Papier mithilfe von Wärme übertragen wird, spielen die Kapillare kaum noch eine Rolle.

Ca. 10-fach vergrößert: Arial 11 Pt Regula mit Laserdrucker.

Anders bei *Tintenstrahldruckern*. Die Tinte ist flüssig, wird also vom Papier durch den Kapillareffekt in die Fasern gesogen, was schmale Linien breiter werden lässt, als sie aufgetragen wurden. Bei der Vergrößerung des Schriftbildes der Tintenstrahldrucker sehen Sie deutlich die Auswirkungen der Kapillare, die sich sogar noch zwischen den einzelnen Papiersorten unterschiedlich verhalten.

Um die Kapillarwirkung deutlich zu machen, sehen Sie das Wort ›er‹ in Arial 11 einmal auf einem Laserdrucker und einmal mit einem Tintenstrahldrucker ausgedruckt und mit 1200 dpi (Punkte je Zoll) eingescannt. Beide Bilder haben eine Auflösung von 200 × 142 Pixel. Während die Variante mit dem Laserdrucker relativ scharfe Kanten aufweist, kann man die Kapillarwirkung des Papiers beim Tintenstrahldrucker recht gut erkennen. Die Tinte hat den Buchstabenstrich in der Breite fast verdoppelt.

Ca. 10-fach vergrößert: Arial 11 Pt Regula mit Tintenstrahldrucker.

Anders als bei kleinen, ist bei großen Lettern dieser Kapillareffekt kaum zeichenverformend. Etwas zusätzlicher Raum zwischen den Buchstaben trägt deshalb zur besseren

Lesbarkeit bei. Es heißt zwar immer, dass die Laufweite von Schriften wegen des Grauwertes nicht verändert werden sollte, aber in begründeten Ausnahmefällen können Sie durch ignorieren der Regel ein besseres Layout erreichen.

Zu geringe Zeichenzwischenräume

Erniedrigung und verabschiedete sich unter Tränen von ihrer Mutter.

Über Gotenhafen kam die Familie Maison schließlich bis zu dem Ort Putzig. Dort hörten die Erwachsenen, dass sie sofort

Ein Beispiel zu geringer Laufweite

Bitte überschreiten Sie vor allem beim Verringern der Zeichenzwischenräume nicht die angegebenen Werte. Schließlich sollen solche Mogeleien unentdeckt bleiben. Als schlechtes Beispiel möchte ich Ihnen einen Scan zeigen. Ich hoffe, dass er abschreckend genug ist!

Die beiden abgebildeten unteren Zeilen haben eindeutig zu geringe Zeichenzwischenräume.

ERWEITERTE ZEICHENZWISCHENRÄUME ERHÖHEN BEI KAPITÄLCHEN DIE LESBARKEIT. (OHNE SPERRUNG)

ERWEITERTE ZEICHENZWISCHENRÄUME ERHÖHEN BEI KAPITÄLCHEN DIE LESBARKEIT. (SPERRUNG: 0,36 PUNKT)

Erweiterte Zeichenzwischenräume erhöhen bei Kapitälchen die Lesbarkeit.
(Ohne Sperrung)

Erhöhte Laufweite bei Kapitälchen

Kapitälchen

Texte, die nur mit Versalien gesetzt sind, lassen sich schwerer lesen, wie gewohnte, womit auch schon eine Ursache genannt ist. Überhaupt eignen sich dafür nur einfache Formen. Pinsel- und Schreibschriften sowie verschnörkelte Großbuchstaben sind schier unlesbar.

Eine gewisse Zwischenstellung nehmen hier die Kapitälchen ein. Zumindest ist hier die für uns Deutsche wichtige Groß- und Kleinschreibung sichtbar. Andererseits fehlen die bei einigen Kleinbuchstaben wie **d, b** und **f** geläufigen Überlängen, an die wir uns so sehr gewöhnt haben. Auch die Unterlängen wie beim **g, p** und **q** fehlen. Erhöht man die Zeichenzwischenräume um einen kleinen Betrag, erhöht sich die Lesbarkeit, wie das nebenstehende Beispiel zeigt. Bei einer *Liberation Serif* von 10 Punkt ist im unteren Satz ein zusätzlicher Zeichenzwischenraum von 0,36 Punkt verwendet worden. Das Beispiel zeigt auch, dass eine normale Schrift immer besser für längere Texte ist.

Die obere und die untere Hälfte

Wie eben gezeigt, lassen sich Texte, die nur mit Großbuchstaben geschrieben sind, nur mit Mühe lesen. Aber auch bei Kleinbuchstaben ist es nicht gleichgültig, welche Hälfte Sie zu sehen bekommen. In welcher Hälfte der Schrift die meisten Informationen stecken, soll ein das nebenstehende Beispiel zeigen.

In dem Beispiel erkennen Sie, dass offenbar in der Oberhälfte mehr Informationen stecken als in der Unterhälfte.

Die Oberhälfte liest sich leichter als die Unterhälfte

Ober- und Unterhälfte

Weiß auf Schwarz

Sie erinnern sich sicher noch an das Beispiel mit der Kapillarwirkung des Papiers, besonders beim Druck mit dem Tintenstrahldrucker. Auch bei weißen Schriftzeichen auf schwarzem oder auch dunklem Untergrund scheinen die Zeichenzwischenräume schmaler zu werden, besonders bei kleiner Schrift. Die weißen Buchstaben verschmelzen zusätzlich durch die Blendwirkung, durch

Weißer Text auf schwarzem Untergrund benötigt einen größeren Zeichenzwischenraum, hier ohne.

Weißer Text auf schwarzem Untergrund benötigt einen größeren Zeichenzwischenraum und der ist hier +0,2 Punkt.

Lesbarkeit bei Weiß auf Schwarz

den großen Kontrast. Die Iris Ihrer Augen öffnet sich durch die große dunkle Fläche. Wer sich ein wenig mit der Fotografie auskennt, weiß, dass bei weit geöffneter Blende der Tiefenschärfebereich verringert wird. Die Lichtstrahlen können so auch flacher auf die Filmoberfläche oder den lichtempfindlichen Kameraship auftreffen, sodass dann auch Nachbarbereiche vom Licht getroffen werden. Die Schriftstärke wirkt hier insgesamt dicker, obwohl sie genau genommen durch die Kapillarwirkung dünner wird. Je nach Druckverfahren ist das Ergebnis unterschiedlich. Das trifft auch für das Auge zu.

Diese Effekte sind bei der Erstellung des Layouts zu berücksichtigen. Gönnen Sie bei heller Schrift auf dunklem Grund den Zeichen etwas mehr Platz. Sie erreichen die Einstellungen im Menü **Text → Sperrung...**, dass der Einstelldialog **Sperrung** öffnet. Nachlesen können Sie das bei *Wertebereich der Sperrung auf Seite 58.*

Das richtige Gefühl

Inzwischen haben Sie sicher festgestellt, dass das »Layouten« weniger mit einem reinen Handwerk als vielmehr mit einem Kunsthandwerk zu tun hat. Einerseits gibt es Regeln und andererseits haben Sie das Gefühl, im Sinne eines guten Layouts diese Regeln an bestimmten Punkten *brechen* zu *müssen*. Das trifft mit der gleichen Sicherheit zu, die einen *Töpfer* von einem *Kunstkeramiker* unterscheidet. Sie verarbeiten dasselbe

Material, aber die Ergebnisse sind höchst unterschiedlich, selbst bei einer Schüssel ...

Volle Breitseite

Auch Anzeigen, Werbetafeln und Visitenkarten gehören zum Brot des Layouters. Auffallen ist hier (fast) alles. Und so wird alles, was Schreib- und Layoutprogramme so an Effekten hergeben ausgiebig genutzt – und massenweise schlechtes Layout produziert. Da werden mit Gewalt alle Zeilen auf dieselbe Länge getrimmt, Versalien mit der Zeichenbreitenfunktion verzerrt oder verschnörkelte aneinandergereiht, am besten noch mit einem bunten Mix aus nicht zueinander passenden Schriftarten.

Heute im Angebot:
Grüner Paprika
FAHRRADÖL
USB-Sticks

Vergewaltigung von Schrift

Es gibt eigentlich nichts, was noch nicht ausprobiert wurde, sogar mit Informationen überfrachtet oder eine so kleine Schrift verwendet, dass selbst die Layouter der Etiketten für Inhaltsstoffe von Lebensmitteln oder Medikamentenbeipackzetteln, bei denen auch noch ein Heer von Rechtsanwälten kräftig mitmischen, vor Neid erblassen.

Ein weiteres Beispiel aus einem Anzeigeblatt

Animiert Sie das zum Kauf?

Dabei ist doch völlig klar, nach welchen Prinzipien Derartiges gestaltet sein will: Eigent-

Fehler vermeiden

lich sind die Dinger ja da, um schnell über das Wichtigste zu informieren, also als eine Art Merkerweiterung des Kunden-Gehirns oder eben als Notizblockersatz für Telefon- und Internetanschlüsse.

Die Anzeige bereitet durch die Großbuchstaben, die sehr unterschiedliche Breite der horizontalen und vertikalen Strichdicke sowie dem Negativsatz erhebliche Probleme beim Lesen. Warum alles auf dieselbe Breite gequält wurde, kann nicht nachvollzogen werden.

Eine gut lesbare Schriftart, in einer Größe, die nicht unbedingt zum Aufsetzen der Brille veranlassen sollte, ist hier unabdingbar. Vielleicht noch eine einfache Grafik oder ein Passfoto, das auch nett aussehen darf und nicht biometrisch ist, dazu. Alles zusammen vielleicht auf einem farbig passenden Untergrund. Fertig!

Alles andere lenkt vom eigentlichen Ziel ab. Punkt.

Bilder und Fotos

Zeitungen, Zeitschriften und das Internet sind ohne Fotos und Bilder undenkbar. Vorbei sind die Zeiten, als Fotos mittels eines feinen Siebs, das lichtempfindlich beschichtet wurde, in eine druckgeeignete Form gebracht wurden. Hier interessiert aber nicht in erster Linie die Auflösung, die in *Die Art zu drucken auf Seite 79* beschrieben wird, sondern das Auftreten von Fotofehlern. Die folgenden Informationen müssen Sie sich nicht merken, aber Sie sollten sie mal gelesen haben.

JPEG

Inzwischen weiß fast jeder von seinem Smartphone, Computer oder digitalem Fotoapparat, dass Fotos unterschiedlich gespeichert werden können. Besonders bekannt ist das *JPEG-Format* (Datei: **Name.jpeg)**, das oft auch mit dem Suffix .jpg daherkommt. Einen Unterschied zwischen .jpeg und .jpg gibt es bis auf das unterschiedliche Suffix nicht. Ursprünglich ist jedoch die Variante mit 4 Buchstaben. Das kürzere JPG rührt aus früheren Windows-Zeiten, als das Suffix hier maximal drei Zeichen lang sein durfte. Aber das ist Geschichte.

Reine JPEG-Dateien enthalten keinen Alpha-Kanal, der die Transparenzbereiche beinhaltet. Es gibt mehrere Varianten dieses Formats. Wenn beim Laden eines Bildes das Bild zunehmend schärfer wird, ist dies eine der JPEG-Varianten. Der Transparenz hat man sich im *JPEG 2000* angenommen, konnte sich als Format aber bisher nicht so richtig durchsetzen. Grundsätzlich haben JPEG-Dateien die kleinste Dateigröße, die jedoch mit einer verlustbehafteten Komprimierung erkauft wird. Wie hoch der Verlust ist, wird durch die Prozentzahl, die beim Speichern abgefragt wird, festgelegt. Dabei hat 100% die höchste Bildqualität. Je kleiner die Prozentzahl ist, desto stärker sind sogenannte Artefakte sichtbar, die kleinen »Klötzchen« die meist rund um hohe Kontraste im Bild sichtbar werden. Dieses Format unterstützt maximal 65.535 × 65.535 Bildpunkte und 8 Bit je Farbkanal.

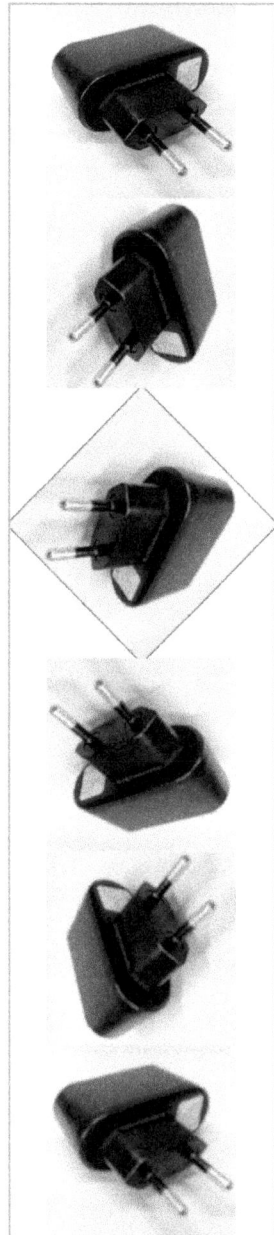

24 Drehungen in 15°-Schritten: Das JPEG-Bild wird immer unschärfer!

Fehler vermeiden

150 dpi-JPEG-Bild mit Kompression von oben nach unten von, 100, 90%, 80%, 60%, 40%, 20%, 10%, 5%, und 1%

Artefakte bei JPEG

Kommen wir in die Praxis zurück. Wie schon erwähnt, ist das beliebte JPEG-Format durch die hohe verlustbehaftete Kompression besonders anfällig für Bildfehler. Auch feine Strichzeichnungen sind nicht die Stärke dieses Formats, wohl aber Fotos. Dort fallen die Fehler auch bei stärkerer Komprimierung oft kaum auf. Die niedrigste Kompressionsrate entspricht 100% – je höher die Kompression, desto kleiner der Prozent-Wert.

GIF

Ein weiteres bekanntes Format ist das *GIF-Format*. Hier ist die Farbpalette auf 256 Farben begrenzt, erlaubt aber andererseits kurze Animationen, also bewegte Bilder. Zum Druck ist das GIF-Verfahren durch die begrenzte Auflösung in der Farbebene eher nicht geeignet. Zwischenfarben müssen auf dem Bildschirm ähnlich wie beim Farbdruck-druck erzeugt werden. Auch das GIF-Format unterstützt maximal 65.535 × 65.535 Pixel, und 8 Bit je Farbkanal.

PNG

Das *PNG-Format*, das im Grunde alle Programme, die Bilder verwenden, lesen können, reduziert die Dateigröße verlustfrei und hat auch einen Alpha-Kanal, der durchsichtige Bereiche ermöglicht. Für hochwertige Bilder ist es gut geeignet, hat aber auch eine größere Dateigröße, was bei Druckvorlagen in den allermeisten Fällen nicht stört, im Gegensatz zum Internet. Das PNG-Format unterstützt mehrere Farbauflösungen von 1 Bit für Strichzeichnungen über 8 Bit je Farb- und Alpha-Kanal bis hin zu 16 Bit je Farb- und Alpha-Kanal für hochwertige Farbbilder mit bis zu 65536 Farbwerten je Kanal.

TIFF

Das TIFF-Format kann bis zu 32 Bit je Farbkomponente speichern, also 4.294.967.296 Abstufungen je Farbkomponente. Bevor Sie in Euphorie geraten, möchte ich auf die Farbmöglichkeiten beim Druck verweisen. In muss ich Sie leider auf den Boden der Tatsachen zurückholen.

RAW

Es gibt viele weitere Bildformate, die alle gewisse Vor- und Nachteile haben. Das vor allem in Digitalkameras verwendete RAW-Format hat dabei die höchste Informationsdichte. Hier werden die Rohdaten des Kamerachip gespeichert. Diese zu interpretieren sind sich die Kamerahersteller leider nicht einig, sodass jeder Produzent sein eigenes Verfahren entwickelt hat. Meistens wird bei Kameras, die dieses Format verwenden, gleichzeitig ein JPEG-Bild des Motivs mit abgespeichert, die gewisse Grundeinstellungen wie Weißabgleich, Rauschunterdrückung usw. in diese Darstellung einberechnen. Die RAW-Daten dienen dann dem eigentlichen Zweck, am PC dann das endgültige Bild zu kreieren.

Fehler vermeiden

4. Wissenswertes

Farbdarstellung auf dem Monitor

Rot, Grün und Blau

Moderne Druckverfahren haben den Computer und damit den Monitor bei der Produktion von Druckwerken unentbehrlich gemacht. Alles, was gedruckt wird, wird vorher auf einem Monitor dargestellt. Wenn Sie sich mit einer Lupe das Bild einer weißen Fläche auf dem Bildschirm genau anschauen, erkennen Sie rot-, grün, und blauleuchtende Punkte oder kurze senkrechte Striche, die alle mit etwa derselben Helligkeit leuchten. Das trifft auch für das Smartphone, das Tablet und das Fernsehgerät zu. Je dunkler diese farbigen Punkte erscheinen, desto dunkler wird die Anzeige. Durch das Verhältnis der Helligkeit der drei Grundfarben Rot, Grün und Blau entstehen die verschiedenen Farbtöne. In einer roten Fläche leuchten die roten Bildpunkte oder Pixel am stärksten, während die grünen und blauen im Idealfall überhaupt nicht zu sehen, also schwarz, sind. Gelb ergibt sich durch rote und grüne Punkte, während die blauen fast gar nicht zu sehen sind, und bei Schwarz leuchtet keines der Pünktchen.

Es ist auch leicht, einzusehen, dass diese farbigen Pünktchen die kleinste Einheit auf einem Monitor sind. Kleinere Details können nicht auf dem Bildschirm dargestellt werden. Das trifft auf die heutigen Flachbildschirme ebenso zu, wie auf die älteren Röhrenmonitore und Fernseher. In einem normalen Betrachtungsabstand verschwimmen diese einzelnen farbigen und unterschiedlich hellen drei Grundfarben zum Fernsehbild oder beim Schreiben in den Computer der Darstellung von Papierseiten auf Ihrem Bildschirm.

Digitale Farben

Die Helligkeit der einzelnen farbigen Punkte auf dem Bildschirm können im PC (und auch beim digitalen Fernsehen) aber nicht beliebig verändert werden, sondern in genau festgelegten Schritten. Im Normalbetrieb sind dies je Farbe genau 256 vom dunkelsten bis zum hellsten Wert. Diese Zahl hat eine lange Tradition und entspricht der Verarbeitungsbreite von 8 Bit, die noch der legendäre Commodore C64 oder der KC 85 vom VEB Mikroelektronik Mühlhausen in den 80er-Jahren des vergangenen Jahrhunderts in viele Wohnungen gebracht hat. Die Zahl 256 entspricht der Potenz 2^8, wenn man die Zwei 8-mal mit sich selbst multipliziert, also $(2\times2\times2\times2\times2\times2\times2\times2)=2^8=256$ rechnet. Diese 256 Werte kann jede der drei Grundfarben annehmen. $256 \times 256 \times 256 = 16.777.216$ Farben können somit theoretisch angezeigt werden. Das entspricht

Wissenswertes

ziemlich genau dem Umfang von 16 Millionen Farbeneindrücken, den das menschliche Auge durchschnittlich wahrnehmen kann.

Es gibt jedoch ein Problem: Weder das menschliche Auge noch die leuchtenden Farbpunkte auf dem Bildschirm arbeiten streng linear, also mit immer demselben Helligkeitsabstand zur nächsten Helligkeitsstufe, so wie ein Millimeter immer ein Millimeter ist, egal, ob Sie die Breite eines DIN A4-Blattes messen, oder die Länge eines Containerschiffes. Hinzu kommt noch, dass alle Materialien, aus denen die Farbstoffe gefertigt werden, nicht genau *das* Blau, *das* Grün und *das* Rot filtern oder leuchten, das für eine richtige Farbdarstellung notwendig wäre oder wirklich rein (sauber) genug sind. Es gibt in der Produktion immer gewisse Toleranzen. Auch wenn sie gering sind, so sind sie bei den 16 Millionen erkennbaren Farben nicht zu vernachlässigen. Das Ergebnis kennen Sie alle: Im Media-Markt oder bei Saturn gab/gibt es teilweise erhebliche Farbunterschiede zwischen den verschiedenen Geräten und Herstellern, wenn dasselbe Programm wiedergegeben wird.

Trotz aller Unterschiedlichkeit erzeugen alle diese Bildschirme die Farben nach demselben Prinzip, der *additiven* Farbmischung. Das nebenstehende Bild zeigt den Ausschnitt des gelben Textmarkers in der Symbolleiste. Die Abwesenheit von allen Farben ergibt die »Farbe« Schwarz, wie im Bild sehr gut zusehen ist. Ein ausgeschalteter Monitor hat einen dunklen Bildschirm. Schwärzer als ein ausgeschalteter Bildschirm kann das Schwarz nicht werden, dass der Bildschirm

TFT-Farbbildschirm

darzustellen vermag. Sie erkennen vielleicht, dass so sehr ›Schwarz‹ ein ausgeschalteter Bildschirm gar nicht ist. Trotzdem hat sich in den letzten Jahren viel getan, wenn Sie die Bildröhre eines alten Schwarz-Weiß-Fernsehers dagegen betrachten: Der war eher mittelgrau!

Ist der Bildschirm eingeschaltet, so sorgt eine Lichtquelle dafür, dass Bilder wiedergegeben werden können. Auch hier gibt es ein Schwarz, beispielsweise für die Buchstaben oder die schwarzen Bildstellen eines Fotos. Dieses Schwarz ist bei genauer Betrachtung schon sehr viel heller als bei ausgeschaltetem Monitor. Das ist der Nachteil von LCD-Bildschirmen, die allesamt hinterleuchtet werden müssen, um überhaupt Bilder anzeigen zu können. Mit OLED-Bildschirmen oder Monitoren, bei denen die Bildpunkte, die Pixel, *von selbst* leuchten, sind prinzipiell bessere Schwarzwerte möglich. Das wirkt sich positiv auf den erreichbaren Kontrast des Bildes aus. Je mehr Farbe auf den Bildschirm kommt, desto heller wird er. Bei der maximalen Helligkeit aller drei Grundfarben entsteht weiß. Das farbige Licht wird also addiert. Deshalb nennt man diese Farbmischung *additive Farbmischung.*

Der Monitor-Farbraum

Intern können die verschiedenen Bildbearbeitungsprogramme sogar noch genauer als mit 8 Bit (256 Stufen) je Farbe rechnen. Selbst bei Freeware-Programmen wie GIMP sind feinere Abstufungen mit 16 Bit (65.536 Stufen je Grundfarbe) und 32 Bit

(4.294.967.296 Stufen je Grundfarbe(!)) möglich; alle Stufen in den drei Grundfarben zusammen beschreiben den Farbraum eines Monitors oder allgemein Bildschirms. Digitale Monitore rechnen intern genauer als 256 Helligkeitsstufen je Farbe. Hintergrund ist, dass es 1996 durch eine Kooperation von Hewlett-Packard und Microsoft Corporation zur Standardisierung des RGB-Farbraums kam und »sRGB-Farbraum« genannte wurde. Dieser *sRGB-Farbraum* sichert, dass ein Bild beispielsweise einer Digitalkamera auf jedem danach kalibrierten Monitor farblich (fast) identisch aussieht, ist also versinnbildlicht der kleinste gemeinsame Nenner der damaligen technischen Möglichkeiten.

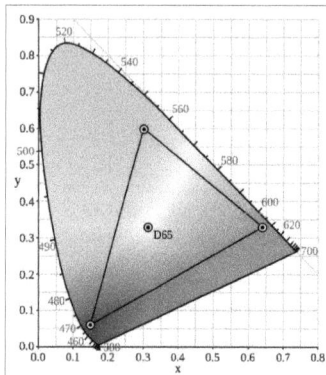

Das Farbdreieck von 1931

Wie nebenan zu sehen, ist dieser Farbraum als Dreieck eingezeichnet und zeigt, dass nicht einmal 50% der möglichen Farben in diesem Standard darstellbar sind. Sie können sich sicher vorstellen, dass es innerhalb der Elektronik eines Monitors einen Chip gibt, in den eine Tabelle eingeschrieben ist, die diese Abhängigkeit vom Material und vom Bildgebungsverfahren in einen konstanten Bildeindruck umwandelt. Aber besonders Farben im Bereich von Grün und Blau werden nicht in der möglichen Qualität wiedergegeben. Deshalb gab es besonders von der Firma Adobe Bestrebungen, dies zu verbessern, und im Jahre 1998 als Adobe-RGB-Farbraum definiert wurde.

Jede Standardisierung bedeutet auch Einschränkung. Der *sRGB-Farbraum* ist oft geringer, als es manche Monitore zulassen würden. Andererseits wird der sRGB-Farbraum bei sehr vielen Geräten verwendet oder lässt sich dort einstellen, sodass hier die wenigsten Probleme mit der Farbdarstellung zu erwarten sind. Ob Ihr Monitor in etwa richtig eingestellt ist, können Sie bei: **https://de.wikipedia.org/wiki/Hilfe:Farbdarstellung** überprüfen. Der dargestellte QR-Code gibt die Adresse an.

Zumindest überblicksmäßig sollten Sie mit diesen Problemen bei der Erstellung eines Layouts vertraut sein. Schließlich soll das Monitorbild mit dem anschließend gedruckten auch farbmäßig so gut wie möglich übereinstimmen. Im Gedruckten darf nichts im Hellen oder Dunklen untergehen. Viele moderne Monitore auch der unteren Preisklasse erlauben, diesen sRGB-Farbraum entweder über beiliegende Software oder mit den Bedientasten einzustellen. Die Einstellung auf diesen Farbraum blockiert die Helligkeits-, Kontrast-, Sättigungs- und Farbtemperatureinstellungen. Das ist Voraussetzung und so gewollt.

Auch viele Tintenstrahldrucker orientieren sich an diesem Standard, obwohl die Art der Farberzeugung dort eine *völlig andere* ist.

Wenn Sie also reproduzierbare Ergebnisse haben wollen, stellen Sie Ihren Monitor auf den *sRGB-Farbraum* ein. Monitore, die diese Voreinstellung nicht besitzen, können für nichtprofessionelle Nutzer mithilfe spezieller Bilder bis zu 90 % des sRGB-Farbraums getrimmt werden. Mit dem Helligkeitsregler werden die dunklen Töne eingestellt, mit dem Kontrastregler die hellen Töne und mit dem Gamma-Regler die mittleren. Suchen Sie im Internet nach »Monitor kalibrieren«.

Monitor kalibrieren

Wissenswertes

Auch anspruchsvolle Kalibrierungen mit einem Sensor werden dort beschrieben.

Druck-Farbdarstellung

Magenta, Gelb und Cyan

Noch gut kann ich mich an meine Kindheit erinnern, als ich in der Schule feststellen musste, dass um die eigentlichen Tuschkastenfarben ein dreckigbrauner Film die weiße Pinselablage »zierte«. Ja, und manchmal waren besonders die hellen Tuschfarben ebenso verschmutzt. Dabei hatte ich doch nur auf meinem Bild die Ostsee, unseren roten Strandkorb und die gelbe Sonne gemalt. Damals ahnte ich noch nicht, dass ausgerechnet dieses Beispiel einmal dazu herhalten musste, das farbige Drucken mit einem Tintenstrahl- oder Laserdrucker zu erklären, um die *subtraktive* Farbmischung zu veranschaulichen. Zunächst haben wir das weiße Schälchen oder die weiße Palette zum Mischen der Farben. Da ich die orangene Farbe schon für die vielen Gesichter verbraucht hatte, musste ich mir für die nächsten etwas einfallen lassen. Gelb und Rot, das wusste ich, ergibt Orange. Und aus Gelb und Blau entsteht Grün. Mischen Sie zum Grün noch Rot hinzu, wird die Farbe Braun. Jede der Farben verschluckt aus dem weißen Licht zum Beispiel der Sonne alle Farben, außer der eigenen. Rot reflektiert nur das Rot und verschluckt alle anderen. Mit Gelb und Blau sieht es entsprechend aus.

Wenn Sie es genau nehmen, sollte beim Zusammenmischen von Rot, Gelb und Blau nicht ein schmutziges Braun, sondern Schwarz entstehen. Dass das nicht passiert, liegt daran, dass die Farben nicht rein sind, dass eben die drei Farben nicht alles andere Licht verschlucken, sondern doch noch einen Teil der anderen Farben reflektieren. Außerdem hat man festgestellt, dass Rot und Blau *nicht ganz* die richtigen Farben sind, um alle anderen Farbtöne zu mischen.

Wer einen Farbdrucker neben seinem Computer stehen hat weiß, dass der Drucker nicht drei, sondern mindestens vier Farbpatronen oder vier Farbkartuschen zum Betrieb verlangt. Auch die Farben sind nicht Rot, Gelb und Blau, sondern Magenta, Gelb und Cyan (Blaugrün) sowie Schwarz. Besonders dem Schwarz ist es zu verdanken, dass sich das Papier nicht vor Feuchtigkeit wellt und die Druckkosten nicht durch einen exorbitanten Farbauftrag in unbezahlbare Gefilde steigen.

Die Art zu drucken

Auch an dieser Stelle müssen Sie noch einmal Ihre Lupe herausholen. Das Prinzip des Druckens einer Farbpalette verstehen Sie besser, weil sichtbarer, wenn Sie einen groben Druck vor sich haben. Auch hier erkennen Sie wieder Farbpunkte. Allerdings haben diese Farbpunkte alle den gleichen Farbwert. Es gibt keine helleren und dunkleren, zumindest nicht beim 4-Farben-Druck, was das Urprinzip des Farbdrucks darstellt. Nur bei höherwertigen Drucken und Dru-

Wissenswertes

Auflösung von oben nach unten:
600 dpi, 300 dpi, 150 dpi, 75 dpi
und 38 dpi

Siebrasterdruck

ckern kommen weitere Farben zum Einsatz. Beispielsweise ein helles Cyan und ein helles Magenta, aber auch *grau*. Ein helleres Gelb gibt es nicht, da Gelb von Natur aus schon heller wahrgenommen wird. Diese Varianten des Farbdrucks sind den Pastellfarben geschuldet. Sie wirken, allein aus den Grundfarben gemischt, zu körnig. Inzwischen gibt es auch Farbdrucker, die die Tröpfchengröße für helle Farben variieren können. Das Prinzip bleibt dennoch gleich! Wagen wir noch einen Blick in die Geschichte: Zeitungsbilder gab es schon lange, bevor der Computer erfunden wurde. Da es im Prinzip bei der Graubildung darauf ankommt, zwischen den schwarzen Druckpunkten eines Bildes weiße Stellen zu lassen, haben sich die frühen Zeitungsdrucker mit einem feinmaschigen Sieb geholfen, dass sie mit einer lichtempfindlichen Schicht ähnlich eines Fotofilms versehen haben. Dieses nun lichtempfindliche Sieb wurde mit dem gewünschten Bild in der Dunkelkammer belichtet. Weiße Stellen im Bild verklebten die Maschen des Siebes fast vollständig und schwarze gar nicht und graue nur teilweise. Der Rest der Beschichtung wurde ausgewaschen, sodass mehr oder weniger große Löcher in den Maschen entstanden. Durch diese Löcher wurde später die Druckerschwärze auf das Zeitungspapier gequetscht. Diesen Vorgang nennt man Rastern. Im nebenstehenden Zeitungsbild ist diese Methode gut vorstellbar. Bei den hellen Gesichtern gibt es nur kleine schwarze Punkte und in der dunklen Kleidung nur wenige Löcher im Sieb.

Wie Farben beim Drucken entstehen

Während beim Monitor die einzelnen Farbpunkte (Pixel) in der Helligkeit variiert werden können, geht der Farbdruck beim digitalen Druck einen anderen Weg, um unterschiedliche Farbtöne zu erhalten: Es wird die
Dichte der Farbpunkte abgewandelt, das
man auch Rastern nennt. (Dithering ist eine
besondere Form des Rasterns, was bei
bestimmten Farben, wiederkehrende Muster verhindert, die im Original nicht vorhanden sind.) Dazu werden im einfachsten Falle
Quadrate von 4 x 4 Punkten gebildet, oder
Quadrate von 8 x 8 Punkten. Das ergibt im
ersten Falle 16 und im zweiten 64 Punkte.
Bleiben wir bei den möglichen 16 Punkten
für jede Farbe, also insgesamt 64 (Magenta,
Gelb, Cyan und Schwarz). Das ergibt insgesamt 16(Magenta) × 16(Gelb) × 16(Cyan) × 16
(Schwarz) = 65536 verschiedene Farbschat-
tierungen. Bei einem Raster von 8×8 Punkten
sind 16.777.216 verschiedene Farbschattie-
rungen möglich. Es sieht so aus, als ob damit
die gesamte Farbpalette des menschlichen
Sehens mit seinen rund 16 Millionen Farbein-
drücken, wie schon berichtet, abgedeckt
wird.

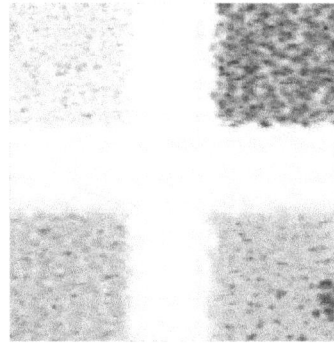

*Vergrößerter Farbdruck. Das weiße
Kreuz in der Mitte hat im Original
eine Strichstärke von 1 mm.*

Leider ist das auch hier nicht der Fall, denn
das Auge des Betrachters funktioniert, wie
schon vorhin berichtet, leider nicht streng
linear! Es tritt also auch das wieder ein, was
über die Farbtreue des Monitors gesagt
wurde. Werden beispielsweise alle magen-
tafarbenen und alle gelben Punkte
gedruckt und die anderen gar nicht, ergibt
das eine rote Fläche. Wäre es zu erkennen,

Wissenswertes

wenn von diesen Farbpunkten eine Handvoll fehlen würde?

An dieser Stelle möchte ich Ihnen einige Überlegungen zur Auflösung von gedruckten Farbbildern nicht vorenthalten. Es ist leicht, einzusehen, dass bei einem Monitor die Auflösung des Bildes der physikalischen Auflösung des Monitors entspricht, da jedes Pixel in seiner Helligkeit gesteuert werden kann. Beim Druck wissen Sie bereits, dass für die verschiedenen Helligkeiten *mindestens* ein Raster von 4x4 Bildpunkten notwendig ist. Und das ist tatsächlich die unterste Grenze! Ein Graubild mit 16 möglichen Helligkeitsgraden ist das Minimum, bevor die einzelnen Helligkeitsabstufungen sichtbar werden und nicht einmal mehr für ein anspruchsloses Zeitungsbild taugen würden.

Vielfach wird in den Voraussetzungen für den Druck von Bildern ein Wert von 300 dpi (Punkte je Inch) genannt. Damit bleibt für einen Punkt eine Fläche von etwas weniger als 0,085 × 0,085 Millimeter. Da man wenigstens 4 × 4 Punkte braucht, um 16 Grauwerte darzustellen verringert sich die Auflösung im Gedruckten auf 75 dpi, wenn 300 dpi gedruckt werden können (300/4=75). Oder man erhöht die Auflösung beim Druck. Bei 600 dpi ist die Auflösung von Bildern 150 dpi. Um die 300 dpi der Bilder tatsächlich drucken zu können, bedarf es mindestens 1200 dpi Druckerauflösung. Für eine bessere Grauwertabstufung sind, wie oben gezeigt, 8 × 8 = 64 Punkte notwendig. Das erfordert ein Druckwerk, das für 300 dpi-Bilder 2400 dpi drucken kann.

Ein Punkt wäre dann nur noch eine Winzigkeit größer als ein hundertstel Millimeter Kantenlänge. Das ist etwa ein Quadrat von 10 µm, was auch heute an der Grenze des Machbaren liegt. In diesem Bereich hat die Kapillarwirkung des Papiers, die den Tintenfleck schnell größer macht, schon einen großen Einfluss auf den Helligkeitsverlauf, besonders bei Tintenstrahldruckern. Nicht umsonst ist für diese Auflösungen Fotopapier mit einer schnelltrocknenden, glatten Oberfläche vonnöten. Deshalb ist für Fotos eine bessere Auflösung als 300 dpi für Druckwerke auf Normalpapier völlig überdimensioniert und bläht die Datei für die Druckerei nur unnötig auf, ohne ein besseres Ergebnis liefern zu können. Die Erfahrung hat gezeigt, dass sich selbst rein visuell Auflösungen von 200 dpi je nach Druckverfahren nicht bis kaum von 300 dpi-Bildern unterscheiden lassen.

Auch wenn ich oben nur von Graubildern berichtete, treffen diese Überlegungen vollumfänglich auf Farbbilder zu. Die Flüssigkeitsaufnahme des Papiers durch die Tinten nimmt dabei allerdings auch zu, sodass es bei kräftigen, großen Farbflächen zu einer erhöhten Welligkeit des Papiers führt. Das Papier schwämmt dabei auf. Es wird etwas größer. Jemand, der schon 'mal tapeziert hat weiß, dass die eingekleisterte Tapetenbahn rund einen Zentimeter breiter werden kann, als die trockene.

Eine besondere Betrachtung verdienen die Strichzeichnungen. Bei ihnen gibt es nur zwei Farbtöne: weiß und schwarz. Da das Papier bereits weiß ist, muss nur noch das Schwarz

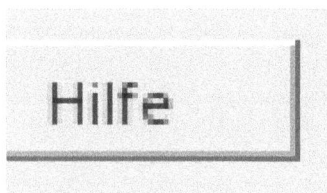

Halbtonbereiche der Schrift auf einem Monitor

Übergänge vom Schriftzeichen zum Hintergrund werden grau dargestellt, und machen die Schrift auf dem Bildschirm runder.

gedruckt werden. Es fällt also das Druckraster, von 4×4 Pixel weg. Aus dreihundert dpi Grautönen werden so 1.200 schwarze Druckerpixel, die einzeln angesteuert werden können. Aber so gut wie nie stimmen die Linien und Flächen mit dem Druckraster überein, selbst wenn die Linienstärke dreist übereinstimmen sollte. Da die Pixel eines Scanners dann von dem feinen Federstrich auch noch teilweise den weißen Hintergrund erfassen, entsteht auf diesen Pixelreihen ein Grauton. (Vergleiche: *Wie Farben beim Drucken entstehen auf Seite 81*.)

Auch bei größeren Strichbreiten entstehen an den Rändern unregelmäßige Grautöne, die je nach Einstellung und Schwellwert entweder gedruckt oder nicht gedruckt werden. Störende Zick-Zack-Linien sind beim Druck dann das Ergebnis. Auf dem Bildschirm muss das nicht unbedingt zu sehen sein, selbst bei 100% Auflösung. Die hier wiedergegebenen Grautöne runden die Wiedergabe ab. Die sogenannten Bildschirmschriften machen sich diesen Effekt zunutze. Die starke Vergrößerung eines elektronischen Bildschirmfotos zeigt das.

Das stimmt auch mit der Forderung von Druckereien überein, die für Strichzeichnungen eine Auflösung von 1200 dpi empfehlen. Typische Strichzeichnungen sind technische Zeichnungen, künstlerische Federzeichnungen Faksimiledrucke alter Werke und anderes. Wird vielleicht für einen Probeausdruck der heimische Tintenstrahldrucker verwendet, trifft auch hier wieder das dazu Gesagte bezüglich der Kapillarwirkung von Tinte auf dem Papier zu.

Manche Druckertreiber ermöglichen auch beim Drucker einen bestimmten Farbraum. Haben Sie Ihren Monitor auf *sRGB* gestellt. Sollten Sie das auch für Ihren Drucker tun, der zumindest für Probedrucke zur Verfügung stehen sollte. Für den Linuxbereich wurde mit *Turbo-Print* aus dem Hause ZEDOnet gute Erfahrungen gemacht. Aus der gleichen Quelle stammt auch *Print-Fab* für Mac und Windows, das ähnliche Eigenschaften wie Turbo-Print aufweist. Zusätzlich lässt sich hier das Vergleichslicht einstellen. Es ist ein Unterschied, ob ein Farbfoto einerseits bei gelblichem Glühlampenlicht oder andererseits bei Tageslicht betrachtet wird. Die LED-Lampen mit ihren verschiedenen Lichtfarben (oder Farbtemperaturen) machen das nicht leichter.

Drucker-Treiber

Wissenswertes

Augenblickliches

Die Arbeitsplatzbeleuchtung

Dass ein Monitor bei Layoutarbeiten ausreichend groß sein sollte und mit einer guten Auflösung aufwarten, wurde oben schon beschrieben. Nun geht es ums Licht, um das Raumlicht.

Die Grundeinstellungen zu Helligkeit, Kontrast und Farbe am Bildschirm sind erfolgreich verlaufen. Am entspanntesten arbeitet es sich an matten Bildschirm-Oberflächen. Störende Lichtquellen und Reflexionen tun der nötigen Konzentration nicht gut. Vermeiden Sie also Lichtquellen hinter Ihnen und vermeiden Sie Tageslichteinstrahlungen auf den Bildschirm. Solange es nur um Formen und Anordnungen von Layoutelementen geht, ist eine normale Raumhelligkeit zu akzeptieren. Wenn es jedoch um Farbeindrücke und -verhältnisse geht, ist gedämpftes Raumlicht nicht zu umgehen. Achten Sie darauf, dass der Bildschirm *nicht* von den Raum-Lichtquellen angeleuchtet wird.

Auch wenn viele Gamer darauf schwören, sind beleuchtete Tastaturen nicht zu empfehlen. Oft ist das Licht des Tastenfeldes farblich zu intensiv oder zu hell. Dem kann Ihr Auge oft nicht so schnell nachkommen. Bei jedem Blickwechsel muss das Auge sich umstellen, denn es gewöhnt sich an die allgemeine Lichtfarbe im Blickbereich. Wechselt der Blick beispielsweise von der intensiven *roten* Beleuchtung einer Gamertastatur auf den weißen Bildschirm, so gibt es bei einem abgedunkelten Raum ein Nachbild der roten LEDs als *blaugrüne* Lichtpunkte. Cyan bzw. Blaugrün ist die Komplementärfarbe von Rot. Das trifft auch für Grün und Blau zu, deren Komplementärfarben Magenta und Gelb sind – nun wissen Sie auch, woher die Druckfarben für den Farbdruck kommen!

Aus meiner Erfahrung ist eine Leuchte neben dem Monitor, die Tastatur in ein sanftes warmes Licht taucht am besten geeignet. Inzwischen gibt es Schreibtischleuchten, deren Lichtfarbe und Helligkeit regelbar ist, zu moderaten Preisen. Ist der Lichtkegel solcher LED-Leuchten dann noch in mehreren Achsen einstellbar, ist es durchaus möglich, dass Sie so eine Leuchte nicht mehr missen möchten.

Augensprünge, Sakkaden

Bis das Lesen von Texten von einer anstrengenden Arbeit zu einem Vergnügen wurde, haben wir alle verschiedene Entwicklungsstufen durchmachen müssen. Neunundzwanzig Majuskeln und dreißig Minuskeln, dazu zehn Ziffern und etliche Satz- und Sonderzeichen. Ein Zeichen nach dem anderen haben wir uns als Abc-Schützen aneignen müssen. Hin und wieder fiel es uns anfangs schwer, bestimmte Buchstaben voneinander zu unterscheiden. Wie war das mit dem kleinen P und dem kleinen Q? Erst der Kreis und dann der vertikale Strich bis unter die Grundlinie, oder umgekehrt? Neben den Druckbuchstaben des lateinischen Alphabets haben wir noch die geschriebene Form lesen, aber vor allem schreiben lernen müssen. Zu meiner Schulzeit bestanden vor allem viele geschriebenen Großbuchstaben aus Schleifen, ja, es gibt Wörter, die in dieser Zeit nur aus Schleifen bestanden, wie etwa das Wort »**Hexe**«. Im Grunde hat uns das damals Spaß gemacht, dass ausgerechnet dieses Wort sich so eigensinnig und unergründlich verhielt.

Während wir Erstklässler anfangs noch aus dem Verlauf der Linien schlossen, welcher Buchstabe dort stand und wie er zu sprechen war, hatten wir es bald drauf, den Buchstaben mit einem Blick zu erkennen. Jetzt Wörter zu bilden war auch nicht so leicht. Mühsam zogen wir die einzelnen Buchstaben sprachlich zusammen. Der nächste Schritt zum Lesen der Wörter war

... nur aus Schleifen

das Erkennen von Silben. Inzwischen sind wir so firm im Lesen, dass wir sehr viele Wörter schon auf einen Blick erkennen, oft sogar ganze Wortgruppen. Auf die richtige Reihenfolge von Buchstaben innerhalb eines Wortes sind wir auch nicht mehr unbedingt angewiesen, was uns als lesender Mensch durchaus zum Verhängnis werden kann, wenn Texte korrigiert werden müssen: *Hptauchase alle Beustchabn snid vhoanredn; wnen die Agnanfs- und Ednubchstbean krorket snid, wie dseier Staz bweiest.*

Schärfe bei Bildschirm und Druck

Auch wenn angeblich das Monitorbild zeigt, wie es anschließend gedruckt wird (WYSIWYG - *What you see is what you get*, oder auf Deutsch: *Was du siehst, ist, was du kriegst*), sollten Sie sich nicht allzu sehr darauf verlassen. Durch physische Punktdichte ist die Auflösung eines Bildschirms gegenüber Gedrucktem mindestens durch den Quotienten 3 bis 6 geringer.

Rechnen Sie (mal wieder) ein wenig: Ein Monitor hat eine Auflösung in der Höhe von 1080 Pixel bei 295 Millimeter, $\cong$ 11,6 Zoll Bildschirmhöhe. Pro Millimeter gibt es etwa 3,7 Pixel. Die Auflösung beträgt ergo etwa 93 ppi, Pixel per Inch. Bücher werden mindestens mit einer Auflösung von 600 dpi oder 1200 dpi, Dots per Inch, Punkte pro Zoll, gedruckt. Damit ist bei Schrift, die ja normalerweise keine Grautöne aufweist, eine 6- bis 13-fache Schärfe und damit Auflösung möglich, was aber *nicht* für Bilder gilt. Siehe **Farbdarstellung auf Seite 78**. Der Abstand der Buchstaben kann beim Druck sehr viel feiner dargestellt werden. Nur bei großen Lettern ist der Eindruck von Bildschirm und Druckwerk in etwa derselbe.

Wie wir lesen

Grund für diese Effekte sind die unwillkürlichen Augensprünge, eigentlich *Sehsprünge*, die *Sakkaden* genannt werden. Sieben bis zwölf Buchstaben vorwärts sind je nach Textinhalt normal und drei Sakkaden je Sekunde. Bei schwer zu verstehenden Texten werden sie kürzer. Bei besonders komplizierten Texten gibt es sogar Sprünge zurück. Diese werden *Regressionssakkaden* genannt. Zwischen diesen Sprüngen ruht der Blick. Er wird fixiert und die Linse des Auges scharfgestellt. Nur in diesen Momenten der Ruhe, der *Fixation*, kann unser Gehirn wirklich etwas erkennen. Die Fixationen machen 90 bis 95 Prozent der Lesezeit aus. Beim sogenannten Querlesen sind die Sakkaden sicher nicht sieben bis zwölf Buchstaben, sondern vermutlich eine höhere Anzahl von Wörtern. Dabei wird in verschiedenen Quellen vermutet, dass der Leser dabei Substantive, Adjektive, Adverbien und Verben erkennt. Alles andere ist Beiwerk.

Dass das menschliche Auge nur in einem sehr, sehr kleinen Bereich scharf sehen kann, ist allgemein bekannt. So kommt es, dass Sie, wenn Sie auf den Text vor Ihnen starren nur wenige Buchstaben wirklich scharf sehen können. Allerdings ist das Auge stetig mit kleinsten Lageänderungen in Bewegung. So entsteht im Gehirn der Eindruck eines viel größeren scharfen Bereiches. Mit einer schmalen Schrift befinden

Wissenswertes

Extreme Breite eines Buchstaben hat Einfluss auf die Lesbarkeit

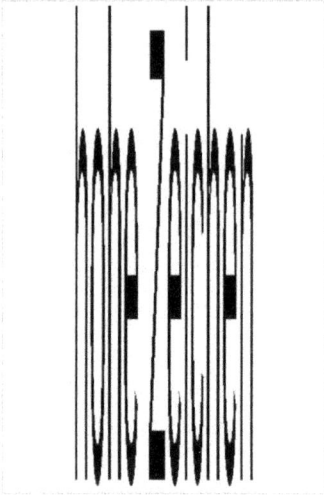

Extreme Höhe einer Schrift
Solche Schrift ist lesbar, wenn Sie das Buch soweit nach hinten kippen, bis sich die Höhe der Buchstaben ausreichend reduziert

Kein zugestopftes Loch!

sich also viel mehr Zeichen im Zentrum des Scharfsehens, als mit einer breiten. Es ist also nicht nur Einbildung, dass Sie bei schmalen Schriften schneller lesen können.

Wird die Schriftbreite sehr groß eingestellt, haben wir sogar Mühe, die Schriftzeichen zu erkennen. In einer Werbung im Fernsehen wurde das O in dem Wort »**Jobs**« so sehr in die Breite gezogen, dass das Wort erst mit dem Zusammenziehen des O's erkannt werden konnte. Das Gleiche passiert, wenn die Höhe der Zeichen überhandnimmt. Immer ist ein Teil der Zeichen aus dem Bereich des scharfen Sehens herausgetreten. Nur mit dem Wissen um diesen Effekt kann das etwas abmildern. Aber so verwenden wir wieder Identifikationstechniken, die wir als Abc-Schützen angewendet haben, nämlich das Verfolgen von Linien. Das aber funktioniert auch nur in einem begrenzten Bereich. Gerade bei mehreren gleichbreiten Linien verlieren wir, beziehungsweise unser Auge, schnell den Überblick.

Das Extreme nutzen

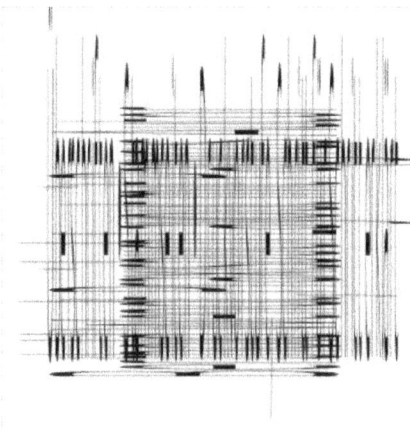

Nein, das nebenstehende Bild ist kein Bild eines gestopften Sockens. Vor etlichen Jahren haben sich einige Witzbolde Visitenkarten von Hand gezeichnet, die ausschließlich schwarze Punkte und Linien enthielten. Nur bei extrem flachem Hinüberblicken und einer anschließenden Drehung um 90° waren sie als Name und Beruf lesbar. Für Interessierte hier die Kurzanleitung:

Serifenlose Schrift, im Dialog **Zeichensatzauswahl** 256 **Punkt** und

B/H = 0,03; 2 Texte in 2 **Textobjekten** übereinander, einer um **90°** gedreht. So entstand das abgebildete Muster.

Fremde Texte und Formate

Viele der oben angeführten Aussagen treffen allgemein zu, egal welches Betriebssystem und welche Software Sie nutzen. Im Folgenden möchte ich Ihre Aufmerksamkeit auf Besonderheiten mit fremdformatigen Dokumenten bei Papyrus Autor lenken.

Ex- und Import von Texten

Besonders diejenigen von Ihnen, die zuvor andere Programme zum Schreiben genutzt hatten, stehen vor der Frage, wie sie die früher geschriebenen Texte nun i*n Papyrus hineinbekommen.*

MS-Word und Co.

Texte, die in MS-Word entstanden sind und als .*doc* oder .*docx* bzw. als .*rtf* oder ASCII abgespeichert wurden sowie Texte von LibreOffice oder OpenOffice, die das Suffix .*odt* haben, lassen sich meist problemlos mit Papyrus Autor laden, sogar mit Bildern. Während der Code von LibreOffice als Freeware eingesehen werden kann, hält Microsoft sich bezüglich Word sehr bedeckt. Es bedurfte unzähliger Versuche, eine allgemeingültige Aussage darüber zu treffen, wie Word-Dateien geschrieben und gelesen werden. Inzwischen ist das den Machern von LibreOffice und Papyrus aber gut gelungen. Besonders die kaum nachzuvollziehenden

Berechnungen zu Zeichengröße und Zeilen-abstand in Word haben den Papyrus-Leuten viel Kopfzerbrechen bereitet. Aus diesen und anderen Gründen sieht ein von Papyrus gela-denes Worddokument etwas anders aus als das Original. Allerdings scheint auch Word ein Word-Dokument gerne etwas anders zu interpretieren, wenn es Wochen später oder auf einem anderen Rechner geöffnet wird. Oft stimmen Zeilen- und Seitenumbrüche nicht mehr überein. Das kann ein fertig geglaubtes Layout völlig durcheinanderwer-fen. Dagegen hilft bei Word nur das Doku-ment mehrmals hintereinander zu kontrollie-ren und dann *sofort* die PDF zu erstellen!

Derartige Unstimmigkeiten werden Sie in Papyrusdokumenten auf Papyrus kaum fin-den. Dasselbe Dokument, auf zwei verschie-denen Rechnern geöffnet sieht in den aller-meisten Fällen identisch aus, vorausgesetzt, die verwendeten Schriftfonts sind identisch. Immerhin bietet Papyrus an, im Menü **Ein-stellungen → Einstellungen... → Import/ Export → RTF / DOC** jeweils alternative Fil-ter für den im- und Export zu nutzen.

Anders herum, das Originaldokument von Papyrus Autor, gibt auf Word, als RTF und LibreOffice ähnliche Abweichungen. Aber immerhin ist es möglich, Texte ohne wei-tere Klimmzüge auszutauschen.

Besonders beim TXT-Format gibt es eine ganze Reihe von Codierungen (das ASCII-Format ist nur eine davon) die einem manchmal den Nerv rauben können, beson-ders, wenn es um die deutschen Umlaute *ä, ö, ü* und das Es-Zet (*ß*) geht. Sie könnten natürlich diese Zeichenkombinationen mit der Suchen-und-Ersetzen-Funktion in die entsprechenden Zeichen wandeln. Einfacher ist es aber, vor allem beim Laden von Dokumenten gleich die benötigte Codierung anzugeben. Im Ladefenster (Menü **Datei → Öffnen...**) befindet sich rechts neben Dateinamen noch ein Auswahlfenster, in dem sich die Codierung voreinstellen lässt. Normalerweise ist dort **Papyrus (*.pap)** zu lesen.

Dateiname:		Papyrus (*.pap)	⌄
		Öffnen	Abbrechen

Ausschnitt aus dem Fenster Menü **Datei → Öffnen...**

Viele Textverarbeitungsprogramme gestatten, den erstellten Text außer in dem eigenen Format auch in anderen Formaten zu speichern, und fast immer ist das DOC-Format dabei oder wenigstens das RTF-Format. So auch Papyrus Autor. Das DOC-Format ist eigentlich nichts anderes, als ein aufgehübschtes Rich Text Format (RTF). Außer der genannten Software sind vor allem noch AbiWord, LaTeX, Lotos Word Pro, Pages, LyX und viele weitere bekannt.

```
Papyrus (*.pap)                          ⌄
Papyrus (*.pap)
Papyrus Vorlage (*.pav)
PAP-PDF Hybrid (*.pap.pdf)
Word/Office doc (*.doc)
Word/Office docx (*.docx)
Open Document-Text (*.odt)
Rich Text Format (*.rtf)
HTML (*.htm*)
ASCII (*.*)
UTF-16 (*.*)
UTF-8 (*.*)
WordPerfect 6/7/8 (*.wpd)
Papyrus Base (*.pb)
dBase (*.dbf)
dBase (Windows-Belegung) (*.dbf)
CSV (Windows-Belegung) (*.csv)
CSV Excel (Windows-Belegung) (*.csv)
CSV Excel (OS/2 oder DOS) (*.csv)
CSV Excel (Mac Classic) (*.csv)
1ST-Base (*.1b)
ASCII-Daten (*.*)
Alle unterstützten Dateien (*.pap *.pav *.pap
Alle Dateien (*.*)
```

Codierungen, die in Papyrus geladen werden können

Der Trick mit dem Kopieren

Wenn sich auf einem PC ein Text nur mit dem originalen Programm öffnen lässt, stehen die Chancen sehr gut, auch diesen Text in Papyrus bearbeiten zu können. In diesem Falle markieren sie den gewünschten Text vollständig (Windows: Strg+A) und kopieren ihn in den Zwischenspeicher des Computers mit Strg+C. In Papyrus klicken Sie nun an die Stelle, an der die

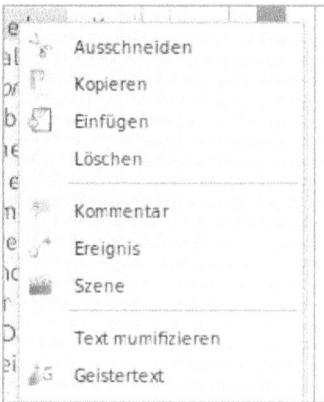
Kontextmenü zum Einfügen von Kommentaren

Zwischenablage von Windows eingefügt werden soll und betätigen [Strg]+[V]. Auch in Linux und dem MAC funktioniert das nur mit dem Unterschied, dass auf dem MAC [Ctrl]+[A] zu betätigen sind.

Auf diesem Wege gelangen auch Texte aus dem Internet und einige PDF-Dateien in Papyrus und zur Not natürlich auch Texte aus MS-Word und LibreOffice Writer.

Papyrus tut sich schwer, Textpassagen mit Bildern aus dem Internet darzustellen. Hier hilft ein Zwischenschritt, indem für das Ablegen zuerst Word oder LibreOffice verwendet wird. Von dort kann es entweder als .doc-Datei von Papyrus geladen werden oder Sie kopieren die in Word oder LibreOffice dargestellte Passage dort ein zweites Mal. Dann werden auch Bilder zusammen mit dem Text in Papyrus Autor bearbeitbar wiedergegeben.

Kommentare

Papyrus kennt vier verschiedene Kommentare: den normalen *Kommentar*, die *Szene*, das *Ereignis* und den *Titelkommentar*, die alle in verschiedenen (einstellbaren) Farben dargestellt werden. Die Kommentarfunktionen erreichen Sie, indem Sie einen Begriff markieren und anschließend im Kontextmenü, also mit einem Klick der *rechten* Maustaste darauf, die entsprechende Kommentarfunktion aufrufen. Eine zweite Möglichkeit besteht darin, im Menü **Einfügen** die gewünschte Kommentarfunktion auszuwählen.

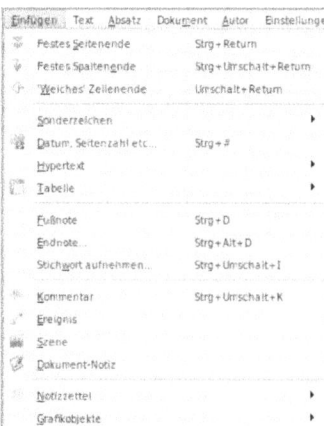
*Menü **Einfügen***

Nach der Wandlung in eine .doc-, .docx- oder .odt-Datei werden alle Kommentare in den jeweiligen Umgebungen entsprechend diesen ohne Unterschied dargestellt. Das sollten Sie wissen, wenn Sie Texte zum Korrektorat und Lektorat weitergeben. Kommentare, die hier eingefügt werden, sind nur ganz normale Kommentare.

Wenn Sie Ihre Arbeit dann wieder zurückbekommen, erkennt Papyrus aber die ursprünglichen Verwendungszwecke und stellt die Farben meist wieder ein. Alle zusätzlichen Kommentare, die von MS-Word oder LibreOffice eingefügt wurden, erscheinen in Papyrus Autor als normale Kommentare. LibreOffice und Word kennen eben nur diese.

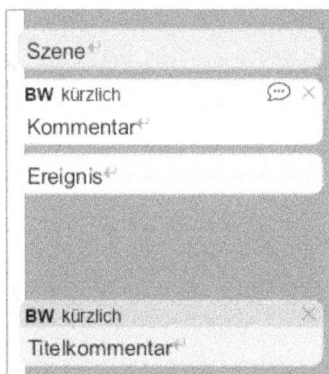

Kommentare in Papyrus Autor

Es ist also gut zu wissen, dass Sie zum Weitergeben an Word- und LibreOffice-Nutzer (ebenso OpenOfficeOrg – beide verwenden dasselbe Format) Kommentare einsetzen, bearbeiten und wieder öffnen können – in *beide* Richtungen.

Eine Buchreihe mit gleichen Figuren

Das Anlegen der Figuren auf den Karten oder im Formular ist je nach Umfang sehr arbeitsaufwendig. Sind die Figuren aber erst einmal angelegt, können sie in einem zweiten, dritten oder auch zehnten Mal wiederverwendet werden. Es ist auch kein Problem, weitere Figuren in den folgenden Teilen hinzuzufügen und gegebenenfalls auch bei einer Überarbeitung eines vorherigen Teils zu verwenden.

Die einzige Voraussetzung dafür ist, dass Sie den Haupttext in *demselben* Ordner speichern, wie auch schon den 1. Teil. Das Übernehmen trifft natürlich auch für die Schauplätze und die Gegenstände zu.

Dieselben Kommentare nach der Wandlung in eine Word-DOC-Datei, angezeigt in LibreOffice

Wissenswertes

Sichere Texte

Während ein Computer schnell durch einen anderen ersetzt werden kann und im Wesentlichen »nur« einen finanziellen Verlust darstellt, sind es bei Texten vor allem die in den PC geschriebenen Gedanken mit der dahinterstehenden Arbeitszeit. Die lassen sich auch mit dem dicksten Portemonnaie nicht zurückholen. Der Verlust eines Romans oder einer Abhandlung ist nicht wieder gutzumachen. Entsprechend sollten Sie mit Ihren Dateien sorgsam umgehen und Ihr Werk spätestens am Tagesende auf *verschiedenen* Datenträgern *mehrfach* speichern.

Den ersten Schritt dazu macht schon Papyrus Autor, indem hier mehrere chronologische Versionen in dem Ordner Papyrus Backups speichert. Hier gibt es mehrere einstellbare Speicherorte. Der Name des Backups ist der **Name der Datei**, erweitert durch **Backup** und einer **Nummer** sowie der anschließenden Suffix **.pap** für die Art der Datei. Die jüngste Datei trägt die **1** als Identifikationsnummer und ist die oberste im Ordner.

Zusätzlich sollten Sie nicht darauf verzichten, dass der PC selbst zumindest jeden Tag einmal ein Backup auf einem *anderen* Datenträger, beispielsweise einer zusätzlichen Festplatte oder SSD, anlegt. Auch eine Kopie Ihres Werkes in die Cloud trägt maßgeblich zu Ihrer Datensicherheit bei. Wer sich unwohl dabei fühlt, sein Werk auf einem fremden Server gespeichert zu wissen, kann ja einen USB-Stick oder eine SD-

Karte für diesen Zweck verwenden. Die hat dann auch noch den Vorteil, dass sie sicher vom Rechner getrennt und gelagert werden kann. Auch bei einem völligen Versagen des PC oder einem Hackerangriff, der Ihren PC verschlüsselt, haben Sie dann noch eine lesbare Kopie Ihrer Arbeit, die Sie mit einem *anderen* Rechner weiter bearbeiten können.

Wissenswertes

5. Maße und Regeln

Maße im Buchdruck

Das Punkt-Maß

Über ein spezielles Maß im Zusammenhang mit Schriften stolpert man in fast jedem besseren Schreibprogramm und natürlich auch in Papyrus Autor: die Maßeinheit *Punkt* (**Pt**). Sie wird in der Schriftgröße, beim Zeilenabstand, bei der Zeilenhöhe und noch einigen anderen Zusammenhängen verwendet und beträgt traditionell 1/72 Zoll, das sind rund 0,353 Millimeter, wie schon an verschiedenen Stellen erwähnt.

Zoll und Inch sind schon sehr alte Maßeinheiten und entsprachen in den verschiedenen britischen Grafschaften und deutschen Kleinstaaten überall verschiedenen Längen im Bereich von 2 bis 3 Zentimetern, etwa der Daumenbreite. Oft wird er für den zwölften Teil eines Fußes (Ft) gebraucht. Durchgängig ist das auf Inch und Foot basierende Längenmaßsystem nur noch in den USA üblich. Die Länge des Zolls wurde im 20. Jahrhundert gegenüber dem Meter und seinen Teilen mit genau 25,4 Millimeter festgelegt. Obwohl das internationale Einheitssystem (IE) in Deutschland und anderen Ländern per Gesetz zum verbindlichen Standard erklärt wurden, hält sich die Einheit Zoll/Inch im Bereich von beispielsweise der Klempnerei, Mode, bei Bildschirmen/ Monitoren und eben auch im Buchdruck sehr hartnäckig.

Das Geviert

Auch ein Geviert ist als Maß im Buchdruck üblich. Allerdings ist dem Geviert *keine* bestimmte Größe zugeordnet. Es ist ein *relatives* Maß, das sich an der grade verwendeten Schriftgröße orientiert. Geviert bedeutet nichts anderes, als vier gleiche Seiten, ist also ein Quadrat. Tatsächlich wurden alle Vierecke im Mittelalter *Geviert* genannt. Die Bezeichnung Geviert stammt noch aus der Zeit von *Johannes Gensfleisch, genannt Gutenberg*, (1400-1468).

Die Bleilettern trugen auf der Druckseite den seitenverkehrten Buchstaben. Der Körper darunter wird *Kegel* genannt. Diese Kegel hatten für eine bestimmte Schrifthöhe alle ein einheitliches Maß; ein wenig mehr als die Schriftgröße, damit die Ober- und Unterlängen nicht direkt aneinanderstoßen und damit der Letternoberfläche etwas mehr Stabilität gegenüber einem Rechten Winkel (90°) gegeben werden konnte. Künstlich angelegte Gräben in Wald und Flur haben der Stabilität wegen ebenfalls eine Böschung.

Ursprünglich wurde das Geviert als Quadrat mit der Höhe des Kegels definiert, also von der Oberkante des großen M bis zur Unterkante beim kleinen P. Das entspricht ungefähr der Höhe der in Punkt angegebenen Höhe der Schrift. Bei einer 11-Punkt-Schrift, wie hier in *Ubuntu Light 11* hat der Geviertstrich (—) eine Länge von 3,883 Millimeter.

Bedeutung hat das Maß gegenwärtig fast nur noch bei den Strichen und Leerzeichen, denn der Blocksatz wird auf dem Computer automatisch ausgeführt. Lediglich für Begriffe, die zusammengehören, wie Maßzahl und Maßeinheit (z.B. 15 mm), Titel und Name (z.B. Dr. Koch), die Sie auch im Blocksatz ohnehin nicht durch eine Zeilenschaltung trennen (lassen) sollten, fügen Sie besser ein festes Leerzeichen ein, mit der Tastenkombination ⌞Strg⌟+⌞Space⌟.

Maße beim Schriftsatz

Es ist kein Geheimnis, dass jeder Beruf und jede ausgeübte Tätigkeit eine eigene Ausdrucksweise entwickelt hat, die sich von der schriftlichen teilweise stark unterscheidet. Schon die Maßeinheit Punkt (Pt) weicht von üblichen Größenangaben ab. Mit ca. 0,353 Millimetern ist sie ziemlich ›krumm‹, und auch der Ursprung 1/72″ ist nicht gerade ein glatter Wert.

Der Zeilenabstand trägt maßgeblich zur Lesbarkeit bei. Ist er zu gering, ergibt das nicht nur einen dunkeleren *Grauwert*, sondern es passiert häufiger, dass man sich in der Zeile irrt. Ist er dagegen zu groß, zerfällt der Text und wird nicht mehr als Ganzes wahrgenommen. Natürlich sind die Übergänge fließend.

Es gibt zwei Möglichkeiten, den Zeilenabstand (ZAB) anzugeben. Zum einen ist es üblich, den Abstand von einer Grundlinie zur nächsten Grundlinie anzugeben. Zum anderen kann der *Durchschuss* angegeben werden. Dort hinein ragen weder Ober- noch Unterlängen. Addieren Sie zum Durch-

schuss die Schriftgröße, ergibt sich rechne-
risch der Zeilenabstand, wie er oben durch
die Grundlinien definiert wurde.

Im Bleisatz wurden für den Durchschuss
Metallleisten entsprechender Breite verwendet, die nur die Aufgabe hatten, den
Abstand der Zeilen zu gewährleisten, ohne
dass sie irgendetwas aufs Papier brachten,
außer dem Abstand der Zeilen zueinander.
Daneben stabilisierten sie den gesetzten
Text mit den Bleilettern. Traditionell wurden die Schriftblöcke stramm zusammengebunden und diese dann zur Zeitungs- oder
zur Buchseite vereinigt.

Der Grauwert

Auf dem Monitor ist durch den selbstleuch-
tenden und manchmal blendenden Bildschirm der Grauwert einer Schrift schlecht
einschätzbar. Drucken Sie sich deshalb zur
vergleichenden Beurteilung des Grauwertes
von Schriften jeweils eine Seite in der beabsichtigten Schriftgröße aus. Als Text eignet
sich beispielsweise das **Lorem ipsum**, ein
Pseudo-Latein-Text, den Sie sich kostenlos
aus dem Internet herunterladen können. Bei
normaler Lesehelligkeit und ausgestreckten
Armen blinzeln Sie die Schrift an, sodass sie
unscharf erscheint und die Zeilen nur noch
als graue Streifen zuerkennen sind. Ein mittlerer Grauwert wird meist als am angenehms-
ten empfunden. In den Grauwert gehen
neben den unveränderlichen Parametern
wie Strichstärke und durchschnittlicher
Buchstabenbreite, auch Glyphenbreite
genannt, auch die Laufweite und der Zeilenabstand ein. Das sind Werte, die auch vom

Maße und Regeln

Inhalt des Schriftstückes abhängig sind. Für einen spannenden Roman erwartet der Leser etwas anderes als für ein Fachbuch, das Zusammenhänge darlegen und erhellend sein soll. Meistens wird daher in Fachbüchern eine Schrift verwendet, deren Grauwert heller ist als bei Romanen.

Schriftgröße und Zeilenabstand

Für den Fließtext, dem Hauptteil des Textes, haben sich Schriftgrößen zwischen 8 Punkt und 14 Punkt, die sogenannten. *Brotschriften*, durchgesetzt. Dieser Text, den Sie jetzt lesen, hat eine Größe von 11 Punkt und einen Zeilenabstand von 14 Punkt. Wer es gern wegen der Anschauung in Millimetern wissen will, muss die Werte mit 0,353 multiplizieren und ergeben, diesmal rechne ich Ihnen das noch aus, ≅ 3,88 mm beziehungsweise ≅ 4,94 mm. Die Größe dieser Schrift wird als 11/14 angegeben und »*elf auf vierzehn*« ausgesprochen. Der Zeilenabstand, der zweite Wert, ist hier also 14 und wird ZAB (gesprochen ›zab‹) genannt. Der Durchschuss ist also entsprechend 3 Punkt.

Auf der Grundlinie stehen die meisten Buchstaben des Alphabets. Das ist genauso, wie Sie das Schreiben mit der Hand erlernt haben: immer auf der Linie entlang! Nur wenige Buchstaben ragen weiter nach unten. Die Kleinbuchstaben g, j, p, q und y gehen tiefer, haben eine Unterlänge. Die Mittellänge bezeichnet die Höhe der meisten Kleinbuchstaben. Nur die Großbuchstaben sowie die Kleinbuchstaben b, d, f, h, i, j, k, l und t ragen über die Mittellänge hinaus. Das wird als Oberlänge bezeichnet.

Welpe — Oberlänge, Mittellänge

Welpe — Zeilenabstand

Welpe — Durchschuss, Unterlänge

Teilmaße der Schrift

Der Durchschuss gibt dem Leser den Kanal vor, der ihn am Ende einer Zeile sicher in die nächste geleitet. Offenbar braucht das menschliche Auge eine Mindestbreite für diesen ›Leitstrahl‹. Es hat sich nämlich herausgestellt, dass je größer die Schrift ist, desto kleiner darf der Zeilenabstand sein, ohne dass unser Auge sich verfranzt.

Der Wortabstand

Auch das Leerzeichen (Space) wird in Geviert-Teilen (entsprechend zur Schrifthöhe) angegeben. In den meisten Schriftarten haben die normalen Leerzeichen Drittel- bis Viertel-Geviertbreite, außer beim Blocksatz. Dort dienen die Leerzeichen auch dazu, die Zeilen immer auf die gleiche Länge zu bringen. Manchmal aber ist es sinnvoll, mit einem schmalen Leerzeichen in eine abzuschreibende lange Ziffernreihe ein wenig Struktur hineinzubekommen, indem sie gruppiert werden.

Optimaler Zeilenabstand

Es trifft zwar zu, dass kleine Schriften größere Zeilenabstände vertragen, aber mehr als eine Empfehlung ist das nicht. Es kommt dabei auf die Schriftart an, auf die Mittellänge, die Größe der Kleinbuchstaben, aber auch auf die Zeilenlänge. Längere Zeilen benötigen mehr Zeilenabstand, damit sich das Auge mit seinen Sakkadensprüngen in der Reihe bleibt. Hinzu kommt noch, dass der Zeilenabstand von verschiedenen Menschen auch verschieden empfunden wird. Schriftarten mit Serifen wie beispielsweise New Times Roman, Liberation Serif oder

8/11 Punkt:
Kleine Schrift –
großer Abstand!

12/15 Punkt:
Mittlere Schrift –
mittlerer Abstand

24/24 Punkt:
Größer –
Kleiner

48/38 Punkt:
Groß
Klein

Schriftgrößen-abhängiger Zeilenabstand

Maße und Regeln

Maße und Regeln

Dies ist die verwendete Schrift in diesem Buch, nämlich Ubuntu Light in der Größe 8/8 Punkt. Durch die kleine Schrift und den kleinen Zeilenabstand bereitet die schon leichte Probleme beim Lesen.

Der Abstand ist derselbe geblieben, und auch der Zeilenabstand. Dies ist die Schrift Liberation Serif 8/8. Trotz des dichten Satzes ist sie leichter lesbar.

Hier noch einmal die Schrift Ubuntu Light 8 in größerem Zeilenabstand. Der Zeilenabstand beträgt hier 14 Punkt, was eindeutig zu weit ist, wie Sie selber sehen. Ein Abstand von 11 Punkt, wie hier kommt dieser Schriftart besser entgegen.

Und hier noch einmal die Schriftart Liberation Serif. Auch sie kommt als 8/11-Schrift gut mit diesem Abstand zurecht.

Als Vergleich einmal eine völlig andere Schriftart. Die Bodoni MT in 8/11. Hier wäre eine etwas größere Schriftgröße bei gleichbleibendem Abstand sicher von Vorteil ...

...was ich hier demonstrieren möchte: Bodoni MT in 9/11.

Bei Schreib- und Handschriften sind meist eine größere Schrift und kleinere Zeilenabstände angemessen. Hier Dancing Script in 14/14

Optimaler Zeilenabstand

Garamond vertragen einen etwas kleineren Zeilenabstand. Bei Hand- oder Schreibschriften hingegen kann der Zeilenabstand oft genauso groß sein, wie die Schrift selbst, ohne dass das Auge verbiestert.

Manche Schriften nutzen den vorhandenen Platz nicht aus, den sie eigentlich hätten. Demnach ist eine 11-Punkt-Schrift in der Höhe nicht mit jeder anderen 11-Punkt-Schrift vergleichbar; auch nicht, wenn sie sich grob ähnlich sind, wie Bodoni MT und Times New Roman.

Texte ohne Durchschuss zu setzen, spart zwar Platz, ist aber anstrengend zu lesen. Das Gegenteil, viel Platz zwischen den Zeilen zu lassen, lässt den Text auseinanderfallen. Texte, die nur in Großbuchstaben geschrieben sind, auch Versalien oder Majuskeln genannt, haben in der Regel keine Unterlängen. Um einen harmonischen Eindruck zu verschaffen, kann der Zeilenabstand hier, wie auch bei KAPITÄLCHEN reduziert werden. Die bei diesen Texten empfohlenen breiteren Zeichenzwischenräume sollten Sie jedoch unbedingt einhalten.

In Papyrus Autor gibt es zwei Möglichkeiten, den Zeilenabstand zu verändern. Einmal wird der Zeilenabstand proportional zur Schriftgröße geändert, wie das auch in vielen Schreibprogrammen üblich ist und die Grundeinstellung hier darstellt. Allerdings ist der Berechnungsweg über die verschieden Programme hinweg offenbar nicht einheitlich. Hier bei Papyrus können Sie sich darauf verlassen, dass bei einer Schriftgröße von 10 Punkt und einem Zeilenabstand von 1,4 alles mit rechten Dingen vor sich geht. Machen wir eine Probe aufs Exempel und rechnen wir vor, um später nachzumessen. 11 Punkt × 0,352778 mm/ Punkt = 3,88056 mm Schrifthöhe. Eine Zeile ist somit 3,88056 mm × 1,4 ZAB = 5,43278 mm hoch. So ein Maß lässt sich nur unter dem Mikroskop bestimmen. Wenn Sie allerdings die Höhe von 10 oder mehr Zeilen mit dem Lineal von Grundlinie zu Grundlinie ausmessen, können Sie den Wert genauer feststellen. Bei zehn Zeilen sollte der Abstand 54,3278 Millimeter betragen und bei dreißig fast 163 Millimeter; wie schon bemerkt bei 11 Punkt Größe und 1,4-fachem Zeilenabstand.

Die zweite Möglichkeit, den Zeilenabstand festzulegen, ist die konkrete Zeilenhöhe in *Punkt*. Sie erreichen diese Voreinstellung, wenn Sie in der Symbolleiste, dem **Icon-Menü**, auf den nach untenzeigenden Winkel des Dialogs für den **Zeilenabstand** links klicken. Ganz unten können Sie zwischen **Punkt** und **Faktor** wählen. Rechnen wir auch hier und vergleichen mit den mit den tatsächlichen Werten. Eine 11-Punkt-Schrift ist wie oben schon berechnet 3,88 mm hoch. Wählen wir einen ähnlichen Zeilenabstand wie bei der Faktoreinstellung, kommen Sie auf einen Zeilenabstand von *14 Punkt* (abgekürzt: Pt.), was fast genau einem ZAB, Zeilenabstand, von *4,93889 mm* entspricht (*14 Pt. × 0,353 mm*). Dieser Text ist in einer 11-Punkt-Schrift und einem ZAB von 14 Punkt gesetzt. Zehn Zeilen entsprechen also einer Höhe von ca. 49,4 Millimeter. Messen Sie an den Markierungen rechts nach!

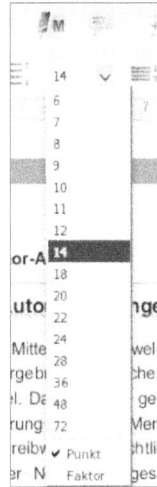

Maße und Regeln

In der Einstellung der Zeilenhöhen in Punkt sind verschiedene, immer wieder vorkommende Werte vorgegeben. Die sind allerdings kein Dogma! Ebenso sind Zeilenabstände von 13 Punkt oder 25 Punkt möglich. Geben Sie den gewünschten Wert einfach in das Eingabefeld für die Zeilenhöhe ein und bestätigen Sie mit ↵.

Nach dem bisher erfahrenen wird es Sie auch nicht wundern, dass Sie auch gebrochene Werte eingeben können. Ist beispielsweise ein Text um eine Zeile zu lang, können Sie die letzte Zeile noch auf das ein DIN A4-Blatt holen, indem Sie den Zeilenabstand um einen gebrochenen Betrag verkleinern. Bei 30 Zeilen einer 12-Punkt-Schrift mit einem 24-Punkt-Zeilenabstand kommen Sie auf eine Satzspiegelhöhe von 254,16 mm. Wenn Sie nun 31 Zeilen auf dieser Höhe unterbringen müssen, wäre der Zeilenabstand nur noch 23,23 Punkt, was nur im direkten Vergleich zu erkennen wäre. Es soll nicht verschwiegen werden, dass derartige Praktiken die *Registerhaltigkeit* stören und deshalb nicht immer angewendet werden können.

Und nun im Detail:

a) Mit Registerhaltigkeit wird die Lage der Zeilen in einem Buch oder einer Zeitschrift bezeichnet.

b) Da Papier immer etwas durchscheint, sollten die Zeilen auf der Vorder- und Rückseite sowie auf dem vorherigen und nachfolgenden Blatt auf gleicher Höhe liegen.

Eine durchgestochene Nadel, die auf einer Seite in die Grundlinie gestochen wird, sollte auch auf der nächsten Seite die Grundlinie treffen.

c) Mit den heutigen Produktionsmethoden ist diese Forderung auch erreichbar.

Das war es schon!

Dies alles ist in den Dialogen der Symbolleiste für Schriftart, Schriftgröße und Zeilenabstand justierbar. Manchmal jedoch wünscht man sich, dass der leere Raum besonders über und unter der Überschrift variabel ist.

Im Menü **Absatz → erweiterte Absatzformatierung...** gibt es weitere Möglichkeiten der Einflussnahme. Nicht alle Einstellmöglichkeiten sind im Zusammenhang mit dem Zeilenabstand von Interesse. Zu gegebener Zeit werden Sie über den Einstelldialog **Erweiterte Absatzformatierung** mehr erfahren.

Um den Überblick zu behalten, und der *Registerhaltigkeit* zu genügen, ist es oft günstiger, statt des Abstandsfaktors besser den konkreten Zeilenabstand zu verwenden, wie es oben schon beschrieben wurde. Da Papyrus Autor (noch) keine Funktion zur Registerhaltigkeit hat, Müssen Sie als Benutzer selbst darauf achten; und das ist mit den absoluten Zeilenabständen einfacher als mit dem Faktor, denn die Abstände

Erweiterte Absatzformatierung		
Abstand über Absatz ✓ 0	Punkt	
Abstand unter Absatz ✓ 0	Punkt	
Position: **<normal>**		
☐ Zeilen klammern (kein Seitenumbruch im Absatz)		
☐ Mit Folgeabsatz zusammenhalten	2	Zeile(n)
☐ Zeilenabstand anpassen an große Zeichen		
✓ Kein Einzug nach einem Titel		
✓ Kein Einzug nach einer Leerzeile		
☐ Blocksatz auch in letzter Zeile		
Hilfe	Schließen	Übernehmen

Dialog zur speziellen Absatzformatierung

Maße und Regeln

über und unter den Absätzen werden ebenfalls als absolute Werte in Punkt angegeben. Überdies erspart es eine Menge Rechenarbeit.

Oben in die Eingabefelder **Abstand über Absatz** und **Abstand unter Absatz** werden die gewünschten Werte eingegeben. Für die Registerhaltigkeit ist es dabei notwendig, dass die Summe der beiden Werte ein *ganzzahliges* Vielfaches des eingestellten Zeilenabstandes beträgt.

Und nun im Detail:

Der Fließtext steht hier in 8/10 Punkt. Es folgt eine einzeilige Überschrift in 11/10 Punkt.

Einzeilige Überschrift

Der Fließtext geht hier in der ganz oben genannten Größe weiter. Für die Überschrift wurde die Schriftgröße auf 10 Punkt erhöht, die Zeilenhöhe blieb wie beim Fließtext auf 10 Punkt.

Für den zusätzlichen Platz für die einzeilige Überschrift wurde im Dialog **Erweiterte Absatzformatierung** der **Abstand über Absatz** auf 7 Punkt gesetzt und der **Abstand unter Absatz** auf 3.

Eingestellt Zeilenhöhe =	10,0 Pt.
Über Absatz	7,0 Pt
Unter Absatz	3,0 Pt.
Gesamt	**20,0 Pt.**

Beispiel einzeilige Überschrift

a) Beträgt der Zeilenabstand für den Fließtext beispielsweise 14 Punkt, darf die Summe der beiden Abstandswerte nur 14, 28, 42 oder ein weiterer Wert dieser Reihe sein.

b) Auch in diesen Zeilen muss ein normaler Zeilenabstand von 14 Punkt eingestellt sein; und zwar auch dann, wenn die Schriftgröße *höher* als die übliche Größe im Fließtext eingestellt wird.

c) Bei einzeiligen Überschriften ist das auch kein Problem, weil die größere Letternhöhe durch die zusätzlichen Werte für den Abstand über und unter dem Absatz aufgefangen werden kann.

d) Bei mehrzeiligen Überschriften ist es deshalb gegebenenfalls erforderlich, den Zeilenabstand in den Überschriften zu verdoppeln oder zu verdreifachen (bitte *keinen* »krummen« Wert dazwischen!), was fast immer ausreichend ist.

e) Die Rechnungen in den beiden Beispielen machen bei **Gesamt** deutlich, dass das Ganze gut funktioniert, solange hier ein ganzzahliger Faktor der Zeilenhöhe des Fließtextes steht, also im Beispiel 2 bzw. 3 als Faktor.

f) Die Abstände unter- und oberhalb der Überschrift richten sich nach dem Abstand für den Fließtext, brauchen also deshalb nicht verändert werden.

Das war es schon!

Kommen wir zu einer weiteren Form der Anpassung der Zeilenabstände. Sie ist nur bei großen Schlagzeilen und Hinweisschildern mit großen Lettern von Bedeutung. Für einen Fließtext in einem Roman oder anderen massenhaften Texten ist er zu aufwendig oder sogar vollkommen unnötig. Allerdings macht diese Art, Überschriften zu gestalten, in der Wirkung den Unterschied von »gut« zu »ausgezeichnet« aus. Es lohnt sich also, hier etwas zu experimentieren.

Bei allem was Sie bisher über die Wirkung von Schrift auf den Menschen, genauer gesagt, auf sein Ästhetikgefühl, wissen, wird hier angewendet.

Durch unterschiedliche Zeilenabstände wird im Folgenden die Wirkung einer Schlagzeile noch einmal gesteigert.

Im linken Beispiel sind die Zeilenabstände mit 30 Pt konstant. Es scheint jedoch so, als sei der Abstand zwischen erster und zweiter Zeile größer als der zwischen zweiter und dritter Zeile.

Es folgt bei sonst gleicher Größe für den Fließtext eine zweizeilige Überschrift in 18/20 Pt. Damit die Lettern in der Höhe genug Platz haben, wurde der Zeilenabstand in der Überschrift verdoppelt. Über der Überschrift ist der zusätzliche Abstand wieder 7 Pt. Und darunter 3 Pt.

Zweizeilige Überschrift

Dies ist wieder Fließtext wie oben.

Zeilenhöhe Fließtext	10,0 Pt.
Zeilenhöhe Überschrift	20,0 Pt.
Über Absatz	7,0 Pt.
Unter Absatz	3,0 Pt.
Gesamt	**30,0 Pt.**

Beispiel zweizeilige Überschrift

Maße und Regeln

Im rechten Beispiel sind die Zeilenabstände dem visuellen Eindruck angepasst, wirken jetzt dadurch gleichmäßiger. Ursache sind

30 Pt	Neues	Neues	28 Pt
30 Pt	Coronavirus	Coronavirus	
	entdeckt	entdeckt	31 Pt

Beispiel: unterschiedliche Zeilenabstände bewirken einen gleichmäßigen Eindruck

offenbar die fehlenden Unterlängen in der ersten Zeile und die zum großen Teil fehlenden Oberlängen in der zweiten Zeile.

Zeilenlänge

Wer hat sich noch nicht bei breiten vielspaltigen Tabellen die Haare gerauft. Selbst die Führung mittels Feldumrandungen oder dass bei manchen Tabellen jede zweite Zeile eingefärbt ist, schützt nicht davor, in der Zeile zu verrutschen.

Wie es ist, wenn bei Texten nicht einmal diese Hilfsmittel vorhanden sind, kann sich möglicherweise jeder vorstellen. Eigentlich reicht schon eine klein und eng beschriebene DIN A4-Seite, um zumindest gelegentlich beim Lesen die falsche Zeile zu erwischen.

Diese Aussage deutet zumindest an, dass lange Zeilen kombiniert mit kleinen Schriften und geringen Zeilenabständen das Lesen sehr erschweren können.

Dies ist ein Beispiel für den Satz in einer Spalte einer regionalen Zeitung. Die Zeilen haben ein Maß von 9/11 Times New Roman und Blocksatz. Wie im Original beträgt die Spaltenbreite 40 Millimeter.

Satz in regionaler Zeitung

Das andere Extrem sind die sehr schmalen Spalten in den örtlichen Anzeigeblättern. Hier entstehen durch die begrenzten Trennmöglichkeiten viele breite weiße Gassen zwischen den Wörtern. Das reißt den Text förmlich auseinander.

Im Deutschen haben sich für eine gute Lesbarkeit 40 bis 60 Zeichen/Anschläge je Zeile eingebürgert. Das entspricht etwa fünf bis acht Wörter. Der Text, den Sie gerade lesen, hat durchschnittlich 42 Zeichen pro Zeile.

Bedeutend enger geht es in den Zeitungen zu. In einer Spalte ist da oft nur Platz für circa 30 Buchstaben, manchmal sogar noch weniger.

Ein Begriff ist hier gefallen: die *Spalte*. Sie ist untrennbar mit dem Begriff Zeitung verbunden, in denen vieles Verschiedene auf einer Seite gedruckt wurde. Wollte man die Neuigkeiten schnell verbreiten, war das Binden und Beschneiden eines Buches wie ein Flaschenhals. Auf das Binden zu verzichten brachte einen enormen Zeitgewinn. Um dennoch Struktur hineinzubekommen, waren die Spalten, die hier auch *Kolumnen* genannt werden, ein gutes Mittel. Und noch aus einem anderen Grund waren Spalten von Vorteil: Vor nicht einmal allzu langer Zeit musste alles mit der Hand, Buchstabe für Buchstabe, aus Bleilettern zusammengesetzt werden. Es versteht sich von selbst, dass die Schriftsetzer dieser Epoche Spiegelschrift, wie auch normale Schrift fließend lesen können mussten. Lange Zeilen waren allein durch das enorme Gewicht des Bleisatzes recht unbrauchbar. War ein Artikel gesetzt, wurde dieser Block zusammengebunden. Die Blöcke wurden in speziellen Vorrichtungen zu Spalten und diese dann zur Zeitung zusammengefügt, um dann in der Druckerpresse vervielfältigt zu werden. – Schon der Erfinder des Buchdrucks

Wie schnell viel zu große Wortzwischenräume entstehen, zeigt dieses Beispiel, dass bei sonst gleicher Spaltenbreite eine schon 1 Pt größere Schrift (10/11 Pt) bei sonst gleichen Einstellungen entstehen. Besonders ab der fünften Zeile zeigt sich das.

Größere Schrift = größere Probleme

Maße und Regeln

mit beweglichen Lettern druckte seine berühmte Bibel in *zwei* Spalten ...

Spaltenabstand

... wobei wir nun beim Spaltenabstand wären. Verständlicherweise muss der Abstand so groß sein, dass die Spalten optisch sicher voneinander getrennt werden.

Eine Regel besagt, dass der Spaltenzwischenraum so breit sein sollte, wie eine Leerzeile hoch. Dieser Text ist in 9/11 Pt in Times New Roman gesetzt, mit einer Spaltenbreite von 40 mm.

Nach links ist der Spaltenabstand eindeutig zu weit. 11 Pt Zeilenabstand entsprechen in etwa 3,9 mm. Der Abstand zur linken Spalte beträgt hier 6 mm.

Hier in der dritten Spalte beträgt der Abstand zur zweiten Spalte circa 2 mm und ist damit wirklich zu eng. Es kann passieren, dass man ihn »überliest«

Beispiel: unterschiedlicher Spaltenabstand – links zu breit und rechts zu schmal

»Keine Regel ohne Ausnahme.« Diesen Satz haben Sie vermutlich auch schon gehört. Manchmal ist es sogar angebracht, den Spaltenabstand etwas zu vergrößern und mit den senkrechten Spaltenlinien zu versehen, um verschiedene Inhalte voneinander abzugrenzen. Bei der Stärke der Spaltenlinien sollten Sie sich an der Linienbreite der Schrift orientieren.

Schreibregeln

Jeder will verstanden werden, auch Sie, nehme ich 'mal an. Sicher, Sie können die entsprechenden Seiten im Duden studieren. Leider sind viele nach dieser Lektüre auch nicht viel schlauer. Deshalb hier ein kurzer Überblick. Wenn ich mir die Überschrift zu diesem Thema noch einmal überlege,

Maße und Regeln

müsste es eigentlich *Buchsatzregeln* heißen. Auf Rechtschreibung und Grammatik werde ich an dieser Stelle aber nicht eingehen. Wenn Sie Ihr eigenes Buch layouten wollen, haben Sie diesen Part voller Tücken aber auch schon hinter sich und der interne Duden-Korrektor und die anderen Helferlein von Papyrus Autor haben Sie dabei unterstützt.

Abkürzungen

Wann wird nach Abkürzungen ein Punkt gesetzt, und wann nicht und wie ist das, wenn nach der Abkürzung mit Punkt der Satz zu Ende ist?
Naturwissenschaftliche Maßeinheiten bleiben ohne Punkt, es sei denn, der Satz ist zu Ende. Alle anderen bekommen, wenn sie mit vollem Wortlaut ausgesprochen werden, einen. Endet der Satz nach der Abkürzung, gibt es *keinen* zusätzlichen Satzende-Punkt. Besteht die Abkürzung aus mehreren Wörtern, folgen in der Regel nach jedem abgekürzten Wort ein Punkt und ein Leerzeichen. Ein ganzes Leerzeichen scheint dort meist zu breit im Layout. Ein Sechstelgeviert breites ⒝⒮ laut obiger Tabelle ist ein guter Kompromiss.
Allerdings gibt es einige Ausnahmen, wie politische Parteien und Massenorganisationen.

cm →	Zentimeter
kg →	Kilogramm
GB →	Gigabit
NNO →	Nord-Nord-Ost
Prof. →	Professor
z. B. →	zum Beispiel
Pt →	Punkt (1/72 Zoll)
aber:	
usw. →	und so weiter
DGB →	Deutscher Gewerkschaftsbund

Gebräuchliche Abkürzungen

Der Apostroph

Das Auslassungszeichen, wie der Apostroph auch genannt wird oder Hochkomma, kennzeichnet ausgelassene Buchstaben und s-Laute, die sich schlecht sprechen lassen. Grob gesagt ist es oft richtiger, wenn der

*Hier gehört es nicht hin:
Das sogen.. Deppenapostroph*

Apostroph seltener eingesetzt wird. Hier einige Beispiele.

Ein Apostroph wird gesetzt bei ...

Schnell mal nachgucken ...

Moritz' Schuhe sind weg.
Das sind Marx' Werke.
So 'n Quatsch!
Wir treffen uns nach'm Essen.
Auf'm Dach sitzt 'n Papagei.
'N einz'ger Augenblick reichte.

1. ... dem Genitiv von Namen, die auf einen s-Laut enden:

2. ... dem Schreiben von Wörtern in gesprochener Sprache

D'Dorf   Düsseldorf
K'born   Kühlungsborn

3. Auslassungen innerhalb von Wörtern

Mit Apostroph

Ein Apostroph wird *nicht* gesetzt bei ...

Schnell mal nachgucken ...

Wie gehts weiter?
Es ist fürs Leben gemacht.
Annas Freund ging fremd.
Handys hatten alle dabei.
An der linken Seite des Lkws war ein Loch in der Plane.

1. ... Pluralendungen wie Lkws, Studios, Handys

2. ... dem Genitiv von Namen, die *nicht* auf einen s-Laut enden. Das wird oft süddeutsch ›*Deppen-Apostroph*‹ genannt. Ein Beispiel ist auf der Seite oben zu bestaunen.

Ohne Apostroph

In den grimmschen Märchen.
oder ...
In den Grimm'schen Märchen.

Nach dem ohmschen Gesetz ergibt sich der Strom zu 8 A.
oder ...
Nach dem Ohm'schen Gesetz ergibt sich der Strom zu 8 A.

Der Apostroph kann wahlweise gesetzt werden bei Namensadjektiven mit ›*sch*‹. Dann ändert sich aber die Groß- und Kleinschreibung.

Wenn Sie, wie oben vorgeschlagen, die Textmakros übernommen haben, erreichen Sie den (richtigen!) Apostroph mit der Zeichenfolge #1. Eine andere Möglichkeit gibt es über das Menü **Einfügen → Sonder-**

Wahlweises Apostroph

Maße und Regeln

zeichen → Apostroph. Alle anderen Zeichen, die bisweilen verwendet werden, haben eine andere Funktion.

a) ´ → Betonungszeichen Akut
b) ` → Betonungszeichen Gravis
c) ' → ASCII-Minutenzeichen
d) ' → einfache Anführungsstriche oben-links
e) ' → einf. Anführungsstrich oben umgekehrt
f) ' → Minuten
g) ` → umgekehrtes Zeichen für Minuten & Fuß

Auslassungspunkte

Die drei Punkte sind ein Sonderzeichen und nicht mit drei einzelnen Satzendezeichen zu verwechseln. Mache Programme formen *drei Punkte nacheinander* aber (automatisch) in das Sonderzeichen um. Bei den Textmakros ist diese Möglichkeit der Eingabe vorgesehen, sodass Sie sich nicht an die betriebssystemeigenen Codes oder die Unicode-Zeichen gewöhnen müssen. Beim Setzen der Auslassungspunkte ist der Zusammenhang wesentlich. Einige Beispiele sind im Beispiel zu sehen. Achten Sie dabei auf die eingefügten oder abwesenden *Leerzeichen*.

Drei Punkte mit Leerzeichen stehen für ausgelassene …

… und geschrieben!

Das hast Du schon gewu…?

»…schrieben auch?«

»Das hast Du wirklich … gesagt?«

Beispiele für Auslassungspunkte

Und nun im Detail:

a) Stehen die drei Punkte für ganze Wörter, wird das Zeichen mit einem Leerzeichen kombiniert, so als ob die ausgelassenen Wörter vorhanden wären.

b) Stehen die drei Punkte für Teile eines Wortes, werden die Auslassungspunkte den Buchstaben gleichgestellt.

Maße und Regeln

c) Endet der Satz nach den Auslassungspunkten, wird *kein* extra Punkt gesetzt. Ausrufe- und Fragezeichen werden dennoch unmittelbar anschließend gesetzt. Der erste Buchstabe des folgenden Satzes wird *außer* beim Komma und Semikolon großgeschrieben.

d) Um die Auslassungspunkte, die für Wörter stehen, am Anfang einer Zeile allein stehen zu lassen, empfiehlt es sich, zwischen Wort und Auslassungspunkten (und umgekehrt) statt eines normalen, ein geschütztes Leerzeichen, ⌷Strg⌷+⌷Space⌷, zu setzen. Das Gleiche trifft zu, wenn allein die Auslassungspunkte auf die nächste Zeile geraten.

Das war es schon!

Datum

Schon in der Schule haben wir verschiedene Möglichkeiten kennengelernt, das Datum zu schreiben; 'mal mit Wochentag, 'mal mit ausgeschriebenem Monat und 'mal nur Zahlen, die durch Punkte getrennt werden. In Deutschland ist die Reihenfolge (Wochentag), Tag, Monat, Jahr üblich. In verschiedener ausländische Software und elektronischen Uhren ist aber auch die Reihenfolge Jahr, Monat, Tag üblich oder auch Jahr, Tag, Monat.

Hier stellen wir Deutschen genauso bockbeinig an, wie die US-Amerikaner mit Fuß und Inch. Dabei ist es eigentlich ganz logisch: Wie in anderen Werten stehen die Vielfache links und die Teile rechts, außer, wenn es nicht bis zur letzten Konsequenz umgesetzt wird …

Dienstag, 12. April 2023
Freitag, der 13. Mai 2022
12.04.2023
12.4.23
12. April 2023
am 13. Mai

Datum-Schreibweisen

Und nun im Detail:

a) Zwischen dem Wochentag und dem eigentlichen Datum steht ein Komma sowie ein Leerzeichen.

Deutsch	12.04.2022
amerik. Englisch	04-12-2022
britisches Englisch	12/04/2022

Schreibweisen im Vergleich

b) Werden nur Zahlen geschrieben, werden diese mit Punkten *ohne* Leerzeichen voneinander getrennt.

c) Wird der Monat ausgeschrieben, setzen Sie bitte zwischen Tag und Monat sowie zwischen Monat und Jahr ein Leerzeichen, jedoch besser ein geschütztes Leerzeichen $\boxed{\text{Strg}}$+$\boxed{\text{Space}}$. Einen Punkt gibt es in diesem Falle nicht.

d) Papyrus Autor kennt diese Regeln.

Das war es schon!

Formeln

Es ist kein Geheimnis, dass umfangreiche Formeln nicht das vorrangige Einsatzgebiet von Papyrus Autor sind. Dennoch sind auch hier bei Ergänzung der möglichen Zeichen mithilfe von Textmakros einfache Formeln möglich. Es gibt spezielle Formelprogramme, die ihre Sache sehr gut erfüllen, und die Formeln bei Bedarf in andere Schreibprogramme als Grafik importiert werden können.

Wenn Sie sich auf die vorhandenen Möglichkeiten beschränken, werden Operatoren mit einem halben (schmalen Leerzeichen $\boxed{\text{ß}}$ $\boxed{\text{F}}$ oder ganzen Wortzwischenraum $\boxed{\text{Space}}$ getrennt.

$r = \sqrt{(A / n)} \triangleq r = \sqrt{(A : n)}$
$r = \sqrt{(25 / 3{,}1416)} = 2{,}82139$

$A = n \times r^2$; nicht $A = n \times r2$!
Verwenden Sie das Malzeichen [#][m][a], nicht das keine x.
r^2 ist nicht gleich r2, also r × 2.
Ist r = 3, so ist $r^2 = 9$ und r2 = 6.

Formeln in Papyrus

Maße und Regeln

Zum Gruppieren von langen Zahlen ist es üblich, nach jeweils 3 Ziffern ein Haarspatium ⬚B⬚ ⬚T⬚ einzusetzen. Auch eine Kennzeichnung mit einem Punkt ist im Finanzwesen üblich. Das Komma trennt Ganze und Teile des Ganzen. (Im englischen Sprachraum ist genau es umgekehrt.)

Da Papyrus keine gemeinen Brüche korrekt anzeigen kann, wird innerhalb von Formeln als Kennzeichnung der Division der Schrägstrich oder der Doppelpunkt verwendet. Ausdrücke, die unter dem Wurzelzeichen stehen, sollten mit runden Klammern zusammengehalten werden, da ein Überstrich des Wurzelzeichens nicht dargestellt wird.

Bei griechischen Buchstaben ist es am bequemsten, wenn Sie sich die nötigen Zeichen als Textmakros abspeichern, oder Sie holen mithilfe des Menüs **Text → Zeichenübersicht** die benötigten direkt durch einfaches Anklicken in den Text. Nur das µ ist direkt von der deutschen Tastatur aus erreichbar (⬚AltGr⬚+⬚M⬚).

Für die Exponenten verwenden Sie bitte die hochgestellten Zahlen. Die hoch- und tiefgestellten Zahlen und Ausdrücke können Sie sich auch ins Icon-Menü holen (Menü **Einstellungen → Einstellungen... → Erscheinungsbild → Icons**).

Gänsefüßchen, Zitatzeichen

Wenn Sie nicht so sehr genau hinsehen, erinnern die Anführungszeichen tatsächlich an Fußabdrücken von Vögeln im Schnee oder im feuchten Sand der Ostsee. Dabei halten es selbst unsere Nachbarländer oft anders als wir Deutschen. Nicht einmal alle deutschsprachigen Länder sind sich da einig. Leider.

Schon in der Schule haben wir es gelernt: bei Beginn der wörtlichen Rede Anführungsstriche unten, beim Ende Anführungsstriche oben. Die *Guillemets française*, die wie nicht schwer zu erraten, in Frankreich ihren Ursprung haben, sind für den Buchsatz geeigneter, weil sie am Anfang und Ende einer Zeile nicht so große optische Löcher hinterlassen. In Deutschland werden sie allerdings, anders als in ihrer Heimat, andersherum, mit den *Spitzen* zum Gesprochenen, verwendet.

In Papyrus Autor werden sie als **Buch umgedreht** bezeichnet. Einzustellen sind diese Anführungszeichen, die mit [Shift]+[2] erreicht werden, im Menü **Einstellungen → Oberfläche → Anführungszeichen**. Dort können Sie auch für das gesamte Dokument mit dem Klick auf den Button **Anführungszeichen im Text in typografische wandeln** verändert werden. Der Button **Anführungszeichen im Text nach ASCII wandeln** verändert alle innerhalb des gesamten Textes.

Anführungszeichen werden neben der wörtlichen Rede für Werktitel (Bücher, Filme) und Zitate genutzt.

Nun kann es vorkommen, dass innerhalb einer wörtlichen Rede eine weitere wörtliche Rede wiedergegeben wird. Um dies kenntlich zu machen, werden in diesem Falle die sogenannten einfachen Anführungsstriche benutzt. Dafür wird voreinstellungsgemäß [Shift]+[#] verwendet. Es ist aber möglich,

Deutsche Anführungsstriche: „Sie sind der Täter", schrie der Kommissar, „und Sie haben auch die Villa in Brand gesetzt!" Er räusperte sich und setzte leiser nach: „Es wäre besser für Sie, das zu gestehen."

In Frankreich verwendet man die Guillemets francais, kurz Guillemets, die auch die Schweizer gebrauchen. Dort würde es so aussehen:

«Sie sind der Täter», schrie der Kommissar, «und Sie haben auch die Villa in Brand gesetzt!» Er räusperte sich und setzte leiser nach: «Es wäre besser für Sie, das zu gestehen.»

Hier in Deutschland werden im Buchdruck meist dieselben Zeichen verwendet, allerdings zeigen die Spitzen der Guillemets zum Dialog:

»Sie sind der Täter«, schrie der Kommissar, »und Sie haben auch die Villa in Brand gesetzt!« Er räusperte sich und setzte leiser nach: »Es wäre besser für Sie, das zu gestehen.«

Wirkung der Anführungszeichen

Maße und Regeln

»Ich hörte ihn nur ›So ein Scheibenkleiste!‹ fluchen, und nicht mehr!«, beschwor er.

Eine Rede innerhalb einer Rede

»Ich hörte ihn nur 'So ein Scheibenkleister!' fluchen, und nicht mehr!«, beschwor er.

Vermischen Sie keinesfalls die Guillemets mit einfachen Anführungszeichen!

nur 29,— €

— erdenken
— produzieren
— bewerben
— transprortieren

Verwendung Geviertstrich

die Tastenzuordnung zu verändern. Ein weiteres verschachteln sollten Sie aus nahe liegenden Gründen vermeiden.

Neben dem genannten Fall sollten Sie die *einfachen* Anführungszeichen für Zitate innerhalb von Zitaten und außerdem für unübliche Bezeichnungen wie Umgangs- oder Gangsprache verwenden.

Verwechseln Sie die Anführungszeichen nicht mit den Zeichen für Minuten/Fuß [#] [m] und Sekunden/Zoll [#] [s]. Diese Tasten-Makros können Sie nur verwenden, wenn Sie sich **Textmakros definieren auf Seite 32** eingerichtet haben.

Wichtige Begriffe innerhalb eines Werkes sollten Sie statt mit Anführungszeichen besser *kursiv* herausstellen.

Geviertstrich

Die Größe des Gevierts ist grob gesagt ein Quadrat mit den Maßen der Schrifthöhe. Somit ist meist ein Geviert bei der Schriftgröße von 12 Punkt (4,24 mm) auch 12 Punkt breit. Allzu genau werden Sie diese Verhältnisse bei kaum einer Schriftart finden.

Nur bei wenigen Gelegenheiten wird der Geviertstrich, auch *Spiegelstrich* genannt, verwendet. Er wird hierzulande meist als zu lang für einen Gedankenstrich gehalten. Bei Preisangaben ersetzt er nach dem Komma die Doppelnull bei glatten Preisen. Selten wird er als Stabsstrich bei Aufzählungen verwendet.

Halbgeviertstrich

Im Gegensatz zum Geviertstrich wird der *Halbgeviertstrich* in deutschen Texten häufiger eingesetzt. Üblich ist er als Gedankenstrich mit einem Leerzeichen davor und dahinter, als Stabsstrich und auch wieder als Ersatz für die Doppelnull bei glatten Preisen bzw. als Ersatz für die führende Null vor dem Komma bei kleinen Preisen. Daneben wird er als Bis-Strich gebraucht.

Der Halbgeviertstrich kann auch als Minuszeichen in Größenangaben verwendet werden, wenn mit diesen Zahlen nicht gerechnet werden muss. Typografisch sollte er genauso breit sein, wie das Plus- und das Gleichzeichen, was in Kombination besser aussieht als das eigentliche Minuszeichen, der Viertelgeviertstrich.

Es lohnt sich, ihn als Textmakro in Papyrus Autor zu speichern. Damit umgehen Sie die unterschiedliche Codierung in Windows, Mac OS oder Linux.

Für den Halbgeviertstrich wird die Tastenfolge ⌗ – sowie ⌗ ⌗ – für den Geviertstrich verwendet. Im Menü **Einstellungen → Textmakros...** kommen Sie zum Einstelldialog **Textmakro-Definition**, in der schon etliche eingetragen sind.

Minus, Bindestrich, Viertelgeviert

Außer in Tabellen, in denen gerechnet wird, und dort als Vor- und Rechenzeichen verwendet wird, wird das Minuszeichen in Texten als Bindestrich, als Ergänzungsstrich und als Trennstrich verwendet.

Er hatte – das kann sein – sein Geld verloren.

Halbgeviertstrich als Gedankenstrich

– Leerzeichen
– Kleinbuchstaben
– Großbuchstaben
– Sonderzeichen

Halbgeviertstrich als Stabsstrich

Nusseis –,69 €
Rouladen 10,– €

Halbgeviertstrich bei Preisen

$12{,}69 - 2{,}69 + 16{,}55 = 26{,}55$

Halbgeviertstrich als Minuszeichen

Muss-Bindestrich:
– 70ger-Jahre-Musik
– Hand-undFuß-Fessel

Kann-Bindestrich:
– Soll-Stärke oder
   Sollstärke
– Glasfaser-Kontrollgerät oder
   Glasfaserkontrollgerät

Ergänzungsstrich:
– Vor- und Nachteile
– An- und Aussichten

Beispiele Bindestrich

Maße und Regeln

Trennstrich:
Viele Wörter können in Sprechsilben aufgeteilt werden. Hierbei wird am Zeilenende ein Bindestrich gesetzt.

Trennmethoden in Papyrus:
– Duden – konservativ
– Duden – progressiv
– Phonetisch (nach Silben)
– kombiniert (Wortstämme und phonetisch)

Maße und Regeln

Als Bindestrich fungiert er, indem er unmittelbar *ohne* Leerzeichen Wortteile aneinanderfügt. Neben Bindestrichen, die eingefügt werden müssen, gibt es auch Bindestriche die eingefügt werden *können*, weil anderenfalls ein Begriff schlecht zu lesen oder durch viele Wortbestandteile zu komplex wäre, oder eine andere Bedeutung erhalten könnte.

Als Ergänzungsstrich hilft der Bindestrich Begriffe mit einem gemeinsamen Stamm zu verbinden oder um Zeit und Platz zu sparen.

Die häufigste Art, den Bindestrich einzusetzen ist allerdings die, bei der Silbentrennung am Ende einer Zeile.

Je nach Absatzlänge sollten drei bis fünf Worttrennungen nicht überschritten und wenigstens drei Zeichen zusammengehalten werden. Im Wortstamm und an unästhetischen Stellen sollten Sie – bis auf Ausnahmen – die Wörter nicht trennen.

Papyrus Autor stellt verschiedene Trennmethoden zur Verfügung und kann abschnittsweise oder in markierten Bereichen die Silbentrennung sowie Rechtschreibprüfung mit Strg + ⇧ + H ein- und ausschalten.

Diesen Dialog können Sie im Menü **Text → Sprache und Silbentrennung...** sichtbar machen.

Dialog Sprache und Silbentrennung

Klammern

Nicht nur beim Rechnen und Programmieren sind Klammern ein wichtiger Bestandteil des Zeichenvorrats. Auf der deutschen Tastatur sind alle drei Klammerarten direkt erreichbar. Klammern erlauben, zusätzliche Informationen zu geben, ohne die übrige Satzstruktur zu wesentlich zu beeinflussen. In den Klammern können einzelne Wörter stehen, aber auch ganze Sätze, ohne dass sie sich auf die Grammatik außerhalb der Klammer auswirken würde.

Geschweifte Klammern werden im Deutschen außer in der Mathematik kaum verwendet. Sie finden sich in einigen Wörterbüchern, um das grammatikalische Geschlecht eines Substantives anzugeben.

Im Folgenden sind einige Beispiele angedeutet, die den Einsatz von runden und eckigen Klammern demonstrieren.

Zitteraal {m}, {m}
Eigenheim {n}, {s}
Girlande {f}, {s}

Grammatikalisches Geschlecht

Klammerarten:
- runde Klammern   (…)
- eckige Klammern   […]
- geschweifte Klammern {…}

(…)   ⇧+8 … ⇧+9
[…]   AltGr+8 … AltGr+9
{…}   AltGr+7 … AltGr+0

Klammer-Tastencodes

Klammern mit Qellennachweis:	Wir überlbten den Aufprall (es waren mehr als 80 km/h).
Quellenangaben:	»Der Heimweg« (Sebastian Fitzek, 2020).
verschachtelte Klammern:	Sie (die Königin [von England])
Anfügung von Zitaten:	»900 Tage belagerte die Wehrmacht [bis 1944] Leningrad«
Anpassungen in wörtlicher Rede:	Die Werte »entsprach[en] nicht den Erwartungen«.
Auslassungen in wörtlicher Rede:	»Dazu zählten Käfer […] und Bienen, aber keine Spinnen.«

Verwendung von Klammern

Kontonummern

Der Allgemeinheit wird in Rechnungen und amtlichen Schreiben bei Kontonummern und BIC nicht selten zu viel zugemutet. Oft stehen die einzelnen Ziffern ohne irgendeine Gruppierung – und es kommt da auf *jede* einzelne Stelle an! Dabei darf nach DIN ausdrücklich in *Vierergruppen* gruppiert werden, wie es auch auf den Bankformularen vorgesehen ist.

IBAN	Prüfziffer	Bankleitzahl des Kontoinhabers	Kontonummer (rechtsbündig u. ggf. mit Nullen auffüllen)
D E		1 3 0 5 0 0 0 0	

Kontonummerangabe auf einem Überweisungsformular

Da dürfen Sie sich beim Abschreiben auf die Überweisung nicht ablenken lassen. Die 22-stellige *IBAN* wird in von links nach rechts in Vierergruppen mit einem schmalen Leerzeichen ([ß] [F]) gruppiert.

IBAN DE89 1234 4762 4758 1234 00

Die *BIC* wird laut DIN 5008 nicht gegliedert:

ERFBDE8E759

Leider halten sich verschiedene Einrichtungen bei der Angabe dieser fragilen Nummern oft nicht daran.

Maßeinheiten

Technische Werte bestehen in der Regel aus Zahlenwert und Maßeinheit. Zwischen beiden sollte ein kleiner Abstand belassen werden. Anderenfalls könnte es passieren, dass fälschlicherweise eine *Null*(0) als ein »O« gelesen wird, oder umgekehrt.

120 kg
23 Inch oder 23 Zoll oder 23″
32 Ft. oder 32' oder 32'
39,95 €
21,2 °C oder 21,2°
23° 26' 11″ oder 23, 43642°

Wert und Maßeinheit

Passen Sie in einem Text nicht auf, kann es vorkommen, dass Wert und Maßeinheit in verschiedenen Zeilen geraten. Schnell geht da zumindest optisch der Zusammenhang verloren. Es ist deshalb günstiger, zwischen

Maße und Regeln

Zahl und Maßeinheit statt eines normalen Leerzeichens ein *festes Leerzeichen* Strg+Space einzusetzen, um beides zu verbinden.

Aber keine Regel ohne Ausnahme:

In einem Fließtext sollte die Einheit *Prozent* ausgeschrieben werden. Wenn das nicht möglich ist, setzen Sie zwischen Prozentzahl und dem Prozentzeichen ein festes Leerzeichen Strg+Space, um Zahl und Einheit nicht auseinanderzureißen. Ganz davon abgesehen sind die Prozent- und Promillzeichen auch gar keine Maßeinheit im eigentlichen Sinne, sondern sie verschieben nur das Komma in einen praktikableren Bereich. Wenn aber die Prozentangabe eine Eigenschaft ist, wird Zahl, Prozentzeichen und Suffix ohne Leerzeichen zusammengeschrieben.

MwSt = 19 %
3%ige Salzlösung
Der Gewinn beträgt 34 Prozent
Prozent-Ausnahmen

Werden statt ausgeschriebenem Fuß oder Zoll/Inch die Kurzzeichen ' oder " (#M) oder #S) verwendet, entfällt das Leerzeichen. Sollten diese Unicodezeichen im Zeichensatz nicht vorhanden sein, können die ähnlichen ASCII-Zeichen ' und " eingesetzt werden. Allerdings verwendet Papyrus Autor bei deren Fehlen die Zeichen eventuell aus einem anderen Zeichensatz.

Grad

Die kleine Null, die Sie auf der Windows-Tastatur links-oben unterhalb der Esc-Taste mithilfe von Shift erreichen, ist das Grad-Zeichen. Es wird sowohl für die Temperatur als auch für Winkel eingesetzt. In beschreibenden Texten ist es aber auch üblich, nicht das Grad-Zeichen zu benutzen, sondern es

Temperatur: −32 Grad Celsius
Wassertemperatur +21 °C
Backtemperatur 190 °
Absoluter Nullpunkt 0 Kelvin
Eistemperatur 262 K
Temperaturangaben

Maße und Regeln

Rechter Winkel: 90°
Spitzer Winkel: 30 Grad
Ekliptikschiefe: 23° 26′ 11″
max. Sonnenhöhe: 59,4205°

Winkelangaben

Leerzeichen =
Postfach 1 23 45 = schmal
Postfach 1 23 45 = normal

*Postfach mit schmalem
Leerzeichen angeben*

auszuschreiben. Als Zeichen wird es ohne Leerzeichen direkt hinter den Wert geschrieben. Folgt dem Grad-Zeichen noch die Einheit Celsius, Fahrenheit usw. gehört es zur nachfolgenden Einheit und wird mit ihr zusammengeschrieben. Es ist wieder vorteilhaft, statt eines Leerzeichens ein festes Leerzeichen [Strg]+[Space] zu verwenden. Bei der Einheit *Kelvin* wird kein Gradzeichen verwendet und im Text auch nicht das Wort Grad benutzt.

Bei Winkelangaben folgt dem Wert unmittelbar das Gradzeichen. Minuten und Sekunden folgen mit Wert und Zeichen mit einem festen Leerzeichen, um ein Auseinanderreißen der Angaben zu vermeiden.

Postfach

Auch wenn ich niemanden kenne, der ein Postfach der Deutschen Post benutzt, will ich an dieser Stelle der Vollständigkeit halber darauf kurz eingehen. Sehen Sie sich die umfangreichen Informationen der Deutschen Post dazu an, gewinnt man den Eindruck, dass diese Art der Zustellung wohl doch nicht so selten ist. Viel gibt es bei Angabe des Postfaches nicht zu beachten. Die Nummer wird von rechts beginnend in *Zweiergruppen* gegliedert. Als Zwischenraum wird ein schmales Leerzeichen empfohlen, nach unserer Tabelle [ß][F] auch wenn der Unterschied je nach Schriftart nur minimal ist.

Preise

Es vergeht wohl kaum ein Tag, an dem wir alle es nicht mit Preisen zu tun haben. Ebenso vielfältig sind die Möglichkeiten, Preise anzugeben. Das ausgeschriebene ›Euro‹ ist ebenso möglich, wie das Eurozeichen € `AltGr`+`E`. Euro und Zent werden mit einem Komma getrennt. Bei großen Beträgen wird vom Komma aus nach links alle drei Stellen ein Punkt gesetzt. *Achtung*: Im amerikanischen Gebrauch trennt der Punkt die ganzen Dollars von den Cent. Das Komma dient hier zur Gruppierung der großen Beträge wie bei uns im Dreierrhythmus. Das Währungszeichen kann vor oder nach der Zahl stehen. Solange Sie die Währung ausschreiben, können auch die Zahlen in einem Fließtext ausgeschrieben werden. Größere Zahlen als 12 sollten im Text nicht ausgeschrieben werden, ausgenommen ›hundert‹ und ›tausend‹.

36,95 Euro
6.543,21 Euro
49,– €
12 Euro
Zwölf Euro
Das Kissen kostet zwölf Euro.
Die Skulptur kostet 112 Euro.
... aber nicht:
Das Kissen kostet zwölf €.
Sie kostet einhundertzwölf Euro.

Preisangaben

10 Millionen Dollar samt Cent:
– deutscher Sprachraum:
10.000.000,00 $

– englischer Sprachraum:
10,000,000.00 $

Unterschiedliche Verwendung von Punkt und Komma bei Zahlen

Satzzeichen

Der *Punkt*, das *Fragezeichen*, der *Doppelpunkt* und das *Ausrufezeichen* sind die möglichen Satzendezeichen, das *Komma* und das *Semikolon* gliedern den Satz. Alle Satzzeichen werden unmittelbar nach dem einem Wort gesetzt, gefolgt von einem Leerzeichen.

Satzende

Großgeschrieben wird immer nach dem *Punkt*, dem *Frage-* und *Ausrufezeichen*. Steht als letztes Wort eine Abkürzung, wie beispielsweise usw., ist der Punkt der Abkür-

Maße und Regeln

Der Punkt ist das normale Satz-
ende.

Wann wird das Fragezeichen verwendet?

Da ist ja das Ausrufezeichen!

Er zählte auf: der Hammer, die
Zange, die Säge.

Ich möchte auf Folgendes hinweisen: Befindet sich nach dem
Doppelpunkt ein vollständiger
Satz, wird nach dem Doppelpunkt Groß angefangen.

Jeder von Euch ist verdächtig:
und sei es auch, nur wegge-
schaut zu haben.

Satzendezeichen in Funktion

Der Richter entschied: Begnadi-
gen, nicht Hinrichten! → Leben!

Der Richter entschied: Begnadi-
gen nicht, Hinrichten! → Tod!

Jeder von Euch ist verdächtig –
und sei es auch, nur wegge-
schaut zu haben.

*Wirkung von Komma und
Gedankenstrich*

zung auch gleichzeitig der Satzendepunkt.
Ausrufe- und Fragezeichen sowie Doppelpunkt werden trotzdem gesetzt.

Ob nach einem *Doppelpunkt* großgeschrieben wird, hängt davon ab, ob der Text nach
dem Doppelpunkt ein *vollständiger* Satz ist,
also *mindestens* Subjekt und Prädikat besitzt
(Beispiel: »Bernd liest.« Das *Subjekt* ist in
diesem Fall »Bernd« und »liest« das *Prädikat*). Anderenfalls wird *klein* weitergeschrieben. Der Text vor und nach dem Doppelpunkt gilt dann als *ein* Satz und wird mit
einem Satzendezeichen abgeschlossen.

Das zu begreifen war im Deutschunterricht
für manchen eine erste Herausforderung.

Komma, Semikolon, Gedankenstrich

Kommata machen Sätze durch Gruppierun-
gen verständlich und zeigen weiterhin, wo
aufgezählt wird. Sie entscheiden in
bestimmten Situationen möglicherweise
über Leben und Tod, wie zahlreiche Anek-
doten erzählen.

Das *Semikolon* nimmt eine weitere Zwischenstellung ein und wird eingesetzt,
wenn vom Inhalt her ein Punkt zu stark und
ein Komma zu schwach empfunden wird.
Nach dem Semikolon wird grundsätzlich
klein weitergeschrieben.

Es gibt noch einen weiteren Kandidaten für
ein Satzzeichen: den *Gedankenstrich*. Während alle vorher erwähnten Zeichen direkt
von der Tastatur aus erreichbar sind, ist das
bei dem Gedankenstrich nicht der Fall. Da
aber ohnehin vor und nach dem Gedankenstrich ein Leerzeichen stehen muss, erzeugt
die Tastenfolge `Space` `-` `Space` einen

Halbgeviertstrich, einen Gedankenstrich, der etwas länger als das einfache Minuszeichen/Bindestrich ist. Die Eingabe `Space` `-` `Space` muss aber innerhalb einer gewissen Zeit und unmittelbar nacheinander geschehen. Soll ein Minuszeichen in einen Gedankenstrich umgeformt werden, sollten Sie das Minuszeichen markieren und dann den Code `#` `-` entsprechend unserer Sonderzeichentabelle für den Gedankenstrich eingeben.

Schrägstrich

Auch den Schrägstrich, den Sie sinnigerweise mit `Shift`+`7` erreichen, ist in gewisser Weise ein Satzzeichen. Er ist weniger für schöngeistige Literatur geeignet, sondern als Ersatz für das Wörtchen **oder**. In dieser Funktion werden die Begriffe ohne weitere Leerzeichen aneinandergefügt.
Eine zweite Funktion füllt er aus, indem er als Codezeichen für einige nicht auf der Tastatur befindliche und oft verwendete gemeinen Brüche dient. Einige oft verwendete gemeine Brüche werden intern in ein Spezialzeichen umgeformt, wenn der Unicode für das Zeichen vorhanden ist.

`1` `/` `2` ergibt ½
`3` `/` `4` ergibt ¾

Familie/Lebensgemeinschaft
Vor/nach dem Ereignis
Verwendung des Schrägstrichs

Telefon-Nummern

Bei der Ansicht, wie Telefonnummern zu schreiben seien, sind in den vergangenen Jahrzehnten etliche Säue durchs Land getrieben worden. Fast jede Institution meinte, es anders handhaben zu müssen und die eigene Variante als der Weisheit letzten Schluss zu verkaufen. Besehen Sie sich das genauer, sind eigentlich alle Varian-

Telefon +49 0381 12345-21
oder
Telefon 0049 0381 12345-21
oder
(0381) 1234567
Schreibweise von Telefonnummern

Maße und Regeln

ten möglich. Internationale Telefonnummern erhalten vor der Länderkennung ein Pluszeichen. Deutschlands Kennung ist die +49. Vereinzelt wird statt des Pluszeichens eine doppelte Null angegeben.

Ein Leerzeichen wird nach Anbieter, Landesvorwahl, Ortsvorwahl und Anschluss eingefügt. Verschiedene Institutionen haben intern eine eigene Vermittlung. Diese interne oder Durchwahlnummer wird mit einem Bindestrich abgetrennt.

Handynummern werden wie Festnetznummern geschrieben. Zwischen Vorwahl (Anbieter) und Nummer steht ein Leerzeichen, besser noch ein geschütztes Leerzeichen. Bei langen Nummern darf gegliedert werden, wenn es der Lesbarkeit dient.

Uhrzeit

8 45 Uhr

ursprüngliche Schreibweise

21:45:36 Uhr
07:12:41 Stunden oder
07:12:41 h (Das h steht für Hora, die Stunde.)

5D 12:56:03
(das D steht für Tage)

Zeit- und Zeitraumangaben

Lange Zeit war es üblich, bei der Uhrzeit die Minuten als unterstrichene Hochzahlen zu schreiben. Mit Einführung von Schreibmaschine und Computern ist das nicht mehr vorgesehen und möglich oder bereitet zusätzliche Probleme.

Eine schreibtechnisch einfachere Angabe der Uhrzeit ist der Doppelpunkt, der sich an die wissenschaftliche Methode anlehnt. Tagesstunde, Minute und Sekunde werden durch einen Doppelpunkt voneinander getrennt. Ebenso wird auch die reine Zeit eines Ereignisses dargestellt. Hier ist die Grenze nicht 23 Stunden, 59 Minuten und 59 Sekunden, sondern es sind auch größere Zeiträume möglich. Das Zeichen für Tage ist beispielsweise das große D.

Zahlen

Dass Zahlen in ausgeschriebenen Wörtern schlecht zu lesen sind, beruht nicht nur darauf, dass wir darin schlecht geübt sind. Es sind vor allem die sehr langen Wörter, die sie verlangen. Oft wird angeregt, Zahlen bis zwölf als Wort, alles, was darüber hinausgeht, mit Ziffern zuschreiben. Nun gut, ein paar Ausnahmen können da gemacht werden. Zwanzig, dreißig, vierzig und die weiteren runden Zahlen bis einschließlich hundert lesen sich auch als Wort noch recht gut. Auch tausend und Million gehören dieser Kategorie an. Weiter sollten Sie es aber nicht treiben.

Daneben gibt es noch die Anteilsbezeichnungen Dezi-, Zenti-, Milli-, Micro- oder My oder der griechische Buchstabe µ, der mit `AltGr`+`M` erreicht wird. Bei den Vielfachen sind Hekto-, Kilo-, Mega-, Giga- und Tera- zusammengeschrieben mit den Einheiten üblich.

Da sich auch lange, in Ziffern geschriebene Zahlen mit zunehmender Länge schlechter lesen lassen, ist ein Gruppieren in Dreiergruppen sinnvoll. Gruppiert wird bei ganzen Zahlen von rechts nach links. Bei Dezimalzahlen beginnt die Gruppierung vom Komma aus: die ganzzahligen Anteile nach links, und die gebrochenen Teile nach rechts. Gekennzeichnet werden die Dreiergruppen hierzulande mit einem Punkt oder einem Leerzeichen. Im Englischen gelten die Zeichen Punkt statt Komma und Komma statt Punkt. Bei vierstelligen zahlen kann auf den Zwischenraum verzichtet werden.

Sie hatten zwölf Kinder.
Sie hatten 20 Tage zeit.
Zwischen Ostern und Pfingsten sind dem Namen nach fünfzig Tage.
Ihre Gefangenschaft dauerte tausend Tage.

Schreibweise von Zahlen

Maße und Regeln

Das Puzzle hatte 18 997 Teile.
Die Couch kostete 2534 Euro.
Ich habe 1492,17 Euro eingenommen.

Lange Zahlen

36.623,8 m²

2,345.678.9 s

Der Mond ist zwischen 356 410 und 406 740 km von der Erde entfernt.

Schreibweise großer Zahlen

Maße und Regeln

ISBN 978-3-751-95847-9

ISBN 978 3 75573 891 6

Schreibweisen der ISBN

9 783755 738916

Strichcode der ISBN

Zwischen Wert und Maßeinheit sollten Sie wieder statt eines Leerzeichens ein **festes Leerzeichen,** `Strg` + `leer` verwenden, um das Auseinanderreißen von Wert und Einheit beim Zeilenumbruch zu verhindern. Sie können das feste Leerzeichen auch im Menü **Einfügen** → **Sonderzeichen** → **Festes Leerzeichen** finden.

ISBN

Wer im Buchhandel arbeitet, für den ist sie selbstverständlich und auch die, die Bücher schreiben und drucken: die ISBN, die *Internationale Standardbuchnummer*. In der ausgeschriebenen Lesart ist es für jeden ersichtlich, dass an ISBN nicht noch das Wort ›Nummer‹ angehängt werden muss. Der Ausdruck **ISBN-Nummer** ist also doppelt gemoppelt.

Es gibt 13-stellige und 10-stellige ISBN. Beide können ineinander überführt werden. Die ISBN-13, wie sie auch genannt wird, enthält 5 Angaben zum Buch, die entweder mit einem Leerzeichen oder einem Bindestrich/Viertelgeviertstrich getrennt werden. Die 978 steht dabei für Deutschland und die 3 für die Sprache Deutsch. Es folgen Angaben zum Verlag und deren interne Nummer. Die letzte Stelle ist für die Prüfziffer reserviert. Sie wird mittels eines mathematischen Verfahrens generiert.

Wenn Sie bei einem Demand-Verlag veröffentlichen wollen erhalten Sie mit der Zuteilung der ISBN auch den dazugehörigen Strichcode. Es gibt jedoch auch Software, die diesen Strichcode generieren kann und sogar die Prüfziffer, mit der erkannt wird, ob die Eingabe richtig war.

Absätze

Einen Text ohne Absätze hintereinander-
weg zuschreiben ist oft keine gute Idee für
dessen Verständnis. Auch sehr lange Sätze,
die sogenannten ›Bandwurmsätze‹ sind
schon beim schulischen Aufsatz bei Ihrem
Deutsch-Lehrer nicht gut angekommen. Der
Grund ist der Mangel einer Struktur, den Sie
brauchen, um einen Text auch begreifen zu
können. Doch, wo setzt man im Allgemeinen einen Absatz? Denn ein Absatz ist wie
ein kurzes Innehalten, eine kurze Pause
beim Erzählen und Zuhören. Es ist auch Zeit,
in der Sie das Gehörte auf sich wirken lassen
und eigene Gedanken dazu zu haben. Die
Absatzregeln bedienen sich dieses Innehal-
tens:

Schnell mal nachgucken ...

1. Neuer Gedanke – neuer Absatz wird
   schon im Deutschunterricht der Mittel-
   stufe gelehrt. Kurz durchdenken und
   dann weiter. Das ist logisch.

2. Bei Dialogen, auch wenn sie nicht wörtlich sind, beginnt bei jedem der dialog-
   führenden Parteien ein neuer Absatz.
   Dazu gehören auch einleitende Wortgruppen wie »Er sagte:« und entsprechende andere Formulierungen.

3. Wird beispielsweise eine längere Rede
   wiedergegeben, können Absätze auch
   innerhalb der beginnenden und endenden Anführungszeichen auftreten, wenn

auch so etwas vermieden werden sollte,
weil dadurch bald die Übersicht leidet.

4. Wird eine wörtliche Rede durch eine
   Handlung des Sprechenden oder durch
   ein Ereignis unterbrochen, werden die
   endenden Anführungszeichen gesetzt
   und das unterbrechende Ereignis in
   einem Extra-Absatz beschrieben.
   Danach darf die Rede, auch derselben
   Figur, weitergehen.

6. Überschrift und Inhaltsverzeichnis

Papyrus Autor bringt in der frischen Installation diverse fertig eingerichtete Textformatierungen mit. (Den Text müssen Sie natürlich selbst schreiben.) Mit nur wenigen Mausklicks sind so druckreife Lösungen einschließlich automatisch erstellter Inhaltsverzeichnisse möglich. Die Grundlage für derartige Verzeichnisse sind *immer* die **Überschriften** der einzelnen Textabschnitte.

Nun reicht es Papyrus aber nicht aus, gewisse Textteile größer und womöglich fett einzustellen. So würden wir Menschen eine Überschrift intuitiv (zusammen mit anderen Merkmalen) erkennen, denn hin und wieder verwenden wir diese Anzeichen auch, um auf einen besonderen Inhalt aufmerksam zu machen. Der Computer aber ist nur eine Maschine, der Intuition absolut fremd ist. Zwar wird diese schwarz-weiße Beschreibung durch das Aufkommen der sogenannten KI, der »künstlichen Intelligenz«, etwas aufgeweicht, aber letzten Endes bestimmen die Menschen, die die KI-Programme trainieren[*], was der PC letztendlich an intelligenten Äußerungen ›ausspuckt‹. Dazu gehören auch Missverständnisse, denn letztlich *interpretieren* Menschen und vom Menschen trainierte Maschinen nur die Eingangsinformationen!

---

[*]   Ohne Training funktioniert nichts! Die Ergebnisse sind nicht objektiv, weil es die Daten nicht sind!

Registerhaltiger Fließtext

Im Gegensatz zum Schulunterricht, in dem der Lehrer oder die Lehrerin das Thema (also praktisch die Überschrift) eines Schulaufsatzes vorgab, wird der Text eines Romans oder einer Abhandlung meist zuerst geschrieben und dann die Überschrift bestmöglich angepasst. Natürlich musste man beim Thema bleiben.

Dieser zu schreibende Text macht den Hauptanteil der Arbeit aus. Darum sollten Sie ihn auch zuerst formatieren, indem Sie die Schriftart und -Größe festlegen, dazu den Zeilenabstand, den Sie praktischerweise in Punkt und nicht als Faktor der Schriftgröße festlegen sollten. Das erleichtert Ihnen später die Formatierung der Überschriften. Das Stichwort dabei ist die sogenannte *Registerhaltigkeit*. Registerhaltig bedeutet, dass die Zeilen auf der linken Seite des Buches möglichst genau auf derselben Höhe liegen sollten, wie auf der rechten, egal, ob sich dazwischen Überschriften und Bilder befinden, oder nicht. Diese Forderung der Registerhaltigkeit besteht sogar für die Rückseite aller Seiten, da Papier immer etwas transparent, durchscheinend ist. Wenn Sie genau hinsehen, können Sie die Zeilen auf der Rückseite eines Buches relativ sicher ausmachen. Sie fallen umso weniger auf, je genauer die Zeilen auf beiden Seiten übereinanderliegen. Das zu erreichen, ist die erste Formatierung eines Textes.

Die Standardtext-Formatierungen von Papyrus sind dafür leider nicht geeignet. Ein Grund dafür ist die Berechnung des Zeilenabstandes von ›Standard‹ und ›Standard Office‹, die den Zeilenabstand als *Faktor* angeben. Auch die fertigen Überschriften nutzen nach dem Installieren von Papyrus diesen Faktor, der meist 1,4 beträgt. Bei Überschriften, Auflistungen und Aufzählungen kommen dann noch feste Abstände unter und über den Absätzen dazu, dass die Registerhaltigkeit vollends unberechenbar macht.

Eigener Textstandard

Fließtext, wie er in Büchern, Zeitungen und Zeitschriften immer wieder vorkommt, hat Größen von 10 bis 14 Punkt und Zeilenabstände (ZAB) von 12 bis 18 Punkt. Noch größere werden nur für Kinderbücher und Sehschwache verwendet. Am häufigsten treffen Sie auf Schriftgröße von 11 und 12 Punkt bei Zeilenabständen von 14 bis 16 Punkt. Sie sollten ausprobieren, welche Größen-Kombination bei welcher Schriftart Ihnen am meisten zusagt.

An dieser Stelle wird ein Textstandard mit 11-Punkt-Schrift und einem ZAB von 14 Punkt beschrieben.

Schnell mal nachgucken ...

1. Schreiben und/oder markieren Sie einen kurzen Absatz in **normalem** Textstil.

2. Stellen Sie die Schriftart und -Größe ein, beispielsweise auf **Arial 11 Pt**.

3. Stellen Sie den Zeilenabstand von Faktor auf **Punkt**.

4. Stellen Sie anschließend den Zeilenabstand auf **14 Pt**. Damit ist die Musterformatierung fertig.

5. Öffnen Sie aus dem Menü **Absatz** → Menüpunkt **Formatvorlagen...** den Dialog **Formatvorlage** oder mit der Tastenkombination ⌐Alt⌐+⌐F⌐ alternativ aus der **Symbolleiste** heraus mit A.

6. Im Reiter **Hauptdialog** klicken Sie auf **Neu**, um ein neues Text-Format einzurichten.

7. Geben Sie nach **Name:** die Bezeichnung **Fließtext-11/14-Arial** als Formatname ein und klicken Sie noch einmal auf **Neu**.

7. Hinter **Auswahl:** erscheint der eben eingegebene neue Formatname.

8. Setzen Sie ein Häkchen in die Checkboxen vor **Absatzformatierung, Zeichensatz, Punktgröße** und **Textfarbe**.

9. Achten Sie darauf, dass Ihr Musterabsatz markiert ist und klicken Sie auf den Button **Textstil von aktueller Textstelle übernehmen**.

10. In dem großen Textfeld unter Name: erscheint die Zusammenfassung Ihrer Eingaben: **Blocksatz, Zeilenhöhe 14 Punkt, Arial, 11 Punkt, schwarz**

11. Klicken Sie auf **Übernehmen**.

Nun können Sie das Textformat **Fließ-text-11/14** in *diesem* Text aus der Symbolleiste heraus auf alle Absätze anwenden. Wenn Sie Ihr neues Format jedoch von anderen Dateien aus anwenden wollen, müssen Sie im Dialog **Formatvorlage** → Reiter **Hauptdialog** die Checkbox **in allen Papyrus-Dokumenten verfügbar (global)** das Häkchen setzen und anschließend den Button **Übernehmen** anklicken.

Und nun im Detail:

a) Um ein neues Fließtext-Format zu kreieren, schreiben Sie zunächst einen kleinen Absatz von drei oder mehr Zeilen. Sie können auch einen schon vorhandenen Absatz als Muster benutzen.

b) Markieren Sie diesen Musterabsatz vollständig, indem Sie in die unbeschriebene Restzeile des Endes doppelt klicken.

Dies soll der Musterabsatz zur Erstellung eines neuen Fließ-komma-Formats sein.

dort doppelt klicken

c) Wählen Sie in der Symbolleiste für den Zeichensatz **Arial** aus und stellen Sie die Größe auf **11 Punkt**. Achten Sie dabei darauf, dass kein Textstil (**F**, *K*, <u>U</u> = fett, kursiv oder unterstrichen) aktiv ist.

d) Stellen Sie den Zeilenabstand auf *Punkt*, indem Sie auf den nach unten zeigenden Winkel im Einstellfeld für den Zeilenabstand klicken. Ganz unten in dem Auswahlmenü unter den verschiedenen Zahlen gibt es die Einträge

Inhaltsverzeichnis

Punkt und **Faktor**. Vor einem dieser beiden Einträge steht ein Häkchen. Setzten Sie es vor **Punkt**, indem Sie diesen Eintrag anklicken. Mit dem Klick schließt sich diese Auswahl

e) Klicken Sie noch einmal auf den Winkel. Das Häkchen muss nun vor **Punkt** stehen. Wählen Sie aus den angebotenen Zahlen den Wert **14** aus.

f) Sollte dieser Wert nicht aufgeführt sein, klicken Sie auf einen Wert, der sich in der Nähe davon aufgeführt ist und ersetzen Sie in dem Eingabefeld den Wert direkt, indem Sie den eingetragenen Wert markieren und durch den Wert **14** ersetzen, also direkt einschreiben.

g) Der Musterabsatz nimmt diesen Zeilenabstand sofort an. Der Musterabsatz muss weiterhin markiert bleiben.

h) Öffnen Sie aus dem Menü **Absatz** → Menüpunkt **Formatvorlagen...** den Dialog **Formatvorlage** oder verwenden Sie den Tastenkombination $\boxed{\text{Alt}}$+$\boxed{\text{F}}$.

i) Im Reiter Hauptdialog markieren Sie hinter **Name:** den vorhandenen Eintrag, schreiben dort **Fließtext-11/14-Arial** ein und klicken rechts daneben auf den Button **Neu**.

j) Ganz oben hinter **Auswahl:** sollte nun **Fließtext-11/14-Arial** zu lesen sein.

k) Setzen Sie ein Häkchen in die Checkboxen vor **Absatzformat, Zeichensatz, Punktgröße** und **Textfarbe**.

Damit Ihr indess erkennt, woher dieser ganze Irrthum gekommen ist, und weshalb man die Lust anklagt und den Schmerz lobet, so will ich Euch Alles eröffnen und auseinander setzen, was jener Begründer der Wahrheit und gleichsam Baumeister des glücklichen Lebens selbst darüber gesagt hat. Niemand, sagt er, verschmähe, oder hasse, oder fliehe die Lust als solche.

Initial bei »Faktor«
Die erste Zeile hebt sich ab.

Damit Ihr indess erkennt, woher dieser ganze Irrthum gekommen ist, und weshalb man die Lust anklagt und den Schmerz lobet, so will ich Euch Alles eröffnen und auseinander setzen, was jener Begründer der Wahrheit und gleichsam Baumeister des glücklichen Lebens selbst darüber gesagt hat. Niemand, sagt er, verschmähe, oder hasse, oder fliehe die Lust als solche.

Initial bei »Punkt«
konstante Zeilenhöhe

l) Achten Sie darauf, dass Ihr Musterabsatz immer noch markiert ist, und klicken Sie auf den Button **Textstil von aktueller Textstelle übernehmen.**

m) In dem großen zusammenfassenden Ausgabefeld steht nun: **Blocksatz, Zeilenhöhe 14 Punkt, Arial, 11 Punkt, schwarz.**

n) Wenn Sie dieses Fließtext-Format auch in anderen Dokumenten verwenden wollen, setzen Sie das Häkchen in der Checkbox vor **in allen Papyrus-Dokumenten verfügbar (global).**

o) Klicken Sie zur Bestätigung der Eingaben ganz rechts-unten auf den Button **Übernehmen.** Damit können Sie Ihr neues Fließtext-Format in allen Dokumenten verwenden.

p) Selbstverständlich können Sie Ihr Format ganz normal benutzen. Es wird in die Liste der **Namentlichen Formatvorlagen** aufgeführt und kann ausgewählt werden.

Das war es schon!

Abschließend wird darauf hingewiesen, dass bestimmte Operationen mit Text auf Registerhaltigkeit angewiesen sind. Nur mit festen Zeilenabständen sind beispielsweise *überragende Initiale* leicht realisierbar. Bei einem Zeilenabstandsfaktor können hier schnell ungleichmäßige Zeilenabstände die Folge sein, deren Beseitigung erhebliche Zeit in Anspruch nehmen.

Inhaltsverzeichnis

Einfaches Inhaltsverzeichnis

So wie Schreibprogramme anderer Anbieter auch (MS-Word, LibreOffice usw.), will Papyrus Autor ganz genau wissen, welcher konkrete Textabschnitt als Überschrift zu behandeln ist. Dabei ist das genaue Textformat zunächst unwichtig. Die vorformatierten Überschriften haben mit der Installation von Papyrus Autor ein definiertes (aber veränderbares) Aussehen bekommen, was auch für die (damit verbundenen) Inhaltsverzeichniseinträge zutrifft.

Überschrift als Überschrift formatieren

Als Ausgangsbasis macht es sich immer gut, zunächst den gesamten Text als Fließtext[*] durchgängig im Format **Standard**, **Standard Office** oder in einer selbst erstellten Formatvorlage einzurichten. Das vermeidet spätere Layoutfehler. Außerdem ist ein abschnittsbasiertes Formatieren des Fließtextes sehr arbeitsintensiv und fehlerträchtig. Gehen Sie danach folgendermaßen vor:

Schnell mal nachgucken ...

1. Setzen Sie den Cursor in einen Textbereich, der als Überschrift fungieren soll, und wählen Sie eine der Überschrift-Formate in der Symbolleiste aus.

Zum Verändern vorher markieren

---

[*] Text, der nur durch Absätze und feste Seitenenden unterbrochen wird.

2. Diese Überschriften- bzw. Titelvorformatierungen haben dort die Kennzeichnung mit **T** und einem blauen Zusatzsymbol

3. Wiederholen Sie diese Abfolge für jede Einzelne der Überschriften.

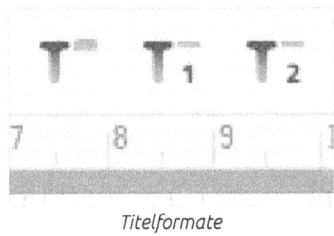

Titelformate

Und nun im Detail:

a) Markieren Sie Ihren gesamten Text mit der Tastenkombination [Strg]+[A] oder wählen Sie im Menü **Bearbeiten** → den Menüpunkt **Alles markieren** aus.

b) Sollten Sie bereits *verschiedene* Formatierungen für einzelne Textabschnitte vergeben haben, ist es einfacher, zunächst den Eintrag **<kein Format>** auszuwählen. Damit kann sich kein Textabschnitt der gewollten Formatierung entziehen. Alle vergebenen Textstile bleiben dabei erhalten.

Details_a)

Hinter dem nach unten zeigenden Winkel verbirgt sich ein Kontextmenü.

c) Klicken Sie in der Symbolleiste auf den kleinen nach unten zeigenden Winkel und wählen im sich öffnenden Menü den Eintrag **Standard**, **Standard Office** oder den Eintrag, in dem Ihr Fließtext erscheinen soll.

Haupt-Text

<kein Format>
Standard / Fließtext
Standard
Standard Office
Verzeichnisse
Inhaltsverzeichnis
<ohne Kategorie>

d) Sie können auch auf das **S** mit den stilisierten Zeilen klicken, das im nebenstehenden Bild zu sehen ist.

Zuerst eine Grundformatierung für (fast) alles

e) Der gesamte Text wird nun in der ausgewählten Schriftart- und Größe angezeigt. Die Textattribute **fett**, **kursiv** und **unterstrichen** usw. bleiben wie erwähnt hierbei erhalten.

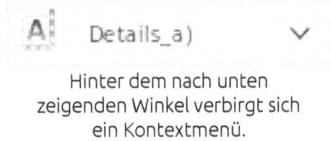

Inhaltsverzeichnis

f) Nun, da Sie die Voraussetzungen für die Formatierung der Überschriften geschaffen haben, setzen Sie den Cursor mit einem Links-Klick in eine spätere Überschrift hinein. *Markieren* brauchen Sie die Überschrift *nicht!*

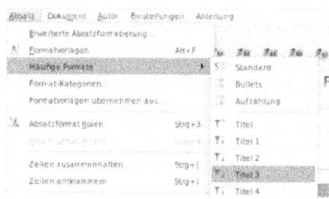

Titel im Menü einstellen

g) Klicken Sie nun oben in der Symbolleiste auf eins der Titelicons in der Symbolleiste. Bei einer frischen Installation von Papyrus Autor haben Sie die drei verschiedenen Überschriften-Arten von links nach rechts zur Auswahl: die einfache Überschrift ohne Nummerierung (z.B. »**Der Beginn**«), die einfach nummerierte Überschrift (z.B. »**1. Kapitel**«) und die Überschrift mit Unterpunkten (z.B. »**1.1. Unterkapitel**«).

h) Wiederholen Sie diese Prozedur für alle Überschriften in der gewünschten Weise. Sollte die Hierarchie der Unterpunkte oder Kapitel nicht ausreichen, können Sie weitere anlegen bzw. einfügen. Einige weitere erreichen Sie im Menü **Absatz** → Menüpunkt **Häufige Formate.**

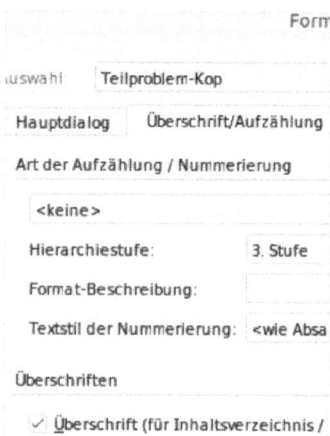

Das war es schon!

Inhaltsverzeichnis erzeugen

Wenn Sie jetzt den Navigator, mit dem Kompasssymbol ganz links unten auf dem Bildschirm, einschalten (wenn Sie es nicht schon getan haben), werden Sie die soeben erzeugten Überschriften einschließlich der eingestellten Hierarchie aufgelistet finden. Wird im Navigator keine Auflistung angezeigt, oder es gibt dort ausufernde Textteile*, liegt ein Fehler vor. Dann kann auch das Inhaltsverzeichnis nicht ordnungsgemäß erzeugt werden. Es ist also ein erster Test, ob Ihre *Überschriften* auch tatsächlich die gewollten *Überschriften* sind.

War alles erfolgreich, geht es nun daran, das Inhaltsverzeichnis zu generieren. Dazu öffnen Sie den Einstelldialog **Dokument →** **Inhaltsverzeichnis...** Dieser Dialog wird auch für das Erstellen eines Tabellenverzeichnisses und eines Abbildungsverzeichnisses genutzt. In unserem Falle muss aber die Checkbox vor **Inhaltsverzeichnis** ein Häkchen tragen, denn Sie wollen ja ein *Inhaltsverzeichnis* erstellen.

Schnell mal nachgucken ...

1. Ein Klick auf den Button **Titel einstellen...** öffnet einen Dialog mit demselben Namen, in dem Sie Ihre konkreten Einstellungen vornehmen können.

2. Nach dem Bestätigen Ihrer Einstellungen mit **OK** legen Sie den Ort des Inhaltsverzeichnisses fest. Diesen stellen Sie in dem Auswahlgadget hinter **Position:** ein.

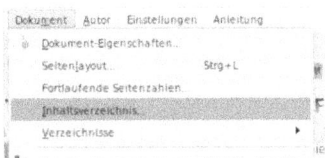

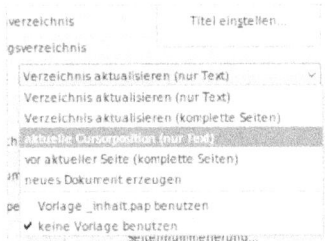

Und nun im Detail:

a) Öffnen Sie aus dem Menü **Dokument →** Menüpunkt **Inhaltsverzeichnis...** den Dialog

---

* Dialog **Formatvorlage**: Fließtext Haken bei **Überschrift für Inhaltsverzeichnis** entfernen

Verzeichnisse. Da dieser Dialog auch noch für andere Verzeichnisse verwendet wird, ist der Haken in der Checkbox vor **Inhaltsverzeichnis** bereits eingetragen.

b) Rechts-oben befindet sich ein Button mit dem Namen **Titel einstellen...** Beim Klick mit der linken Maustaste darauf öffnet sich der Dialog **Titel einstellen**. Die wichtigste Funktion für das Inhaltsverzeichnis ist die Erzeugung einer Überschrift über dem Verzeichnis.

c) Ist der Haken in der Checkbox gesetzt, haben Sie die Möglichkeit, den eingetragenen Titel zu verwenden oder abzulehnen. Der Dialog **Titel einstellen** schließt sich bei den beiden unteren Buttons, sofern sie nicht ausgegraut, d.h. inaktiv sind.

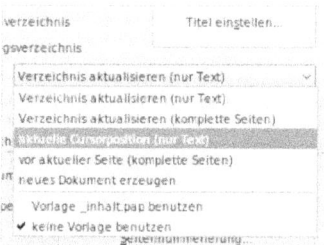

d) Papyrus Autor bietet mehrere Möglichkeiten, an denen das automatische Inhaltsverzeichnis eingefügt werden kann.

e) Solange Sie sich noch nicht richtig mit den Stammseiten vertraut gemacht haben, können Sie den Haken vor **keine Vorlage benutzen** stehenlassen und **aktuelle Cursorposition (nur Text)** auswählen. Das bietet Ihnen die Möglichkeit, das Inhaltsverzeichnis auch nach der sogenannten »Titelei« zu positionieren.

Bis hierher erstmal.

Weiter nachgucken ...

3. Nach den Einstellungen für die Seitennummer, die Hyperlinks und dem eventu-
   ellen Verbot der automatischen Aktualisierung lassen Sie sich mit einem Klick
   auf den großen Button **Verzeichnis einfügen** das Inhaltsverzeichnis an dem
   gewünschten Ort erstellen.

Weiter im Detail:

a) Da ein Inhaltsverzeichnis den Sinn hat, einen
   bestimmten Beitrag leichter zu finden, wird
   wohl in den meisten Fällen eine Seitennummer von Vorteil sein. In so einem Falle werden Sie also hinter **mit Seitennummern:** den
   Eintrag **immer** auswählen.

b) Der Button **Seitennummerierung...** unten
   führt zu dem Dialog, der auch aus dem
   Menü **Dokument** → Menüpunkt **Seitenlayout...** aus erreichbar ist. Dazu an anderer
   Stelle mehr.

Inhaltsverzeichnis-Einträge

mit Seitennummern   immer

mit Hyperlinks   immer

Seitennummerierung

c) Ein Hyperlink hat in einem gedruckten Text
   eine Funktion, die nahe Null geht. In einem
   Papyrus- , PDF- oder E-Book-Dokument auf
   dem PC o.ä. sieht das allerdings anders aus.

d) Hier gelangen Sie mit Mausklicks oder
   analogen Fingergesten auf einen Touch-
   Screen schnell zu den gewünschten
   Informationen. Hinter **mit Hyperlinks**
   können Sie das Verhalten der Überschrift einstellen.

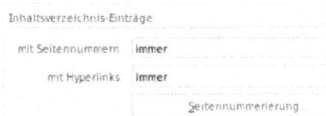

Verzeichnis nur durch Benutzer aktualisieren (r

Verzeichnis einfügen

Inhaltsverzeichnis

e) Der Button (unten) **Verzeichnis einfügen** tut genau das an der vorgesehenen Stelle. Die Checkbox vor **Verzeichnis nur durch den Benutzer aktualisieren (nicht automatisch)** verbietet bei gesetztem Haken das automatische Aktualisieren. Bei einem *Neustart* von Papyrus ist diese Funktion aber außer Betrieb.

Das war es schon!

Stolpersteine

Was hier auf den ersten Blick einfach aussieht, ist es am Ende dennoch nicht so ganz. Abhängig davon, ob bei **Position:** Der Haken vor **Vorlage _inhalt.pap benutzen** oder bei **keine Vorlage benutzen** steht, ist das Erscheinungsbild des Verzeichnisses unterschiedlich. Die **Vorlage _inhalt.pap benutzen** ignoriert den Dialog **Titel einstellen** und gibt in der frischen Installation von Papyrus Autor als Überschrift immer »**Inhaltsverzeichnis**« in fetter Schrift aus.

Je nachdem, ob eine Überschrift ohne oder mit (auch hierarchischer) Nummerierung verwendet wurde, wird die Seitennummer an unterschiedlichen Positionen ausgegeben. Ohne Nummerierung sind die einzelnen *Verzeichniseinträge* **fett** gedruckt und die Seitennummer wird bei dem nächsten automatischen **TAB** abgelegt. Dadurch ist es möglich, dass die Seitennummer bei den Verzeichniseinträgen scheinbar im Flattersatz erscheinen. Gegen dieses Verhalten nützt es, das *gesamte* Inhaltsverzeichnis zu markieren und einen rechtsbündigen TAB am rechten Rand zu platzieren. Diese Ein-

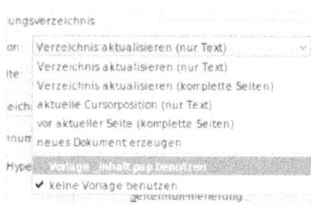

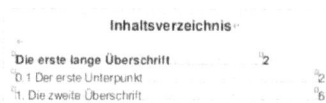

stellung wird auch bei einem aktualisierten Verzeichnis akzeptiert. Prinzipiell ist es auch möglich, die fett gedruckten Verzeichniseinträge zu normalisieren. Bei der nächsten Aktualisierung wird diese Einstellung allerdings wieder überschrieben.

Bei den nummerierten Titeln werden Seitennummern richtigerweise ans Ende der Zeile geschrieben. Hier wird der Textstil auch wie erwartet normal ausgegeben.

Registerhaltigkeit

Ein professionelles Layout zeichnet sich unter anderem dadurch aus, dass der Text mit den übrigen Elementen, wie Überschriften und Grafiken, *registerhaltig* gesetzt ist.

Und nun im Detail:

a) Registerhaltigkeit bedeutet, dass alle Textzeilen auf der linken Seite eines Buches in derselben Höhe zu finden sind, wie auf der rechten. Wenn Sie also ein Lineal an der Grundlinie des Textes anlegen, sollte sich über beide Seiten hinweg kein Unterschied ergeben. Aus der Reihe tanzen dürfen da nur Bildelemente und Überschriften.

b) Darunter aber muss auf der rechten und linken Seite wieder die Grundlinie auf derselben Höhe sein. Besonders leicht zu erkennen ist die Registerhaltigkeit unten am Ende der Seite, weil sich dort alle Fehler addieren. Das Anlegen eines Lineals bringt es unbarmherzig zur Anzeige. So viel zur Theorie.

Bis hierher erstmal.

Mit den vorgefertigten Formaten für Text und Überschriften ist Registerhaltigkeit ohne Korrektureingriffe nicht möglich, die dann immer oberhalb und/oder unterhalb der Überschrift oder des Bildes eingefügt werden sollten.

Leider sagt der *Faktor des Zeilenabstandes* über die Registerhaltigkeit nichts aus, da der Zeilenabstand eine *Funktion der Schriftgröße* ist. Je größer die Schrift, desto größer der *absolute* Abstand der Zeile.

Weiter im Detail:

a) Lassen Sie uns das einmal mit einer kleinen Rechnung untermauern. Ein Punkt (Pt) entspricht etwa 0,353 mm.

b) Demnach ist eine 11 Pt große Schrift von der Oberkante der großen Buchstaben bis zur Unterlänge bei g, p und q etwa 3,9 mm hoch.

c) Bei einem Zeilenabstand mit Faktor 1,4 wird die Zeilenhöhe damit 5,4 mm. Bei einer 16-Punkt-Überschrift beträgt die Zeilenhöhe sogar schon 7,9 mm.

d) Zum Glück lässt sich in Papyrus Autor der Zeilenabstand aber auch absolut in *Punkt* einstellen.

e) Bei einer Schrifthöhe von 11 Pt bietet sich eine Zeilenhöhe von 14 Pt an, was einem Wert von 4,9 mm entspricht.

f) Für die Überschrift mit einer Schrifthöhe von 16 Pt könnten Sie eine Zeilenhöhe von

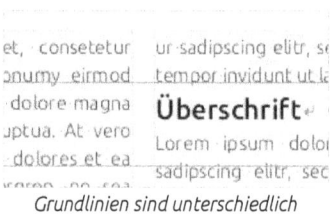

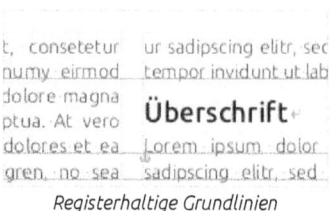

Grundlinien sind unterschiedlich

Registerhaltige Grundlinien

2*14 Pt=28 Pt wählen und hätten dann auch noch etwas mehr Raum und damit mehr Aufmerksamkeit des Lesers.

Das war es schon!

Mit diesen Werten ist die nächste reguläre Textzeile wieder registerhaltig. Interessanterweise kann die Zeilenhöhe (in Punkt) sogar ein »krummer« Wert von beispielsweise 14,4 Pt sein. Vorhandener Platz kann also bei Bedarf optimal ausgenutzt werden. Da es Papyrus auch noch erlaubt, über und unter einem Absatz einen zusätzlichen Raum zu definieren, will ich dieses Thema hier nicht weiter behandeln. Bitte lesen Sie dazu *Optimaler Zeilenabstand auf Seite 103*.

Optimaler Zeilenabstand auf Seite 103

Inhaltsverzeichnis

Individuelles Inhaltsverzeichnis

Die Methode

Zum Dialog Formatvorlage

Da mit den vorgefertigten Formatierungen ohne Weiteres keine *Registerhaltigkeit* des Textes erzielt werden kann, wird hier ein Weg beschrieben, der im Vorfeld zwar einige Überlegungen und einige einfache Rechnungen erfordert, dafür aber das Setzen eines Textes erheblich vereinfacht und beschleunigt. Das Prinzip ist logisch und kann schnell erlernt werden. Der dafür notwendige Einstelldialog **Formatvorlage** wird mit der Tastenkombination [Alt]+[F] erreicht, oder aus dem Menü **Absatz → Formatvorlagen...** heraus, alternativ auch über die Symbolleiste.

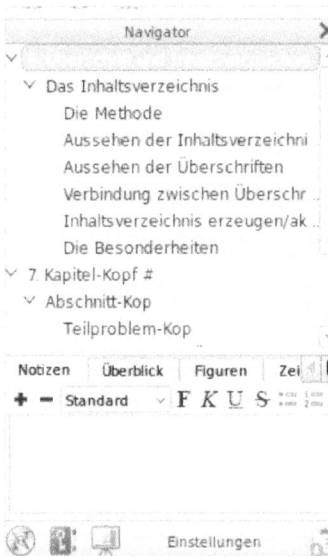

Der eingeschaltete Navigator

Schnell mal nachgucken ...

1. Für ein Erstellen eines Inhaltsverzeichnisses ist es unverzichtbar, dass die einzelnen Textabschnitte *Überschriften* erhalten, die jeweils auch als *Überschrift/Titel* formatiert sind.

Daraus kann Papyrus Autor erkennen, welcher Text als Inhaltsverzeichnis-Angabe aufgenommen werden soll. Eine erste Kontrolle dazu ist der Navigator, der links vom Textbereich geöffnet wird. Er wird durch das Kompass-Symbol ganz linksunten in der Statuszeile ein- und ausgeschaltet.

Die *Inhaltsverzeichnis-Einträge* haben meist ein ähnliches Format, wie der Haupttext. Sie sehen also in der Regel anders aus als die eigentlichen Überschriften, haben aber Besonderheiten. Deswegen müssen die Einträge für das Inhaltsverzeichnis in Schriftart, Schriftgröße, Zeilenabstand etc. festgelegt und unter einem eigenen *Format-Namen* abgespeichert werden.

Weiter nachgucken ...

2. Die Verbindung zwischen der *Überschrift* und dem *Inhaltsverzeichnis-Eintrag* wird im Reiter **Überschrift/Aufzählung** hergestellt.

3. Ein Klick auf **Inhaltsverzeichnis erzeugen...** öffnet den Dialog **Verzeichnisse**, in dem die Einstellungen für das Inhaltsverzeichnis getätigt werden.

Und nun im Detail:

a) Zu Beginn der Überschriften-Formatierung sollten Sie allgemein Ihrem gesamten Text eine Grundformatierung auferlegen. Markieren Sie dazu Ihren Text insgesamt mit Strg + A und wählen Sie die gewünschte Fließtext-Schriftart aus. Die Textstile *kursiv*, **fett**, <u>unterstrichen</u> usw. bleiben bei diesen Manipulationen erhalten.

Inhaltsverzeichnis erzeugen

b) Öffnen Sie, wenn nicht schon geschehen, im Menü **Absatz** → Menüpunkt **Formatvorlagen...** den Dialog **Formatvorlagen**. Dort klicken Sie mit der linken Maustaste auf den Reiter **Überschrift/Aufzählung**.

c) Mit einem Klick auf **Inhaltsverzeichnis erzeugen...** öffnet sich der Dialog **Verzeichnisse**. Hier können weitere Einstellungen vorgenommen werden.

Das war es schon!

Inhaltsverzeichnis-Einträge gestalten

Allermeist wird das Inhaltsverzeichnis in Schriftart, Schriftgröße und Zeilenabstand dem Haupttext angeglichen. Weiterhin wird für gewöhnlich am Ende der Inhaltsverzeichnis-Zeile die zugehörige Seitennummer eingesetzt.

Musterzeilen

Kapitelüberschrift 1
»Kapitel-Kopf«, Ubuntu 18/28 fett

Kapitel - Inhaltsverzeichnis-1   Seite
»Kapitel-Sahne«,Ubuntu 11/14 fett

Unterkapitel 2
»Abschnitt-Kopf«, Ubuntu Light 16/28

Unterkapitel-Inhaltsverzeichnis-2   Seite
»Abschnitt-Sahne 2«, Ubuntu Light 11/14

Teilproblem 3
»Teilproblem-Kopf«, Ubuntu Light 12/14

Teilproblem-Inhaltsverzeichnis-3   Seite
»Teilproblem-Sahne 3«, Ubuntu Light 11/14

Eingerichtete Musterzeilen

Schnell mal nachgucken ...

1. Die Einstellungen werden im Dialog **Formatvorlage** vorgenommen. Sie werden aus dem Menü **Absatz** → Menüpunkt **Formatvorlagen...** aufgerufen oder mit der Tastenkombination ⌊Alt⌋+⌊F⌋ alternativ aus der **Symbolleiste** heraus mit ⌊A⌋ erreicht.

2. Am einfachsten lassen sich diese Einstellungen vornehmen, wenn in dem betreffenden Dokument für eine Übergangszeit *Musterzeilen* (Abschnitt **Musterzeilen auf Seite 373**) angelegt werden.

3. Vor und nach dieser Musterzeile muss jeweils eine sogenannte *Absatz-Schaltung* mit Taste ⏎ eingefügt werden, damit nur diese eine Zeile als Prototyp verwendet wird.

Der Text der Musterzeile ist beliebig und könnte wie im Beispiel auf die Hierarchiestufe hinweisen.

Und nun im Detail:

a) Da die Form des Inhaltsverzeichnisses durch die am Ende jeder Zeile eingefügte Seitennummer von der Breite des Satzspiegels/Zeilenlänge abhängig ist, sollte eine Formatierung der Inhaltsverzeichnis-Einträge im endgültigen Layout erfolgen.

b) Am Ende der Inhaltsverzeichnis-Musterzeile *muss* ein ⇥ eingefügt werden, um zur späteren Seitennummer am Ende des Eintrags zu springen.

c) Die Musterzeile braucht keinen Text des Dokuments aufweisen. Im einfachsten Fall nur ein beliebiges Wort oder ein Hinweis darauf, welchen Zweck sie erfüllt. Zusätzlich vielleicht Angaben über die Schriftart und -Größe.

d) Die Platzverhältnisse (Zeilenbreite) sollten stimmen und sie muss sich zwischen zwei ⏎ befinden.

Bis hierher erstmal.

Weiter nachgucken ...

1. Damit später auch alles korrekt übernommen wird, wird diese **Musterzeile**
   markiert und darin die notwendigen Einstellungen vorgenommen.

2. Auch der rechtsbündige Tabulator für die
   spätere Seitenzahl am Ende des Eintra-
   ges gehört dazu.

Weiter im Detail:

Tabulator

a) Die Musterzeile wird mit der gewünschten
   Schriftart, der Schriftgröße und dem Zeilenabstand so eingestellt, wie sich die Darstellung später im Inhaltsverzeichnis präsentie-
   ren soll.

b) Auch ob die Schrift fett oder kursiv etc.
   (Textstil) sein soll sowie die Textfarbe und
   Sperrung sollte voreingestellt werden. Diese
   Eigenschaften werden mit den in der Sym-
   bolleiste üblichen Icons und im Menü **Text**
   voreingestellt.

Tabulator einstellen

c) Für die rechtsbündige Seitenzahl klicken Sie
   mit der linken Maustaste in den hellen Teil
   des oberen Lineals. Es erscheint ein blaues
   Dreieck, das mit der Spitze nach rechts
   zeigt.

d) Auf dieses blaue Dreieck klicken Sie ein
   weiteres Mal. Es öffnet sich der Dialog für
   den Tabulator. Wählen Sie hier **Rechtsbündig** aus.

e) Die genaue Position des rechtsbündigen Tabulators können Sie in dem Eingabefeld für den Abstand zum linken Textrand einstellen.

f) Sie können den Tabulator auch einfach mit der Maus im Lineal an die vorgesehene Stelle schieben. Dazu erfassen Sie ihn mit dem Mauspfeil, indem Sie die linke Maustaste auf dem blauen Dreieck niederdrücken und an die gewünschte Stelle schieben. Mit OK schließt sich der Dialog.

g) Achtung! Geraten Sie mit dem erfassten Tabulator außerhalb des Lineals, wird der Tabulator gelöscht. Dann müssen Sie sich einen neuen einrichten.

Bis hierher erstmal.

Weiter nachgucken ...

1. Dass das Ganze unter einem frei wählbaren *Formatnamen* abgespeichert werden muss, versteht sich von selbst. Diese Formatnamen können sowohl als *lokal* (nur für dieses eine Dokument) als auch *global* (für alle Dokumente) gekennzeichnet werden.

2. Wenn Sie dabei ein schon definiertes Format verändern, wirkt sich das auf **alle** Dokumente aus, die dieses Format verwenden. Mit anderen Worten: Es verändert das Layout **aller** Dokumente, die dieses Format benutzen!

Auswahl   Detail-Kop

Hauptdialog   Überschrift/Aufzählung   Verweis

Name: Detail-Kop

in allen Papyrus-Dokumenten verfügbar (global)

Inhaltsverzeichnis

Weiter im Detail:

a) Zunächst sollten Sie auf jeden Fall Ihre Formatierungen im *lokalen Modus* ausprobieren. Dazu darf oben die Checkbox **in allen Papyrus-Dokumenten verfügbar (global)** *kein Häkchen* tragen.

Dialog Formatvorlage

a) Im Dialog **Formatvorlage** → Reiter **Hauptdialog** klicken Sie nach den oben angeführten Einstellungen und mit dem Cursor in der Musterzeile stehend auf den Button **Textstil von aktueller Textstelle übernehmen**. In der Zusammenfassung der Einstellungen in dem großen *Textfeld* weiter oben werden alle vorgenommenen Einstellungen aufgeführt.

b) Klicken Sie auf den Button **Neu** und geben Sie oben hinter **Name:** einen möglichst einprägsamen Namen für das Aussehen dieses Inhaltsverzeichnis-Eintrags ein.

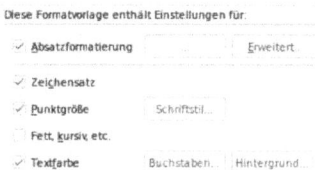

Festgelegte Parameter der Schrift

c) Unter dem großen *Textfeld* sind unter der Überschrift **Diese Formatvorlage enthält Einstellungen für:** eine Reihe von Checkboxen für Formatierungen der Inhaltsverzeichnis-Überschrift angeführt, die teilweise noch weiter spezifiziert werden können.

Erst mit dem Klick auf Übernehmen wird gespeichert.

d) Um sicherzustellen, dass die Einträge so aussehen, wie Sie sie eingestellt haben, sollten Sie die Checkboxen für **Absatzformatierung**, **Zeichensatz** und **Punktgröße** mit einem *Häkchen* versehen. Manchmal schlägt das Überschriften-Format durch.

e) Zur Bestätigung klicken Sie rechts unten den Button **Übernehmen** an.

Das war es schon!

Damit ist zunächst einmal das Aussehen *eines* Eintrags des Inhaltsverzeichnisses beschrieben und gespeichert. Meistens reicht *eine* Formatierung für *alle* Einträge. Es ist aber auch möglich, verschiedene Formatierungen in einem Inhaltsverzeichnis zu verwenden, beispielsweise abhängig von der Hierarchiestufe der Überschrift.

Aussehen der Überschriften

Das Aussehen der Überschriften hängt sehr vom jeweiligen Dokument und den persönlichen Vorlieben ab. Romane, Erzählungen und Anthologien benötigen in der Regel nur eine Art von Überschrift. Anders sieht das bei Ratgebern und wissenschaftlicher Literatur aus.

Schnell mal nachgucken …

3. Auch hier bietet es sich an, eine **Musterüberschrift** anzulegen – oder vielleicht mehrere, bei verschiedenen Hierarchiestufen. Werden verschiedene Hierarchiestufen verwendet, kann im Extremfall jede Stufe ihr eigenes Inhaltsverzeichnis-Layout erhalten.

Alles, was Papyrus Autor hergibt, kann verwendet werden. Ob das immer zweckmäßig und schön ist, ist eine andere Frage.

Inhaltsverzeichnis

Und nun im Detail:

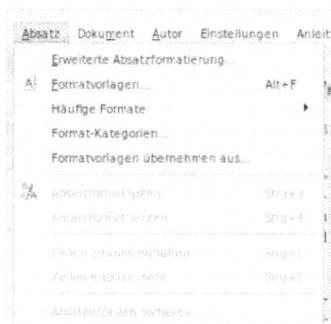

Absatz Dokument Autor Einstellungen Anleit

Erweiterte Absatzformatierung...

A Formatvorlagen...   Alt+F

Häufige Formate   ▶

Format-Kategorien...

Formatvorlagen übernehmen aus...

Absatzformatierungen   Strg+

Absatzformat setzen   Strg+

Zeilen zusammenhalten   Strg+

Zeilen einzeln formatieren   Strg+

Absatzeinzüge sortieren

Menü Absatz

a) Wenn nicht schon offen, öffnen Sie den Dialog **Formatvorlage** aus dem Menü **Absatz** → Menüpunkt **Formatvorlagen...** oder mit der Tastenkombination $\boxed{\text{Alt}}$+$\boxed{\text{F}}$ oder aus der **Symbolleiste** heraus.

b) Legen Sie sich im Originaldokument auch für die Überschriften eine *Musterzeile* an oder verwenden Sie eine schon existierende Überschrift.

A <kein Format> ∨

3 4   <kein Format>   11
       Standard / Fließtext
       Kapitel.Nebi
       Leerzeile
       Moral_Nebi_Neu
       Standard
       Standard Office
4   Schreibmaschinen-Zeichensätzen   en

Formatierung von Text

c) Wird eine schon existierende Überschrift verwendet, ist es ratsam, diese mit einem *Dreifachklick* vollständig zu markieren und ihr zunächst das Format **<kein Format>** zu geben indem Sie diesen Eintrag auswählen.

d) Damit erreichen Sie, dass die notwendigen Änderungen im Aussehen zunächst auf diese Zeile begrenzt bleiben. Wie immer, bleibt der Textstil dabei erhalten.

Bis hierher erstmal.

                                  Forma

Auswahl Details_a)

Hauptdialog Überschrift/Aufzählung

Name: Details_a)

☐ in allen Papyrus-Dokumenten verfügba

Hauptdialog Formatierung

Auch wenn hier in der Gestaltung (fast) alles möglich ist, denken Sie daran, dass weniger oft mehr ist, oder wie Künstler es sagen würden: ›Die Kunst besteht im Weglassen!‹

Weiter nachgucken ...

4. Wenn die Musterüberschrift gestaltet ist, bekommt sie einen Namen, jede einzelne Hierarchiestufe im **Hauptdialog**

einen eigenen. Dabei sind auch Namenserweiterungen mit 1, 2, 3 oder _a, _b, _c möglich, um Zusammengehörigkeiten zu den Hierarchiestufen zu demonstrieren.

Weiter im Detail:

a) Gestalten Sie die Überschrift mit den üblichen Mitteln für den Text. Schriftgröße, Schriftschnitt, Textstil, Zeilenabstand aber auch Farbe oder verändern Sie mit Bedacht die Laufweite der Schrift.

b) Legen Sie im Reiter **Hauptdialog** unter der Rubrik **Diese Formatvorlage enthält Einstellungen für:** fest, was sich während der Benutzung dieses Formats unter keinen Umständen ändern darf, indem Sie die entsprechenden Checkboxen mit einem Häkchen versehen.

c) Klicken Sie (unten) auf den Button **Textstil von aktueller Textstelle übernehmen**. Damit wird im großen Anzeigefeld (oben) aufgelistet, mit welchen Mitteln die Einstellungen vorgenommen wurden. Wie üblich muss der Cursor dabei in der eben gestalteten Musterzeile stehen.

d) Klicken Sie auf den Button **Neu** und geben Sie einen einprägsamen Format-Namen für die Überschrift ein. Mit einem weiteren Klick auf denselben Button wird der Name (ganz oben) hinter **Auswahl:** angezeigt und gespeichert.

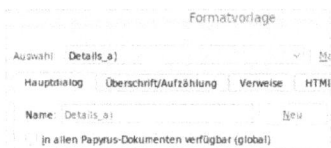

e) Klicken Sie auf **Übernehmen**. Dieser Schritt ist sehr wichtig, weil sonst alle vorher getätigten mühevollen Einstellungen im Nirwana des PCs verschwinden.

Bis hierher erstmal.

Weiter nachgucken ...

5. Die Hierarchie und ein Teil der Format-Beschreibung wird auf dem Reiter **Überschrift/Aufzählung** festgelegt.

Weiter im Detail:

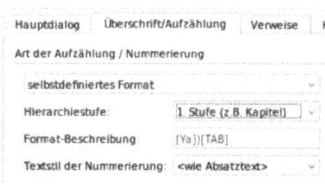

Hauptdialog	Überschrift/Aufzählung	Verweise	►
Art der Aufzählung / Nummerierung			
selbstdefiniertes Format			⌄
Hierarchiestufe:	1. Stufe (z.B. Kapitel)		⌄
Format-Beschreibung:	[Ya]][TAB]		
Textstil der Nummerierung:	<wie Absatztext>		⌄

Formatvorlage Überschrift

a) Wählen Sie in dem oben genannten Reiter in dem Auswahlfeld hinter **Hierarchiestufe:** die Rangordnung aus. Die höchste ist die **1. Stufe (z.B. Kapitel)**.

b) Die **Format-Beschreibung** enthält die mögliche automatische Nummerierung, Tabulatoren (**[TAB]**) zum Einrücken sowie Zeichen, die direkt in die Überschrift übernommen werden. Das geht auch für kurze Wortfolgen.

c) Die Platzhalter für automatisch hochzählenden Nummern und Tabulatoren werden in eckige Klammern gesetzt (AltGr + 8 für die öffnende Klammer und AltGr + 9 für die schließende.)

d) Über diesem Eingabefeld wechselt der Mauszeiger zum »I«. Verweilt dieses I einige Sekunden über diesem Eingabefeld, öffnet sich ein Informationsfenster, das die Eingabemöglichkeiten erklärt. Es ist nämlich ebenso möglich, hier statt der arabischen Ziffern auch kleine und große römische Zahlen sowie Klein- und Großbuchstaben voreinzustellen.

e) Diese Nummerierung kann genauso allein stehen. Wird aber ein Punkt oder eine Klammer nach der Nummerierung gewünscht, wird dieses Zeichen als *Klartext* in das Feld nach der eckigen Klammer eingegeben.

Info Formatbeschreibung

f) Bestehen alle Überschriften aus der Nummerierung und beispielsweise dem Wort ›**Kapitel**‹ kann auch dieses Wort als Klartext eingegeben werden und erscheint dann jedes Mal, wenn diese Kapitel-Hierarchiestufe angewählt wird.
Beispiel: **[I]. Kapitel** ergibt in der 4. Überschrift die Anzeige **IV. Kapitel** und **Kapitel [1]** ergibt **Kapitel 4**.

g) Wird ein bestimmter Abstand zwischen dem Aufzählungszeichen und der Überschrift vorgesehen, wird **[TAB]** eingefügt, der natürlich auch in der Musterzeile eingegeben und mit markierter Musterzeile im Lineal gesetzt werden muss.

h) Ein Tabulator setzt den Cursor an eine bestimmte Stelle in der Zeile. Wenn nur ein normaler Abstand vorhanden sein soll, genügt ein Leerzeichen, das dann aber ohne eckige Klammern eingegeben wird, weil es ja *Klartext* ist, also direkt übernommen wird.

Inhaltsverzeichnis

Abbrechen   Übernehmen

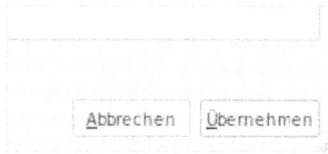

i) Anschließend sollten Sie unten-rechts den Button **Übernehmen** anklicken, damit die Einstellungen vom Dokument auch sicher übernommen werden. Es ist übrigens eine gute Idee, nach *jedem* Einstellschritt diesen **Übernehmen**-Button anzuklicken!

Das war es schon!

Verbindung von Überschrift und Inhaltsverzeichnis

Die Verbindung der Überschrift mit dem jeweiligen Eintrag des Inhaltsverzeichnisses wird im Menü **Absatz** → Menüpunkt **Formatvorlagen...** → Reiter **Überschrift/Aufzählung** unter der Überschrift **Überschriften** hergestellt (etwa in halber Höhe).

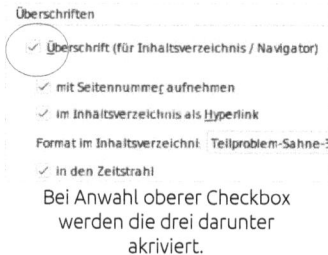

Überschriften

☑ Überschrift (für Inhaltsverzeichnis / Navigator)

☑ mit Seitennummer aufnehmen

☑ im Inhaltsverzeichnis als Hyperlink

Format im Inhaltsverzeichni Teilproblem-Sahne-3

☑ in den Zeitstrahl

Bei Anwahl oberer Checkbox werden die drei darunter akriviert.

Schnell mal nachgucken ...

6. Nachdem in der Checkbox **Überschrift (für Inhaltsverzeichnis / Navigator)** der Haken gesetzt wurde, werden gleichzeitig drei weitere Checkboxen aktiviert sowie das Auswahlfeld **Format im Inhaltsverzeichnis**.

Und nun im Detail:

a) Diese Checkbox ist die Grundlage dafür, dass die Überschrift und der Eintrag für das Inhaltsverzeichnis verbunden werden. Gleichzeitig übernimmt auch der *Navigator* diese Überschriften. Hier kann auf den ersten (Seiten-)Blick erkannt werden, ob die Überschriften als solche überhaupt erkannt werden.

b) Die Checkbox vor **mit Seitennummer aufnehmen** fügt die dazugehörige *Seitennummer* am Ende der Zeile in das Inhaltsverzeichnis ein.

c) Die Checkbox vor **im Inhaltsverzeichnis als Hyperlink** macht das Inhaltsverzeichnis »anklickbar« und färbt es (aber *nur* auf dem Bildschirm) blau.

d) Beim Druck wird selbstverständlich das Inhaltsverzeichnis immer in der eingestellten Farbe wiedergegeben.

e) Sie gelangen durch den Hyperlink vom Inhaltsverzeichnis durch einen Doppelklick sofort zur angeklickten Überschrift im Dokument. Für Printbücher hat das natürlich keine Bedeutung (ist aber auch nicht schädlich), aber für E-Books und PDF-Dateien und natürlich für die Papyrus-Autor-Datei mit dem Suffix .pap.

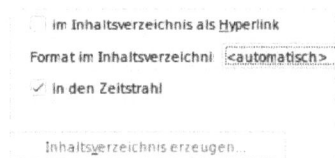

Bis hierher erstmal.

Weiter nachgucken ...

7. Eine besondere Bedeutung hat das Auswahlfeld hinter **Format im Inhaltsverzeichnis**. Wählt man hier die Formatvorlage für die Inhaltsverzeichnis-Einträge aus, wird im Inhaltsverzeichnis dieses Format verwendet.

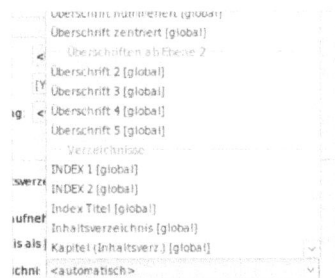

im Inhaltsverzeichnis als Hyperlink
Format im Inhaltsverzeichnis <automatisch>
✓ in den Zeitstrahl
Inhaltsverzeichnis erzeugen...

Hyperlink-Einstellung

Inhaltsverzeichnis

Auswahl Formatvorlagen

Weiter im Detail:

a) In dem Auswahlfeld hinter **Format im Inhaltsverzeichnis** werden alle gespeicherten Formate angezeigt. Hier wird die oben erstellte *Formatvorlage für den Eintrag ins Inhaltsverzeichnis* ausgewählt.

b) Da die Liste recht lang ist und durch jede Erweiterung der Formatvorlagen länger wird, sollten Sie die Liste sehr aufmerksam durchsuchen.

c) Ein Klick auf **Übernehmen** stellt wieder die Einstellungen für das Dokument zur Verfügung.

Bis hierher erstmal.

Weiter nachgucken ...

8. Der Eintrag **<automatisch>** im Dialog **Formatvorlage → Überschrift/Aufzählung** verlangt eine besondere Form der Formatierung und wird vorzugsweise für die mitgelieferten Überschriften-Formatierungen von Papyrus Autor verwendet. Lesen Sie dazu bedarfsweise: ***Einfaches Inhaltsverzeichnis auf Seite 142***.

Weiter im Detail:

a) In der Voreinstellung von Papyrus Autor ist dort **<automatisch>** eingetragen. Diese Einstellung verwendet die vorformatierten

Überschriften und zugehörigen Inhaltsverzeichnis-Einträge.

b) Diese verlangen besondere Zeichen zur Verbindung von Überschrift und Inhaltsverzeichnis.

Das war es schon!

Sie können immer dasselbe Inhaltsverzeichnis-Format für alle Hierarchien verwenden, aber es ist ebenso möglich, jeder Hierarchie einen andersgestalteten Eintrag im Inhaltsverzeichnis zuzuordnen. Das funktioniert sogar mit Einrückungen und farbiger Schrift! Der Fantasie sind an dieser Stelle also kaum Grenzen gesetzt.

Inhaltsverzeichnis erzeugen und aktualisieren

Im Menü **Absatz** → Menüpunkt **Formatvorlagen...** Reiter **Überschrift/Aufzählung** gibt es unten den Button **Inhaltsverzeichnis erzeugen...** Ein Klick hierauf holt zusätzlich den Dialog **Verzeichnisse** in den Vordergrund. Das ist nicht schwer zu durchschauen.

Zum Inhalts-Titel einstellen.

Schnell mal nachgucken ...

1. Der Button **Titel einstellen...** öffnet einen weiteren Dialog namens **Titel einstellen**. Wer hätte das gedacht? Es ist derselbe Dialog, der vom Menü **Dokument** → Menüpunkt **Inhaltsverzeichnis...** aufgerufen wird.

Einstellen des Titels

Und nun im Detail:

Titel einstellen

✓ Titel erzeugen

Titel Inhaltsverzeichnis: Gliederung|

Titel Tabellenverzeichnis: Tabellenverze...

Dialog Titel

a) Hat die Checkbox vor **Titel erzeugen** ein Häkchen, wird die Inhaltsverzeichnis-Überschrift erzeugt, die in das Textfeld nach **Titel Inhaltsverzeichnis:** eingetragen ist. Sie wird anschließend zusammen mit dem eigentlichen Inhaltsverzeichnis an der vorgesehenen Dokumentstelle eingefügt.

b) Voreingestellt ist an dieser Stelle der Begriff **Inhaltsverzeichnis**. Es ist aber auch möglich, dort einen anderen Begriff niederzulegen, beispielsweise **Gliederung**.

c) Bei Veränderungen klicken Sie **OK** an, sonst **Schließen**. Damit wird diese Einstellung übernommen oder verworfen. Gemeinsam ist, dass der Dialog geschlossen wird. Schließlich geht es im Dialog **Verzeichnisse** weiter.

Bis hierher erstmal.

Verzeichnisse erzeugen

✓ Inhaltsverzeichnis

Tabellenverzeichnis   Titel einstellen...

Abbildungsverzeichnis

Position: Verzeichnis aktualisieren (nur Text)

Stammseite   Verzeichnis aktualisieren (nur Text)
              Verzeichnis aktualisieren (komplette Seiten)

Inhaltsverzeich aktuelle Cursorposition (nur Text)
              vor aktueller Seite (komplette Seiten)

mit Seitennum neues Dokument erzeugen

mit Hype Vorlage _inhalt.pag benutzen
          ✓ keine Vorlage benutzen

Verzeichnis-Position

Weiter nachgucken ...

2. Unter **Position:** im **Verzeichnisse**-Dialog werden mehrere Orte vorgeschlagen, an dem das Inhaltsverzeichnis eingefügt werden kann. Ist die Stelle des Inhaltsverzeichnisses schon vorgesehen, bietet es sich an, den Cursor dorthin zu setzen und anschließend **aktuelle Cursorposition (nur Text)** anzuwählen.

3. Da hier gerade eine eigene Vorlage erstellt wird, ist es empfehlenswert,

unten in der Auswahl das Häkchen bei
keine Vorlage benutzen zu belassen.

Weiter im Detail:

a) In Printbüchern wie Romanen und Anthologien beginnt das Inhaltsverzeichnis meist auf der (ungeraden) Seite 5. Die Seite 1 beinhaltet meist den sogenannten *Schmutztitel* und die Seite 3 den eigentlichen *Titel* des Werkes.

b) Die Seite 2 ist dem *Frontispiz* vorbehalten und die Seite 4 dem *Impressum*. Deshalb ist es hier angebracht, den Cursor auf die Seite 5 zu setzen und **aktuelle Cursorposition (nur Text)** auszuwählen.

c) In der Voreinstellung ist in der Auswahl unten der Haken bei **Keine Vorlage benutzen** gesetzt. Da Sie hier gerade eine eigene Vorlage kreieren, sollten Sie den Haken in der Auswahl so lassen. Anderenfalls kann es vorkommen, dass Ihre eigenen Einstellungen bei **Vorlage _inhalt.pap benutzen** durch Voreinstellungen der installierten Datenmaske überschrieben werden.

Bis hierher erstmal.

Weiter nachgucken ...

4. Mit einem Klick auf **Verzeichnis einfügen** werden die Voreinstellungen ausgeführt.

Weiter im Detail:

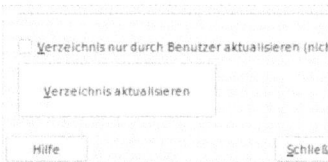

Automatisch oder nicht

a) Das Setzen eines Häkchens in der Checkbox **Verzeichnis nur durch den Benutzer aktualisieren (nicht automatisch)** verhindert das automatische Aktualisieren des Inhaltsverzeichnisses. Die Arbeit müssen Sie dann selbst erledigen.

b) Ist das Häkchen nicht gesetzt, werden alle Änderungen sofort übernommen. Das betrifft auch zusätzliche oder gestrichene Kapitel oder Unterkapitel sowie eine geänderte Reihenfolge. Dabei werden die Kapitelnummern usw. neu vergeben, sodass Sie sich darum nicht extra kümmern müssen.

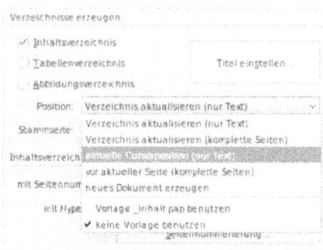

Ort des Inhaltsverzeichnisses einstellen

c) Das Inhaltsverzeichnis wird an dem gewählten Ort in das Dokument eingefügt. Nebenan ist das Auswahlmenü dargestellt.

d) Das Dokument kann nun weiter bearbeitet werden. Änderungen der Seitenzahl und des Wortlautes der Überschrift werden spätestens mit dem erneuten Öffnen des Dokuments in das Inhaltsverzeichnis eingearbeitet. Das trifft auch zu, wenn Sie die Checkbox vor **Verzeichnis nur durch Benutzer aktualisieren (nicht automatisch)** – soweit geht also die Freundschaft doch nicht.

Das war es schon!

Die Besonderheiten

Manchmal schlagen die Formatierungen der Überschriften auf die Darstellung im Inhaltsverzeichnis durch. Das betrifft in erster Linie die Textfarbe und deren Hintergrund sowie die Sperrung (positiv und negativ). Es kann aber auch den Zeichensatz, die Schriftgröße und die Textauszeichnungen betreffen, wenn vor diesen Elementen die Checkboxen kein Häkchen haben. Wie schon erwähnt, ist es andererseits möglich, die Inhaltseinträge je nach Wichtigkeit ausdrücklich hervorzuheben und zu gestalten.

Ein Häkchen vor den entsprechenden Elementen (Textfarbe, Sprache/Trennung und Sperrung) und entsprechende Einstellungen in den entsprechenden Dialogen, die sich hinter den Buttons verbergen, beheben die Probleme und eröffnen weitere Gestaltungsmöglichkeiten.

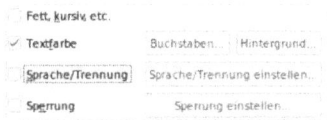

Beim Testen dieser Anleitung habe ich festgestellt, dass beim Ausführen von **Inhaltsverzeichnis einfügen** hier das Verzeichnis bei dem hierarchischen Inhaltsverzeichnis nicht sofort das erhoffte Layout des Inhaltsverzeichnisses erzeugt wird. Um dieses zu generieren, klicken Sie bitte ein zweites Mal mit der *rechten* Maustaste in das soeben erzeugte Verzeichnis und wählen im Kontextmenü **Inhaltsverzeichnis aktualisieren** aus. Meist werden dadurch die Anzeigefehler behoben.

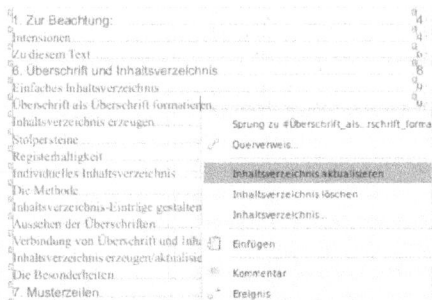

Weitere Fonteigenschaften festelegen und einstellen

Unvollständiges Inhalt-Layout.

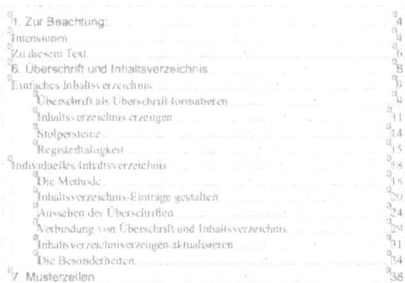

Erst durch ein weiteres Aufrufen von Inhaltsverzeichnis aktualisieren wird das Layout fertig.

Danach hat das Inhaltsverzeichnis die gewünschte Form. Beachten Sie die Einrückungen der Unterpunkte.

Querverweise

Es liegt in der Natur von Zusammenhängen: Netzartig überziehen sie die gesamte behandelte Problematik. Stellen Sie sich vor, dass Sie innerhalb eines Sachbuchs oder längeren Sachartikels auf eine bestimmte bereits gemachte Aussage verweisen wollen. Natürlich können Sie sich die entsprechende Seite in Ihrer Textdatei suchen und die gefundene Stelle in dem grade bearbeiteten Text angeben. Noch unübersichtlicher wird es, wenn Sie die gewünschte Aussage noch gar nicht geschrieben haben oder nur die Überschrift in Ihrem Manuskript[*] vorhanden ist.

Was passiert aber, wenn Sie den ganzen Text weiter ergänzen, oder gar in der Reihenfolge umstellen? Und was geschieht, mit der Angabe der Seitenzahl oder nach der Eliminierung der verwaisten Zeilen?

Im Normalfall müssten Sie jede Seitenangabe im fertigen Text überprüfen und deren Aktualität genaustens checken. Fehler sind dabei leider nicht auszuschließen.

Die Funktion der Querverweise holt Sie aus diesem Dilemma. Einmal eingegeben folgen sie jeder Überarbeitung in Ihrem Text ...

---

[*]   Eigentlich müsste im PC-Bereich ein anderer Begriff verwendet werden, denn mit *manus* und *scriptum* (lat.), die Hand und das Schreiben, hat es nur noch wenig zu tun.

Schnell mal nachgucken ...

1. Öffnen Sie zunächst das Menü **Einfügen** → **Hypertext** → **Querverweis...**

2. Wählen Sie die Einfügeposition, indem Sie Ihren Cursor genau auf dieser Position platzieren.

3. Unter **Querverweis auf** und **Ergebnis** wählen Sie die angebotenen Möglichkeiten aus und passen Sie das Ergebnis mit den beiden Checkboxen an.

4. Haben Sie Ihre Eintragungen vorgenommen, klicken Sie mit der linken Maustaste auf **Anlegen**. Danach können Sie weitere Querverweise anlegen.

5. Mit **Schließen** verlassen Sie diesen Dialog. Die Listen werden dabei aktualisiert.

Und nun im Detail:

a) Öffnen Sie aus dem Menü **Einfügen** → **Hypertext** → **Querverweis...** heraus den Dialog **Querverweis**. Er ist für alle Querverweise im Text und zu Bildern und Grafiken zuständig.

b) Setzen Sie Ihren Cursor genau an die Stelle im Text, an dem der Querverweis eingefügt werden soll.

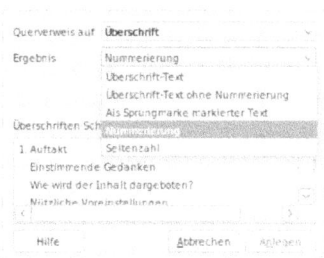

Art des Querverweises

c) Wählen Sie in den beiden oberen Auswahlfeldern die Art des **Querverweis**es und des **Ergebnis**ses aus.

Inhaltsverzeichnis

d) Die beiden zusätzlichen Checkboxen ergänzen Ihre automatische Eintragung. **Seitennummer hinzufügen** erzeugt den Zusatztext **auf Seite #**.

e) Wenn Sie den Haken vor **Link erzeugen** setzen, können Sie von der angegebenen Adresse wieder zurückspringen. Das ist natürlich nur bei Dateien, beim Schreiben oder oder für E-Books und PDF-Dateien sinnvoll.

f) Eine Adressenauswahl wird Ihnen im großen weißen Textfeld des Dialogs unter den Voreinstellungen angeboten. Hier werden je nach Auswahl Bildnummern, Überschriften und andere Möglichkeiten aufgeführt

g) Das erste sichtbare Ergebnis ist das Einfügen der Information. Haben Sie ein Häkchen vor **Link erzeugen** gesetzt, wird der eingefügte Text in *blauer* Schrift ausgegeben.

h) Wie hier üblich, wird beim Druck dieser dennoch in *Schwarz* gedruckt, denn in einem gedruckten Buch funktionieren Hypertexte ohnehin nicht.

Das war es schon!

Diese Funktion kann jedoch nur funktionieren, wenn Sie beispielsweise die *Überschriften* auch wirklich als *Überschriften* formatiert haben und *Bilder* ausdrücklich einer bestimmten Nummerierung folgen, die im Dialog Formatvorlagen eindeutig beschrieben wurden. (Eine andere oder fette Schrift reichen dafür *nicht* aus!)

Stichwortverzeichnis

Geübte Redner benötigen auch für längere Ansprachen kaum ein Manuskript, das Wort für Wort festgehalten ist. Andererseits ist es so, dass uns allen ein bekannter Begriff sofort eine Reihe von Assoziationen liefert. Das gut gewählte Stichwort in einem Sachbuch lässt uns schnell an die gesuchte Information kommen.

Wie gut, dass Papyrus Autor für die Erstellung von Stichwortverzeichnissen eine spezielle Funktion hat, die ausreichend variabel ist. Nicht jedes gefundene Stichwort muss auch unbedingt in das Verzeichnis. Sie können beispielsweise nur dieses eine Wort auf der einen Seite aufnehmen, auch einige an wichtigen Stellen aber es ist ebenso möglich, alle Vorkommen des Begriffs im Verzeichnis zu hinterlegen.

Das Aufnehmen des Begriffs und Anlegen des Stichwortverzeichnisses verlangt nicht viel Aufwand und auch keine besondere Formatierung des Textes. Es spielt sich in zwei Phasen ab: dem Aufnehmen des Stichwortes und dem Anlegen des Stichwortverzeichnisses.

Stichwort Aufnehmen

Schnell mal nachgucken ...

1. Setzen Sie Ihren Cursor in das neu aufzunehmende Stichwort.

2. Öffnen Sie im Menü **Einfügen → Stichwort aufnehmen...** den Dialog **Stich-**

wort-Eintrag Anlegen (Tastenkombination $\boxed{\text{Strg}}$ + $\boxed{\text{⇧}}$ + $\boxed{\text{I}}$).

Stellschrauben für Stichwörter

Sicherheitsabfrage

3. Mit der Sicherheitsabfrage erfolgt gleichzeitig die Abfrage, ob Sie jedes gefundene Wort bewerten wollen oder ob Sie alle gefundenen in die Liste übernehmen möchten.

4. Danach können Sie den nächsten Begriff für das Stichwortverzeichnis im Text Suchen oder in den Dialog **Stichwort-Eintrag Anlegen** eintragen.

Und nun im Detail:

a) Um ein Stichwort in eine Liste mit den zugehörigen Seitenzahlen zu übernehmen, müssen Sie die entsprechenden Wörter (und Begriffe) zunächst auswählen.

b) Setzen Sie Ihren Cursor in das gewünschte Wort, markieren Sie den gewünschten Begriff von wenigen Wörtern oder markieren Sie den Teil eines Wortes.

c) Im Menü **Einfügen** → Menüpunkt **Stichwort aufnehmen...** finden Sie den Dialog **Stichwort-Eintrag Anlegen.** Den Dialog erreichen Sie auch mit der Tastenkombination $\boxed{\text{Strg}}$ + $\boxed{\text{⇧}}$ + $\boxed{\text{I}}$.

d) Der markierte Begriff oder das Wort, in dem der Cursor steht, finden Sie hinter **Stichwort:** in die Eingabezeile geschrieben.

e) Zusätzlich können Sie in der nächsten Eingabezeile noch einen Oberbegriff: für das Stichwort eingeben. In der späteren Sortierung ordnen sich die Stichwörter alphabetisch geordnet unter den jeweiligen Oberbegriff ein.

f) An dieser Stelle ist eine erste Vorsortierung eingebaut, die mit dem Button **Aufnehmen** das Stichwort in die noch interne Liste aufnimmt bzw. mit dem Button **Alle aufnehmen...** einen weiteren Dialog aufruft.

g) In diesem zweiten Dialog, der gleichzeitig eine Sicherheitsabfrage darstellt, können Sie den Begriff an den verschiedenen Textstellen einzeln durchgehen, und entscheiden, ob diese Textstelle in die Liste sichtbar wird.

h) Dieser Dialog gib in der ersten Zeile an, wie oft der Begriff in dem Dokument verwendet wird.

Inhaltsverzeichnis

i) Außer bei einem Klick auf den Button Abbre-
    chen werden die Seitennummern in die Liste
    aufgenommen. Danach können Sie mit dem
    nächsten Begriff fortfahren.

Bis hierher erstmal.

Stichwortliste ins Dokument einfügen

Schnell mal nachgucken ...

1. Wenn Sie *mindestens* ein Stichwort aufgenommen haben, öffnen Sie im Menü
   **Dokument → Verzeichnisse → Stich-
   wortverzeichnis...** den Dialog **Verzeichnisse**. Dort ist die Rubrik **Stichwortverzeichnis** bereits markiert.

2. Hinter **Position:** können Sie sich im Auswahlfeld fünf verschieden Positionen aus-
   suchen. Für erste Versuche wird empfohlen, die Option **aktuelle Cursorposition
   (nur Text)** zu verwenden und den Cursor
   an einen geeigneten Platz zu setzen.

3. Es gibt zwei verschiedene Methoden,
   den Seitennummern-Bereich in der
   Stichwortliste zu benutzen. Die Angaben, die mit *Radiobuttons* ausgewählt
   werden können sind eindeutig.

4. Ein Klick auf den Button **Verzeichnis
   erzeugen** platziert die Stichwortliste an
   der vorgesehenen Stelle.
   Ist bereits eine Liste vorhanden, können
   Sie weitere Begriffe alphabetisch geord-

net einfügen. Der Button trägt dann den Namen **Verzeichnis aktualisieren**.

Weiter im Detail:

a) Öffnen Sie aus dem Menü **Dokument** → Menüpunkt **Verzeichnisse** → Untermenü **Stichwortverzeichnis…** den Dialog **Verzeichnisse**. Wenn Sie noch keinen Begriff in die interne Stichwortliste eingefügt haben, macht Sie Papyrus Autor auf diesen Umstand aufmerksam.

b) Anderenfalls ist in diesem Dialog bereits die Rubrik **Stichwortverzeichnis** aktiviert.

c) Oben hinter **Position:** können Sie einen Ort auswählen, an dem das *Stichwortverzeichnis* eingefügt werden soll. Für den Anfang zum Kennenlernen der Funktion bietet sich **aktuelle Cursorposition (nur Text)** an.

d) Wenn Sie vor **Hyperlinks für Seitennummern erzeugen** die Checkbox mit einem Häkchen versehen, wird das Stichwortverzeichnis wie üblich auf dem Bildschirm *blau* dargestellt. Beim Drucken sind die Einträge natürlich wieder in der *normal* eingestellten Druckfarbe.

e) In der einzufügenden Liste können zusammenhängende Bereiche entweder mit #f und #ff oder mit #-# angezeigt werden.

f) Auch hier gibt es wieder die Option, **Verzeichnis nur durch Benutzer aktualisieren (nicht automatisch),** die durch eine Checkbox ein- und ausgestellt werden kann.

Stichwort-Hilfszeichen mit Hand-Mauszeiger

g) Mit einem Klick auf den Button **Verzeichnis erzeugen** wird das Stichwortverzeichnis am voreingestellten Platz in das bestehende Dokument eingefügt.

h) Ein Klick auf Übernehmen führt alles aus.

i) Das Stichwortverzeichnis kann durch veränderte Einstellungen in den Dialogen auch nachträglich in die erforderliche Form gebracht werden.

j) Gibt es bereits ein angefangenes Stichwortverzeichnis im Dokument, heißt der einfügende Button **Verzeichnis einfügen**.

Das war es schon!

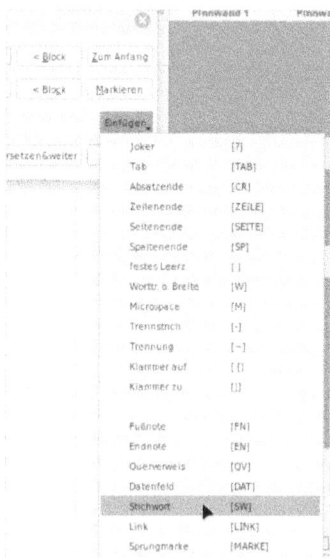

Stichwort-Hilfszeichen bei »Suchen und ersetzen«.

Stichwortverzeichnisse werden im Gegensatz zu den Inhaltsverzeichnissen sehr oft am anderen leicht zu erreichende Ende eines Buches eingefügt: ans Ende.

Editieren des Stichwortverzeichnisses

Es gibt keinen leicht erreichbaren Editor, um die aufgenommenen Stichpunkte zu editieren. Trifft die aktive Mausspitze ein Stichwort-Hilfszeichen verändert sie seine *Form* – in der Voreinstellung zu einer **Hand**.

Wenn Sie nun einen *Rechtsklick* machen, öffnet sich ein Kontextmenü, das die Möglichkeit bietet, das konkrete Stichwort zu löschen.

Auch in der *Suchen-Funktion* können Sie das Stichwort-Verzeichnis beeinflussen. Unterhalb des Hilfszeichens blinkt dann ein Cursor, der **fett** eingestellt sein sollte.

Nummerierung und Auflistung

Um etwas Struktur in einen erklärenden Text zu bringen, reicht oft eine Aufzählung von bestimmten Schritten. Manchmal aber ist die Reihenfolge unerheblich und es kommt mehr auf die Vollständigkeit an. Dafür gibt es in fast jeder Textverarbeitung entsprechende Voreinstellungen: einerseits die Nummerierungen und andererseits die Auflistungen, die durch verschiedene Zeichen hervorgehoben wird. Für Papyrus Autor werden voreinstellungsgemäß hiergenannte *Bullets* verwendet, dicke Punkte auf etwa halber Höhe der Kleinbuchstaben und das Minuszeichen der Tastatur.

Die nummernmäßige Aufzählung haben Sie bereits in den verschiedenen Kapiteln kennengelernt und ist in Schriftart, -Größe und Textausrichtung voreingestellt. Während die Bullets und die Aufzählung den linksbündigen Satz benutzen, verwendet die Auflistung in der Voreinstellung den Blocksatz.

Einfache Nummerierung

Um ein einheitliches Layout zu schaffen, passen diese Voreinstellungen manchmal nicht zusammen. Doch in Papyrus Autor sind auch diese Eigenschaften in dem Dialog **Formatvorlage** einstellbar. Sie gehen dabei wie folgt vor:

Inhaltsverzeichnis

Schnell mal nachgucken ...

1. Erstellen Sie für die spätere Aufzählung einen kurzen Muster-Absatz mit beispielsweise zwei bis drei, durch eine Absatzschaltung [↵] getrennte, Zeilen.

Formatvorlage

Auswahl: Haupt-Text

| Hauptdialog | Überschrift/Aufzählung | Verweis |

Art der Aufzählung / Nummerierung

<keine>

Hierarchiestufe: <keine>

Format-Beschreibung: [X].[TAB]

Textstil der Nummerierung: <wie Absatztext>

Auflistung einstellen

2. Legen Sie die zukünftige Aufzählung mit Zeichensatz, Punktgröße, Schriftauszeichnungen, Text- und Hintergrundfarbe sowie -Ausrichtung fest.

3. Markieren Sie den Absatz.

4. Öffnen Sie das Menü **Absatz → Formatvorlagen...** der Einstelldialog **Formatvorlagen** oder den Tastencode [Alt]+[F] und legen ein neues Format an.

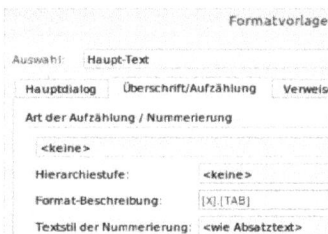

Und nun im Detail:

a) Legen Sie in Ihrem Text 2, durch zwei [↵] eingeschlossene Zeilen/Einträge an und markieren sie diese.

b) Weisen Sie die Texteigenschaften (Schriftart und -Größe, Textstil usw.) zu.

     3   4   5   6

b) Stellen Sie die Texteigens
und -Größe, Textstil usw.) f

Lineal-Einstellungen

c) Stellen Sie im oberen Lineal die Textbegrenzungen ein; den blauen kleinen Punkt auf den Beginn der Nummerierung und das blaue Dreieck, mit der nach oben zeigender Spitze auf den Beginn des zugehörigen Textes.

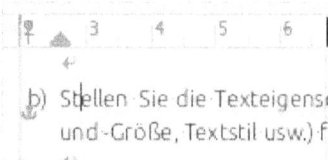

d) Öffnen Sie den Dialog **Formatvorlagen** aus dem Menü **Absatz → Formatvorlagen...**

e) Klicken Sie im Reiter **Hauptdialog** auf **Neu** und geben in die Eingabezeile nach Name eine eingängige Bezeichnung für die Aufzählung ein. Klicken Sie ein zweites Mal auf **Neu**.

f) In dem großen weißen Feld wird die Absatzformation angezeigt.

g) Setzen Sie je ein Häkchen vor **Absatzformatierung** und den Elementen, die sich *nicht* verändern lassen sollen. Also beispielsweise **Zeichensatz**, **Punktgröße** und **Textfarbe**.

h) Ein Klick rechts unten auf Übernehmen kann nicht schaden.

Bis hierher erstmal.

Nachdem das Aussehen der Aufzählung/ Nummerierung grob festgelegt wurde, muss nun noch das Feintuning, das Aussehen der Nummerung, eingerichtet werden.

Weiter nachgucken ...

1. Klicken Sie nun auf den Reiter **Überschrift/Aufzählung**.

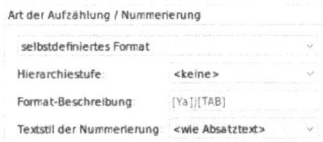

2. Lassen Sie die Einstellung **selbstdefiniertes Format**, **Hierarchiestufe: <keine>** und **Textstil der Nummerierung: <wie Absatztext>** bestehen.

3. Geben Sie hinter Format-Beschreibung: Ihre gewünschte Beschreibung ein. Die Möglichkeiten erfahren Sie, indem Sie den Mauszeiger einige Sekunden über dem Eingabefeld ruhen lassen.

4. Sind alle Einstellungen festgelegt, klicken Sie rechts-unten auf **Übernehmen**.

Weiter im Detail:

a) Wählen Sie nach dem Einstellen der Schriftart usw. den Reiter **Überschrift/Aufzählung** an.

b) Hinter **Format-Beschreibung:** wird das Format der Aufzählung beschrieben. Die Variablen X und Y sind für selbstdefinierte Aufzählungen vorgesehen.

c) **[X]** und **[Y]** sowie Tabulatorschritte **[TAB]** werden wie hier in *eckige* Klammern gesetzt. Der Punkt für die Ordnungszahl *nicht*, weil er genau so bei Aufzählungen erscheint. Er ist also Klartext.

d) Beim Klick auf Übernehmen sollte sich der markierte Text in eine Aufzählung gewandelt haben, links eingerückt und mit einer Nummer davor.

e) Wenn Sie dort keine **1** (eins) sehen sollten, hilft ein Doppelklick mit der linken Maustaste auf diese Nummer. Es öffnet sich ein Einstelldialog, mit dem der Startwert festgelegt werden kann.

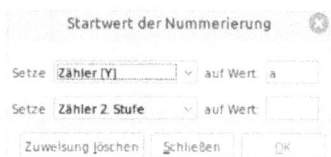

Formatmöglichkeiten

Startwert der Aufzählung

f) Je nach Erfordernis mit mehreren Aufzählungen kann der Startwert immer wieder
neu gesetzt werden. Meist und im einfachsten Falle betrifft das die verwendete
Variable **X**. Diese Variable kann neben arabischen auch römische Zahlen sowie Klein-
und Großbuchstaben aufnehmen.

Das war es schon!

Stellengenaue Ordnungszahlen

Sie werden feststellen, dass sich beim
Übergang von einstelligen zu zweistelli-
gen Ordnungszahlen die Einer- und Zeh-
nerstellen nicht übereinander befinden.
Ein gutes Layout stört das. Durch das Einfügen eines Tabs in das obere Lineal und
eine veränderte Formatbeschreibung lässt
sich dieses Manko, wie unten beschrieben, beseitigen.
In Aufzählungen befindet sich normalerweise der kleine blaue Punkt, der normalerweise den Beginn der ersten Zeile repräsentiert, im oberen Lineal ganz links, während
das blaue Dreieck für den Beginn der Zeile
auf einer Position weiter rechts befindet
und den Beginn des Textes für die Einträge
festlegt.
Als Erstes kümmern Sie sich um die neuen
Angaben im oberen Lineal. Da für eine
stellengenaue Anzeige der Ordnungszahlen links etwas Platz für die Zehner- und
denkbaren Hunderterstellen frei bleiben
muss, sollte das blaue Dreieck bei der Einrichtung etwas weiter nach rechts verschoben werden.

Schnell mal nachgucken ...

1. Legen Sie sich eine Musterzeile an und markieren diese.

2. Klicken Sie zwischen dem Zeilenanfang und diesem blauen Dreieck in das obere Lineal. Es erscheint dort ein kleines Dreieck, das mit der Spitze nach rechts zeigt.

3. Auf dieses kleine Dreieck klicken Sie noch einmal. Es öffnet sich der Dialog **Tabulator einstellen** und wählen **Dezimal / an Zeichen ausrichten** aus.

4. Legen Sie für den **Punkt** den Abstand vom linken Textrand fest, damit die Zehner- oder gegebenenfalls die Hunderterstellen genug Platz bis zum linken Textrand haben.

5. Klicken Sie auf **OK**. Der Tabulator-Dialog schließt sich und der Dezimaltab, ein blauer Punkt, rückt an die vorgesehene Stelle.

Das blaue Dreieck wird bei einem Dezimal-Tabulator zu einem blauen Punkt. Als Ausgangswert sollten Sie die doppelte Schrifthöhe in Millimetern verwenden und als Textbeginn (Dreieck) die dreifache Schrifthöhe; Bei einer Schrifthöhe von 10 Punkt, also 0,35×10×2= 7 mm und für den Textbeginn weitere 3,5 mm ab linker Textfeldbegrenzung einplanen. Den ersten Wert für den Dezimal-Tabulator können Sie auch in dem schon geöffneten Einstelldialog einstellen. Als Anhalt eignet sich die Zeichenfolge ›NNN‹ in der eingesetzten Schriftgröße als geeignetes Maß.

Und nun im Detail:

a) Legen Sie Schriftart und Größe der Aufzählung/Nummerierung fest.

b) Geben Sie »NNN« in dieser Schriftart linksbündig ein. Sie dienen als Maß für die stellengenauen Ordnungszahlen bis 99.

c) Auch hier sollten Sie sich zum Einrichten der Aufzählung zunächst ein *Muster* schaffen, indem Sie mindestens 2, durch ⏎ getrennte Zeilen in dem neuen Dokument schaffen und diese markieren.

d) Verschieben Sie mit gedrückter linker Maustaste das blaue Dreieck, das mit der Spitze nach oben zeigt, erst einmal gut 10 mm nach rechts. Den blauen Punkt darüber lassen Sie an Ort und Stelle.

e) Klicken Sie nun mit der linken Maustaste in das obere Lineal, und zwar zwischen Zeilenbeginn und dem soeben verschobenen blauen Dreieck.

f) An dieser Stelle zeigt sich nun ein blaues Dreieck, das mit der Spitze nach rechts zeigt.

Tabulatordialog

g) Auf dieses Dreieck klicken Sie wieder mit der linken Maustaste. Es öffnet sich der Dialog **Tabulator einstellen**.

Das N hat die Breite von Ziffern

Startwert der Aufzählung setzen

h) Wählen Sie den Radiobutton vor **Dezimal/ an Zeichen ausrichten** aus. Aus dem Dreieck wird ein blauer Punkt.

i) Richten Sie das blaue liegende Dreieck so aus, dass die Spitze mit dem rechten senkrechten Strich des 3. N auf einer gedachten senkrechten Linie liegt.

j) Den blauen Tabulator-Punkt richten Sie auf die gleiche Weise am 2. N aus.

Bis hierher erstmal.

Nun wird die eigentliche Aufzählung bzw. Nummerierung erstellt. Durch die Vorarbeit ist das nur noch eine Kleinigkeit.

Für die Nummerierung von Aufzählungen sind die Variablen **X** und **Y** vorgesehen. Nun kann es passieren, dass bei mehreren Aufzählungen in einem Text die neue Aufzählung nicht mit **1** (eins) beginnt, sondern mit einem höheren Wert, Klicken Sie in diesem Falle doppelt auf die Ordnungszahl des *ersten* Eintrags und weisen Sie diesem Eintrag bei **Setze Zähler [X] auf Wert** den Wert **1** (eins) zu.

Weiter nachgucken ...

1. Markieren Sie Ihre Musterzeile.

2. Öffnen Sie das Menü **Absatz → Formatvorlagen...** den Einstelldialog **Formatvorlagen** oder verwenden Sie das Icon in der Symbolleiste und klicken Sie auf den Reiter **Hauptdialog** und dort auf **Neu**.

Zur Formatvorlage

Inhaltsverzeichnis

3. Geben Sie dem Aufzähl-Format einen Namen und legen Sie die Einstellungen für das Absatzformat usw. fest.

4. Wechseln Sie in den Reiter **Überschrift/ Aufzählung.**

5. Der Unterschied zur normalen Aufzählung ist, dass Sie vor der Zählvariablen X ein **[TAB]** setzen, der zum eingerichteten Dezimaltabulator springt.

6. Mit dem Klick auf Übernehmen sichern Sie die Einstellungen.

Weiter im Detail:

a) Achten Sie darauf, dass Ihre Musterzeile markiert ist, oder tun Sie dies gegebenenfalls.

Hierarchiestufe:	<keine>
Format-Beschreibung:	[TAB][X].[TAB]
Textstil der Nummerierung:	<wie Absatztext>

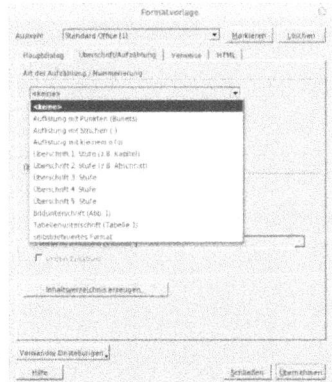

b) Öffnen Sie das Menü **Absatz** → Menüpunkt **Formatvorlagen...** den Einstelldialog **Formatvorlagen.**

c) Im Reiter **Hauptdialog** klicken Sie auf den Button **Neu** und geben nach **Name:** einen Formatnamen ein.

d) Mit einem weiteren Klick auf **Neu** wird der Name oben nach **Auswahl:** angezeigt.

e) Aktivieren Sie die Checkbox vor **Absatzformatierung** und je nach Bedarf weitere.

f) Wechseln Sie in den Reiter **Überschrift/ Aufzählung.**

g) Der Unterschied zwischen der normalen Nummerierung und der stellengenauen Nummerierung ist, dass hinter **Format-Beschreibung:** vor den Zähler (z.B. **[X]**) ein **[TAB]** steht, um zu dem eingangs eingerichteten *Dezimal-Tabulator* zu springen.

h) Sichern Sie Ihre Einstellungen mit einem Klick auf **Übernehmen**.

Startwert der Aufzählung setzen

i) Wenn die Zahl oder der Buchstabe einer neuen Aufzählung nicht mit **1** oder **a** beginnt, klicken Sie doppelt auf den ersten Eintrag dieser Aufzählung. Das nebenstehende Fenster **Startwert der Nummerierung** öffnet sich. Dort können Sie den Startwert beim **Zähler (X)** oder **(Y)** hinter **auf Wert** eintragen.

Das war es schon!

Auflistungen

Kommt es nur auf die Vollständigkeit und nicht auf die Reihenfolge der Angaben an, oder es werden Beispiele benötigt, genügt eine ungezählte Auflistung. Im normalen Menü von Papyrus Autor sind als Auflistung nur die Bullets, die dicken Punkte, aufgeführt. In den namentlichen Formatvorlagen finden Sie eventuell noch die Auflistung mit Minuszeichen, die eigentlich Halbgeviert-Striche sein sollten. Doch auch das ist noch nicht alles. Die Formatierung ähnelt der *Nummerierung* mit Zahlen oder als Buchstaben.

Schnell mal nachgucken ...

1. Öffnen Sie das Menü **Absatz → Format-vorlagen...** der Einstelldialog **Formatvor-lagen** oder den Tastencode [Alt]+[F] und dann den Reiter **Hauptdialog**.

2. Schreiben Sie einen normalen zwei- bis dreizeiligen Muster-Absatz und markie-ren Sie ihn. Er braucht keinen Sinn zu ergeben und dient nur der Formatie-rung und der Kontrolle.

3. Legen Sie Schriftart, Punktgröße, Text-farbe usw. fest.

4. Geben Sie im Einstelldialog **Formatvor-lage** hinter **Name:** eine eingängige Bezeichnung ein und klicken rechts daneben auf den Button **Neu**. Der Name erscheint oben hinter **Auswahl:**

5. Setzen Sie ein Häkchen vor Absatzforma-tierung sowie den Parametern, die sich bei Anwendung nicht verändern sollen.

Der Ablauf des ersten Teils der Auflistung ist identisch mit dem Einrichten von Aufzäh-lungen und Nummerierungen.

Und nun im Detail:

a) Wenn ein neues Format kreiert werden soll, ist auch hier die Einrichtung eines *Musters* anzuraten. Schreiben Sie also zwei oder drei kurze Absätze und markieren Sie diese.

Inhaltsverzeichnis

b) Formatieren Sie den kurzen Text mit Schrift-art, Textstil und Größe entsprechend Ihren Vorstellungen.

c) Öffnen Sie über das Menü **Absatz** → Menü-punkt **Formatvorlagen...** den Einstelldialog **Formatvorlagen**, Reiter **Hauptdialog**.

d) Klicken Sie oben auf den Button **Neu** und tragen Sie einen passenden Formatnamen hinter **Name:** ein.

e) Ein weiterer Klick auf **Neu** schreibt ihn ganz oben hinter **Auswahl:** ein.

f) Setzen Sie die Checkbox-Haken vor **Absatz-formatierung** sowie die nötigen vor **Zei-chensatz, Punktgröße Textfarbe** usw.

g) Der Button **Textstil von aktueller Text-stelle übernehmen** muss nun aktiv sein. Kli-cken Sie mit der linken Maustaste darauf, um die Formate zu übernehmen.

Bis hierher erstmal.

x Ein weiterer Klick auf **Neu** sc

x |Setzen Sie die Checkbox-Hak
Zeichensatz, Punktgröße Te

x Der Button Textstil von aktue
cken Sie mit der linken Maust

*Das kleone X als
Auflistungszeichen*

Interessant ist, dass Sie als Auflistungszei-chen fast jedes irgendwie geeignete Zei-chen verwenden können, sogar Wörter (die dann natürlich am Anfang jedes Elements der Auflistung immer eingeschrieben wer-den.

Weiter nachgucken ...

1. Wählen Sie im Dialog Formatvorlage den Reiter **Überschrift/Aufzählung** an.

2. Klicken Sie auf das kleine schwarze *Dreieck/Winkel* rechts in dem oberen langen Auswahlfeld und wählen eine geeignete Auflistung oder **selbstdefiniertes Format**.

3. Den Eintrag nach **Hierarchiestufe:** lassen Sie auf **<keine>**.

4. In dem Eingabefeld nach Format-Beschreibung geben Sie das Auflistungszeichen, gefolgt von einem Leerzeichen und **[TAB]** ein.

5. Klicken Sie auf den Button **Übernehmen** ganz unten-rechts im Dialog. Damit wird Ihr neues Auflistungsformat gespeichert.

6. Als Ergebnis sollte nun Ihr Mustertext die von Ihnen eingegebene Form aufweisen.

Weiter im Detail:

a) Die nächsten Einstellungen werden über die Möglichkeiten auf dem Reiter **Überschrift/Aufzählung** gemacht.

b) Das lange Auswahlfeld unter der Überschrift **Art der Aufzählung / Nummerierung** wartet mit 3 Möglichkeiten auf, jeden Punkt der Auflistung zu beginnen.

c) Auch wenn Ihnen in Gedanken ein anderes Zeichen vorschwebt, wählen Sie eine der

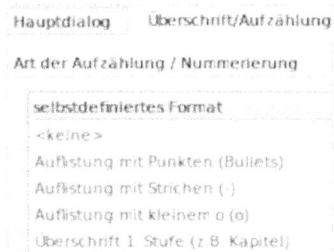

Hauptdialog   Überschrift/Aufzählung

Art der Aufzählung / Nummerierung

selbstdefiniertes Format

<keine>
Auflistung mit Punkten (Bullets)
Auflistung mit Strichen (-)
Auflistung mit kleinem o (o)
Überschrift 1 Stufe (z. B. Kapitel)

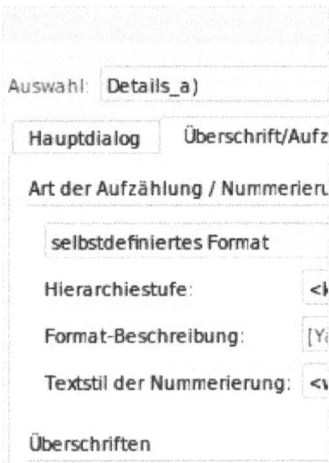

angebotenen drei Möglichkeiten, weil das sozusagen schon die ›halbe Miete‹ ist. Das Zeichnen selbst können Sie immer noch verändern.

d) Den Eintrag nach **Hierarchiestufe:** lassen Sie auf **<keine>**.

e) In dem Eingabefeld nach **Format-Beschreibung:** ist das von Ihnen ausgewählte eingetragen.

f) Haben Sie sich für Auflistung mit Strichen (-) entschieden, steht dort nun **- [TAB]**. Das sorgt dafür, dass jeder Auflistungspunkt mit einem Minuszeichen beginnt.

g) Wechseln Sie dieses Minuszeichen durch ein Zeichen Ihrer Wahl aus, erscheint genau das! Auch ein (kurzes) Wort ist möglich, beispielsweise das Wort **Neu** oder auch ein Pfeil →.

h) Auch nicht direkt von der Tastatur aus erreichbare Zeichen sind möglich, beispielsweise ▶ oder →.

i) Allerdings müssen Sie diese zuerst in ein Dokument schreiben dann das Zeichen mit Strg+C kopieren und in die Format-Beschreibung mit Strg+V in das Eingabefeld einfügen.

j) Mit dem Anklicken des Buttons **Übernehmen** wird alles gespeichert. Auch Ihr Mustertext sollte Ihre Manipulationen genau so umgesetzt haben.

Auswahl: Details_a)

| Hauptdialog | Überschrift/Aufz |

Art der Aufzählung / Nummerieru

selbstdefiniertes Format

Hierarchiestufe: <k

Format-Beschreibung: [Y

Textstil der Nummerierung: <\

Überschriften

k) Besonders, wenn Sie Wörter in Ihre Format-Beschreibung aufgenommen haben, kann es sich erforderlich machen, das liegende blaue Dreieck und den blauen Punkt anzupassen, indem Sie beide mit gedrückter linker Maustaste etwas weiter nach rechts verschieben.

l) Zum Schluss sollten Sie mit einem Klick auf **Übernehmen** alle Einstellungen quittieren.

Das war es schon!

Besonders bei außergewöhnlichen Zeichen ist es ein Vorteil, wenn Sie die bereits bestehenden mitgelieferten Makros wie in der *Textmakros auf Seite 28* erweitern.

Sortieren

Irgendeine Sortierfunktion hat üblicherweise jedes Textverarbeitungsprogramm. Hat sie ausnahmsweise keine, kann man seinen Text in eine Tabelle umwandeln. Hier sind die Sortiereinstellungen oft zahlreicher.

Texte sortieren

Mit der Sortierfunktion von Papyrus Autor im Textbereich können Sie nur aufsteigend, also von A bis Z sowie ebenfalls ein- und mehrstellige Zahlen sortieren. Sind Zahlen und Text gemischt, werden zuerst die Zahlen und dann der Text (*nur*) aufsteigend sortiert.

Inhaltsverzeichnis

Schnell mal nachgucken ...

1. Um den *gesamten* Text aufsteigend zu sortieren, wird *nichts* markiert.

2. Rufen Sie einfach **Absatz → Absätze/Zeilen sortieren** auf.

3. Das wird Papyrus eigenartig vorkommen und fragt dann wie nebenan zu sehen nach.

4. Soll nur ein gewisser Bereich sortiert werden, müssen Sie genau diesen Bereich markieren und ebenfalls **Absatz → Absätze/Zeilen sortieren** aufrufen.

5. Unmittelbar und ohne weitere Nachfrage sortiert Papyrus dann den markierten Textbereich.

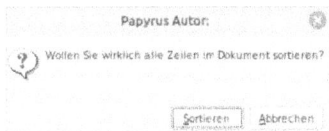

Und nun im Detail:

a) Sie haben nur die Wahl, entweder das *ganze Dokument* oder einen markierten Bereich aufsteigend (von 1 und A beginnend) zu sortieren. Nach A kommt a, dann B und b usw.

b) Eingeleitet wird das Sortieren mit dem Aufruf des Menü **Absatz → Menüpunkt Absätze/Zeilen sortieren**.

c) Wird versucht, das gesamte Dokument zu sortieren, meldet sich Papyrus und fragt nach, ob wirklich das gesamte Dokument sortiert werden soll.

Inhaltsverzeichnis

d) Nun macht Papyrus seine Arbeit und sortiert flott den gewünschten Bereich.

Das war es schon!

Sie sehen also, dass das Sortieren von Text in Papyrus sehr einfach gehalten ist. Nicht einmal rückwärts, also von Z bis A ist es möglich.

Tabellen sortieren

Sie mögen sich jetzt fragen, inwiefern Tabellen für einen Schriftsteller bedeutsam sind. Wenn Sie jetzt noch erfahren, dass die Kriminalpolizei anfangs EXCEL gern für das Zusammenstellen von Bewegungsprofilen und Zeitabläufen verwendet hat, werden einige von Ihnen ungläubig dreinblicken.

Auch wenn die Tabellenfunktionen von Papyrus mit den von EXCEL und Co. nicht mithalten können, gibt es jedoch einige interessante Funktionen, die vor allem zeitliche Einordnungen ermöglichen. Ein Beispiel soll die Vorgehensweise erläutern.

Schnell mal nachgucken ...

1. Öffnen Sie den Dialog Tabellen-Eigenschaften aus dem Menü **Einfügen →
Tabelle → Neue Tabelle/Tabelle
ändern** → Reiter **Tabelle** heraus.

2. Legen Sie eine Tabelle mit mindesten 3 Spalten und 4 Zeilen an.

3. Die ersten drei Spalten beschriften Sie in der ersten Zeile mit **Datum**, **Uhrzeit** und **Ereignis**.

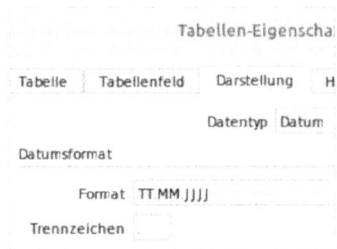

| Tabellen-Eigenscha |
| Tabelle | Tabellenfeld | Darstellung | H |

Datentyp Datum

Datumsformat

Format TT.MM.JJJJ

Trennzeichen

Datum Tag, Monat, Jahr	Uhrzeit	Eingabe- Nummer	Ereignis
27.07.1952	00:07	1	Mein erster Schrei
11.11.2011	11:11	2	Karnevalbeginn
09.03.2012	23:59	3	Aschermittwoch-Ende
25.12.2023	06:00	4	1. Weihnachtag
27.07.1952	00:06	5	meine Geburt
31.10.2011	18:45	6	Halloween-Treffen
06.12.2011	07:12	7	Überraschung gef.
24.12.2023	17:00	8	Bescherung

Beispiel für eine unsortierte Tabelle von Ereignissen

4. Füllen Sie die Zeilen entsprechend den Überschriften mit den notwendigen Daten.

5. Wechseln Sie in den Reiter **Darstellung** und wählen Sie dort hinter Dateityp für die linke Spalte (ohne die Überschrift) **Datum** aus.

6. Wählen Sie ebenfalls hier unter der Überschrift **Datumsformat** hinter Format **TT.MM.JJJJ** aus. Das entspricht unserer gewohnten Schreibweise. Als Trennzeichen lassen Sie unbedingt den voreingestellten *Punkt* (.) bestehen.

7. Markieren Sie nun alle Uhrzeiten und stellen Sie wie eben grade beschrieben den **Dateityp** auf **Uhrzeit** und das **Zeitformat** auf **HH:MM** oder **HH:MM:SS**.

Datum Jahr, Monat, Tag	Uhrzeit	Eingabe-Nummer	Ereignis
1952.07.27	00:06	5	meine Geburt
1952.07.27	00:07	1	Mein erster Schrei
2011.10.31	18:45	6	Halloween-Treffen
2011.11.11	11:11	2	Karnevalbeginn
2011.12.06	07:12	7	Überraschung gef.
2012.03.09	23:59	3	Aschermittwoch-Ende
2023.12.24	17:00	8	Bescherung
2023.12.25	06:00	4	1. Weihnachstag

Die in Papyrus sortierte Tabelle von Ereignissen

8. Markieren Sie die linke Spalte ohne die Spaltenüberschrift. Anderenfalls wird die Überschrift auch einsortiert.

9. Stellen Sie das Datumsformat auf **JJJJ.MM.TT**, damit das Sortieren in der chronologisch richtigen Reihenfolge erfolgt.

10. Klicken Sie mit der *rechten*(!) Maustaste in den markierten Bereich und wählen Sie im sich öffnenden Menü den Menüpunkt **Nach Spalte 1 sortieren**.

11. Das Ergebnis ist die chronologische Reihenfolge der Einträge, die auch die 2. Spalte, die Uhrzeit, einbezieht.

Einzelheiten zum Anlegen von Tabellen finde Sie unter **Tabellen einrichten auf Seite 29**.

Inhaltsverzeichnis

Und nun im Detail:

a) Um eine Tabelle zu erstellen, öffnen Sie im Menü **Einfügen** → Menüpunkt **Tabelle** → Untermenü **neue Tabelle/Tabelle ändern** den Dialog **Tabellen-Eigenschaften** und dort den Reiter **Tabelle**.

b) Legen Sie die Anzahl der **Zeilen** und **Spalten** fest. Für ein Ausprobieren sollten Sie mindestens 4 Zeilen und 3 Spalten verwenden.

c) In die *erste* Zeile tragen Sie die Spaltenüberschriften **Datum**, **Uhrzeit** und **Ereignis** ein. Die anderen Zeilen sind für die entsprechenden Daten vorgesehen.

d) Für einen ersten Versuch sollten Sie die Einträge möglichst ungeordnet aber natürlich die zusammengehörenden Daten in dieselbe Zeile eintragen.

e) Ob Sie beim Datum beispielsweise 1.5.2013 eintragen oder 01.05.2013 oder 1.5.13 ist völlig gleich. Papyrus kennst das und kommt dadurch nicht durcheinander.

f) Papyrus interpretiert eine zweistellige Jahreszahl unter 50 als zu diesem Jahrhundert gehörend und ab 50 zum vergangenen Jahrhundert. 1.5.13 wird so zu 01.05.2013, aber 1.5.51 zu 01.05.1951.

g) Markieren Sie die Daten der *ersten Spalte* (ohne Überschrift) und wechseln Sie in den Reiter **Darstellung**.

h) Wählen Sie als **Datentyp** den Eintrag **Datum** aus und als **Datumsformat** den Eintrag **TT.MM.JJJJ** aus, weil es dem üblichen Gebrauch entspricht.

i) Klicken Sie auf den Button **Übernehmen**. Wenn Sie vorhin die kürzere Form mit teilweise einstelligen Tages- und Monatszahlen verwendet hatten, werden damit alle Datumsangaben in zweistellige Tages- und Monatszahlen sowie vierstellige Jahreszahlen umgewandelt.

Datum Tag, Monat, Jahr	Uhrzeit	Eingabe- Nummer	Ereignis
06.12.2011	07:12	7	Überraschung gef.
09.03.2012	23:59	3	Aschermittwoch-Ende
11.11.2011	11:11	2	Karnevalbeginn
24.12.2023	17:00	8	Bescherung
25.12.2023	06:00	4	1. Weihnachtstag
27.07.1952	00:06	5	meine Geburt
27.07.1952	00:07	1	Mein erster Schrei
31.10.2011	18:45	6	Halloween-Treffen

Nur nach Tageszahlen sortiert

j) Für die Uhrzeit verwenden Sie die Zeitangabe mit dem Doppelpunkt zwischen Stunden- und Minutenangabe und ebenso den Sekundenangaben.

k) Sie können das Sortieren auslösen, indem Sie die linke Spalte (ohne die Überschrift) markieren und in die Markierung mit der rechten(!) Maustaste klicken. In dem sich aufploppenden Kontextmenü wählen Sie den Menüpunkt **Nach Spalte 1 sortieren**.

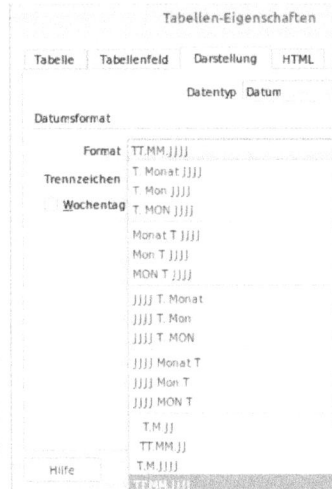

Tabellen-Eigenschaften

| Tabelle | Tabellenfeld | Darstellung | HTML |

Datentyp Datum

Datumsformat

Format TT.MM.JJJJ
Trennzeichen
Wochentag

T. Monat JJJJ
T. Mon JJJJ
T. MON JJJJ
Monat T JJJJ
Mon T JJJJ
MON T JJJJ
JJJJ T. Monat
JJJJ T. Mon
JJJJ T. MON
JJJJ Monat T
JJJJ Mon T
JJJJ MON T
T.M.JJ
TT.MM.JJ
T.M.JJJJ
TT.MM.JJJJ

Hilfe

Format
M.T.JJ
MM.TT.JJ
M.T.JJJJ
MM.TT.JJJJ
JJ.M.T
JJ.MM.TT
JJJJ.M.T
JJJJ.MM.TT

Diverse Datumsformate

Inhaltsverzeichnis

l) Das Ergebnis wird Sie jedoch enttäuschen: Die Zeilen sind nur nach den Tageszahlen in aufsteigender Reihenfolge sortiert.

m) Vielleicht brauchen Sie mal etwas Derartiges. Jetzt erwarten Sie jedoch etwas anderes. Wählen Sie deshalb im Menü **Bearbeiten** → den Eintrag **Rückgängig**.

n) Markieren Sie deshalb noch einmal die erste Spalte und Stellen Sie das **Datumsformat** auf **JJJJ.MM.TT** um.

o) Ein Rechtsklick in die markierte erste Spalte öffnet wieder das Menü. Wählen Sie wieder den Menüpunkt **Nach Spalte 1 sortieren** aus.

p) Nun ist alles so sortiert, wie Sie es erwarten. Auch die Uhrzeitangaben fügen sich chronologisch ein.

Das war es schon!

Es gibt auch die Möglichkeit, das Datum und die Uhrzeit in eine Spalte der Tabelle zu schreiben, getrennt durch ein Leerzeichen. In diesem Falle wählen Sie bei **Dateityp** dann **Zeitpunkt** aus. Diese Möglichkeit wurde hier nicht verwendet, weil die Anzeige dadurch unübersichtlicher wird.

Inhaltsverzeichnis

7. Das Layout

Das DIN-A4-Format ist in Deutschland in aller Munde. Kaum jemandem hierzulande ist es unbekannt. Dabei ist es nur eine Größe innerhalb der DIN-A-Reihe. Sie geht vom Format DIN A0 aus, das eine Größe von einem Quadratmeter hat und ein Seitenverhältnis von $1 : \sqrt{2}$, also rund $1 : 1{,}41$; das entspricht 841 mm × 1189 mm. Das interessante an diesem Verhältnis ist, die auch für die Reihen DIN B und DIN C zutreffen, dass dieses Verhältnis konstant bleibt, egal wie oft die jeweils längere Seite durch zwei geteilt wird. Bei allen anderen Formaten, wie Letter (279 mm × 216 mm bzw. 10,98" × 8,50"), trifft das nicht zu! Durch diese wiederkehrende Teilung durch zwei entstehen die Größen DIN A1, DIN A2, DIN A3, DIN A4, DIN A5, DIN A6 (Oktavheftgröße, Karteikarten) usw.

Daneben gibt es noch die DIN-B- und die DIN-C-Reihe. Die DIN-B-Reihe geht von der $\sqrt{2} = 2^{1/2}$, rund 1,414 Quadratmetern aus und misst genau 1000 mm × 1414 mm.

Die DIN-C-Reihe liegt zwischen der DIN-A- und der DIN-B-Reihe. Sie hat eine Größe von der $^4\sqrt{2} = 2^{1/4}$, rund 1,189 Quadratmetern. Das Maß ist 917 mm × 1297 mm. Diese Reihe wird vielfach bei (Brief-)Umschlägen verwendet. Bekannt sind die Briefumschläge DIN C6 oder nur kurz C6 genannt werden, also die Normalbriefumschläge, in denen ein doppelt gefaltetes DIN-A4-Blatt mit der Post versendet wird.

Layout

Etwas jedoch möchte ich an dieser Stelle betonen: Es ist schlecht möglich, Papier auf den zehntel Millimeter genau zu schneiden. Deshalb werden Papiermaße immer nur auf den Millimeter genau angegeben. Das hat seine Ursache auch in der Wasseraufnahmefähigkeit von Papier. Eingekleisterte Tapetenbahnen sind durchaus etliche Millimeter breiter als die trockene Tapetenrolle. Dazu kommt noch die je nach hauptsächlicher Faserrichtung unterschiedliche Größenzunahme. Die Tapetenbahn wird also um einen anderen Faktor wie in der Breite auch noch länger.

Ich gebe zu, dass unter normalen Umständen Druckerpapier nicht so extrem nass wird. Aus den genannten Gründen sind aber genauere Maßangaben als ganze Millimeter weltfremd. Wenn Sie Ihr Werk im Selbstverlag herausbringen, sollten Sie die oben genannten Zusammenhänge im Hinterkopf behalten, und auch, dass fast jedes gedruckte Werk anschließend beschnitten wird, ausgenommen Tageszeitungen. Aber da wird auch nicht auf Papierbögen gedruckt, sondern die Zeitungsdruckerei bekommt ihr Papier auf Rollen, die durchaus einen Meter Durchmesser haben können oder mehr.

Layout

Stammseiten einrichten

Zur Funktion

Mit der Stammseiten-Technik macht Papyrus Autor den Sprung zur *Layout-Anwendung*. Das hört sich zunächst wie eine pure Behauptung an. Derartige Werkzeuge bedeuten besonders für zeitlich wiederkehrende Publikationen eine ungeheuere Zeitersparnis und Genauigkeitszunahme. Elemente, die auf allen Seiten einer Rubrik gleichbleiben, befinden sich immer genau an der vorgesehenen Stelle, ohne weitere Feinarbeiten. Sie müssen sie nur *einmal* ein- und ausrichten. Im einfachsten Fall braucht man in die Haupttextseite einer bestimmten Stammseite nur noch den gewünschten Text kopieren, und schon ist sie mit allen Abhängigkeiten und Maßen festgelegt, und zwar, genau so, wie Sie das seither kennen.

Sie können in diesen Stammseiten neben dem Hintergrund exakt den Satzspiegel und die Spalten festlegen, einschließlich Formatgröße, Seitennummer sowie Kopf- und Fußzeilen. Die Anzahl der Spalten ist ebenso einstellbar, wie die Größe jeder einzelnen. Sogar die Textrichtung (normal oder gedreht) kann dort ausdrücklich *voreingestellt* werden.

Wird eine andere Aufteilung benötigt, kann aus einer vorhandenen Stammseite jederzeit eine neue entwickelt werden, falls sich die Anforderungen ändern. Hintereinander angeordnet und mit Seitenzahlen-Berei-

Layout

chen versehen, können Sie so das grobe Aussehen schon vorher festlegen.

Auf den Stammseiten lässt sich alles gestalten, wie auf einem normalen Blatt. Der Unterschied besteht lediglich darin, dass es auf *sämtlichen* gleichnamigen (Stamm-)Seiten wiederholt wird. So lassen sich Rubriken einer Zeitschrift ebenso festlegen, einschließlich derselben Beschriftung, wie Bilder und Grafiken. Auch in der nächsten Ausgabe einer Reihe hat die Seite noch dasselbe Grundmuster, wenn Sie wollen. Vergessen Sie nicht, dass der Leser nach Möglichkeit Bekanntes wiederentdecken möchte. Das schafft Sicherheit und Geborgenheit für die Leser und somit Zuspruch. Stammseiten können Sie als Einzelseiten einrichten, aber auch getrennt nach linker und rechter Seite, also Doppelseiten. Die linke Seitenvorlage kann symmetrisch zur rechten sein bis ins Kleinste ihr gleichen oder sich auch von ihr total unterscheiden.

Verwenden Sie in einem Druckwerk mehrere Stammseiten, haben Sie eine große Bandbreite des Gesamteindrucks. Fast alles ist möglich.

Grundsätzliches

Trotzdem ist die Stammseiten-Problematik für den Einsteiger *anfangs* recht verwirrend. Immer, wenn Sie ein *neues* Dokument öffnen, wird auch die zugrunde liegende Stammseite aktiviert. In der Stammseite ist die Größe der Seite (z.B. DIN A4 oder Letter oder ein eigenes Format), die Seitenränder, die Anzahl, Lage und Größe der Spalten, Größe und Lage der Kopf- und Fußzeilen verankert, und auch die Drehung des Textes usw. Gibt es keine linken und rechten Seiten, werden oben in der ersten Reihe die Seiten 1 *und* 2 angezeigt. Haben Sie jedoch linke und rechte Seiten, ist auch diese Eigenschaft dort verankert. Bei linken und rechten Seiten ist die zweiseitige Anzeige auf dem Bildschirm so, dass in der obersten Reihe, also ab Seite 1, trotz zweiseitiger Wiedergabe, nur die erste Seite angezeigt wird, wie nebenstehendes Bild zeigt.

Einfache Stammseite, alle Seiten sind gleich.

Die Anzahl der Textseiten ist von der Anzahl der Stammseiten unabhängig. Es ist also möglich, dass Sie lediglich eine Stammseite in einem Text von über 500 Seiten verwenden. Diese 500 Seiten nutzen alle den Aufbau dieser einen Stammseite. Die Stammseite ist also das Muster, nach der Ihr Text in den Abmessungen formatiert wird.

Stammseite (Doppelseite), links und rechts spiegeln.

Anderseits ist es auch möglich, dass in Ihrem *einseitigen* Dokument *zwei* oder *mehr* Stammseiten im Hintergrund bereitliegen. In einem einseitigen Dokument ist dann nur *eine* der im Dokument hinterlegten Stammseiten das Muster für diese eine Seite. Welche das ist, können Sie am einfachsten herausfinden, indem Sie auf den Rand Deines Dokuments doppelt klicken oder im Menü **Dokument → Seitenlayout... →** Rubrik **Stammseiten →** Button **Zur Stammseite**. Diese Information steht in dem grauen Kasten, also dem Satzspiegel, auf halber Höhe in der Stammseite.

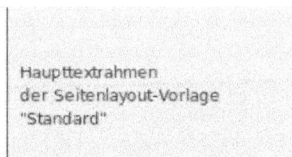

Haupttextrahmen
der Seitenlayout-Vorlage
"Standard"

Standardgemäß ist es so eingestellt, dass eine weitere (Text-)Seite in Ihrem Dokument *immer* diese eine schon verwendete Stammseite als Muster aufruft. Sie müssen also nicht befürchten, dass sich Papyrus irgendwann eine der anderen Stammseiten als Muster nimmt, egal wie viele (globale) Stammseiten im Hintergrund bereitliegen. Dabei spielt es auch keine Rolle, wie die weiteren Textseiten zustande kommen – ob nur durch das Weiterschreiben eine neue Textseite durch einen automatischen Seitenumbruch entsteht – oder durch den Menüpunkt **Einfügen → Festes Seitenende** bzw. $\boxed{\text{Strg}}$ + $\boxed{\leftarrow}$. Auch für die Weitergabe Ihres Textes ist die Anzahl Ihrer Stammseiten ohne weitere Bedeutung.

Bei den Stammseiten gibt es zwei verschiedene Arten: die bereits erwähnte *globale* Stammseite und die *lokale* Stammseite. Öffnen Sie ein neues Dokument beispielsweise mit „Neu", wird als Muster die dahinterliegende *globale* Stammseite als Muster für eine *lokale* verwendet. Wenn Sie in den Einstellungen für Papiergröße, Ränder usw. die Werte verändern, wird nur die *lokale* Stammseite modifiziert. Die gibt es zu dieser Zeit nur in diesem speziellen Dokument. Sie können aber Ihre spezielle Stammseite (also Ihre spezielle Texteinstellung) durch ein paar Mausklicks *global* machen.

Übung: Stammseiten-Set

Schmutztitel, Frontispiz, Titel, Impressum und *Inhaltsverzeichnis* heißen der Reihe nach die ersten Seiten neben dem eigentlichen Text, beispielsweise einer *Anthologie*.

Im Folgenden geht es um die Einstellungen für alle diese Seiten, die sich alle aus dem Haupttext ableiten lassen. An einem (später weiterzuverwendenden) Beispiel lassen sich die notwendigen Einstellungen solcher Modifikationen mit der genauen Abfolge am besten darstellen.

Das Verständnis der Stammseiten und der Unterschied zu anderen Schreibprogrammen ist von grundlegender Bedeutung für das Layouten mit Papyrus Autor.

Dass Übung den Meister macht, sollte hinreichend bekannt sein. Allermeist ist Papyrus Autor nicht das erste Textverarbeitungsprogramm, mit dem ein Autor in Berührung gekommen ist. Wenn Sie auch in allen gleich losschreiben können haben doch alle ihre Besonderheiten. Eine Besonderheit bei Papyrus sind eben diese Stammseiten. So etwas gibt es bei den meisten anderen Textverarbeitungen nicht.

Es gilt also, Ihnen die Scheu vor dieser für die Allermeisten neuen Technik zu nehmen. Schlichtweg zur Übung einmal so eine Herangehensweise Schritt für Schritt durchzuspielen, ohne dass dabei wertvolle Arbeit zerstört wird, ist der beste Weg, der Abneigungen zu begegnen.

Angenommen, Ihr Ziel sei es, das Layout für Ihre Anthologie zu erstellen. Üben Sie jetzt Schritt für Schritt mit! So bleibt das ungewohnte, neue Prozedere am ehestem in Ihrem Gedächtnis und Sie überwinden so die noch vorhandenen kleinen Stolpersteine.

Buchformat einrichten

Das Papierformat der Anthologie ist tatsächlich die erste Entscheidung, die Sie bei der Herausgabe eines Buches treffen müssen. In dieser Übung wird Ihnen die Entscheidung darüber noch abgenommen.

Schnell mal nachgucken ...

1. Stellen Sie das **Papierformat**: in dieser Rubrik auf 120 mm × 190 mm, Hochformat ein.

2. In **Seitenlayout** stellen Sie die Werte: **links** = 15 mm, **rechts** = 14 mm, **oben** = 15 mm, **unten** = 11 mm, **Kopfbereich**= 0 mm, **Fußbereich** = 7 mm ein. Das ergibt einen *Satzspiegel* von 91 mm × 157 mm plus einen *Fußbereich* von 91 mm × 7 mm, in unserem Falle hauptsächlich für die Seitennummern.

Dialog Papierformat

Und nun im Detail:

a) Öffnen Sie ein neues Dokument aus dem Menü **Datei** → Menüpunkt **Neu** heraus. Ein neues DIN A4-Blatt öffnet sich auf dem Bildschirm.

b) Speichern Sie dieses zunächst leere Blatt unter dem Namen **Anthologie**.

c) Öffnen Sie aus dem Menü **Dokument** → Menüpunkt **Seitenlayout...** den Dialog **Layout** und dort die Rubrik **Papierformat**.

d) Klicken Sie auf den Button **+** (über Hilfe). In der Aufstellung der *Frei definierten Papierformate* erscheint unten **<neues Papierformat>**, das markiert ist.

e) Stellen Sie die **Druckrichtung** mit den Radiobuttons auf **Hoch** und geben Sie nach **Format-Name:** den Terminus **Anthologie** ein.

f) Geben Sie als **Breite** 120 mm und für die **Höhe** 190 mm ein und klicken Sie rechts-unten auf **Übernehmen**.

g) Klicken Sie mit der linken Maustaste auf die Rubrik **Seitenlayout** und versehen die *Checkbox* vor **doppelseitiges Dokument (rechte und linke Seiten)** mit einem Häkchen, ebenso die Checkbox vor **rechts <-> links spiegeln**.

h) Geben Sie nun die **Ränder des Textbereichs** ein sowie Kopf- und Fußbereich:
links = 15 mm, **rechts** = 14 mm,
oben = 15 mm, **unten** = 11 mm,
Kopfbereich 0 mm,
Fußbereich 7 mm (Minimum)
und klicken auf **Übernehmen**.

Werte des Seitenlayouts

h) Als Kontrolle, ob alle Maße stimmen, können Sie nun in der Zoom-Größe des Originalmaßes nachprüfen, ob Ihr Satzspiegel 91 mm breit und 157 mm hoch ist. Dazu sollte in den **Einstellungen → Einstellungen... Hilfszeichen** ein Häkchen vor **Textobjekt-Umrahmung** gesetzt sein.[*]

Bis hierher erstmal.

---

[*] 120 mm Breite der Darstellung mit dem Lineal auf dem Bildschirm gemessen.

Layout

Weiter nachgucken ...

1. Bei **Seitennummern** geben Sie bei **Erste Seite hat die Nr.** eine **1** ein und vor **Kopf-/Fußzeilen erst ab Seite** ein Häkchen und in dem Eingabefeld danach die **6** ein.

2. Klicken Sie auf den Button **Seitennummer anzeigen...** Es öffnet sich der Einstelldialog für die **Fortlaufenden Seitenzahlen**.

3. Setzen Sie ein Häkchen vor **Seitennummern anlegen,** und aktivieren Sie die beiden *Radiobuttons* **Fußbereich** sowie **randseitig.** Den **Stil der Seitennummerierung** belassen Sie in der Voreinstellung **nur nummeriert (" 7").**

4. Klicken Sie auf die Buttons **Übernehmen** und danach **Schließen.** Das Einstellungsfenster **Fortlaufende Seitenzahlen** schließt.

5. Wenn Ihr Bildschirm es erlaubt, wählen Sie in der Symbolleiste, dem Icon-Menü, die **doppelseitige Darstellung.**

Dialog Seitennummerierung

Weiter im Detail:

a) Klicken Sie auf die Rubrik **Seitennummern**.

b) Geben Sie nach **Erste Seite hat Nr.** die Zahl **1** ein, lassen Sie die Einstellung danach auf **numerisch**, spendieren Sie der *Checkbox* vor

Kopf-/Fußzeilen erst ab Seite ein Häkchen und geben danach die Seite **6** ein.

c) Die Checkbox vor Inhaltsverzeichnis mit eigener Nummerierung bleibt leer.

d) Klicken Sie auf **Seitennummer anzeigen...** Der Dialog **Fortlaufende Seitenzahlen** öffnet sich.

e) Setzen Sie vor **Seitennummern anlegen** ein Häkchen in die Checkbox.

f) Aktivieren Sie unter **Position:** den Radiobutton **Fußbereich** und für die **Ausrichtung:** auf **randseitig**.

g) Den **Stil der Seitennummer** lassen Sie auf nur **nummeriert (" 7")**.

h) Klicken Sie als Erstes auf **Übernehmen** und dann auf **Schließen**.

i) Wenn Ihr Bildschirm es erlaubt, wählen Sie in der Symbolleiste die **doppelseitige Darstellung**, die Sie in dem Menü **Einstellungen →** **Einstellungen → Darstellung** aktivieren können.

Dialog Seitenzahlen

Das war es schon!

Die beschriebene Verfahrensweise hat noch nicht viel mit den schon erwähnten Stammseiten zu tun. Die Arbeiten sind aber Voraussetzung, damit mit den Stammseiten anschließend alles so funktioniert, wie Sie es zurecht erwarten.

Layout

Die Stammseite

Stammseiten enthalten die grundlegenden Formatierungen einer Art von Seiten, wie Textspiegel und Seitennummern. Aber auch weitere grafische Elemente. Normalerweise überdecken Grafiken die grünen magnetischen Hilfslinien. Legt man beispielsweise ein großflächiges Bild auf die Stammseite, lässt sich das so einstellen, dass diese magnetischen Hilfslinien *über* dem Bild dargestellt werden. Das kann eine große Hilfe beim Gestalten von speziellen Seiten sein, oder auch von Covern.

Doch wie kommen Sie nun direkt auf die Stammseite, um Derartiges einzustellen?

Schnell mal nachgucken ...

1. Klicken Sie mit der *linken* Maustaste *doppelt* auf den *oberen* oder *unteren* Seitenrand Ihres Dokuments. Die Anzeige ändert sich enorm.

2. Statt des Textes (oder leerer Seiten) sehen Sie nun ein großes, graues Feld. Das ist der Satzspiegel auf der Stammseite. Egal, wie viel Text Sie schon geschrieben haben: Zu Anfang gibt es nur eine Stammseite in unserem Falle eine Doppelseite, wie nebenan zu sehen ist.

Stammseiten

3. Unterhalb der grauen Fläche (dem *Satzspiegel*) befindet sich, *wenn Sie es anklicken*, ein *Textobjekt* mit *Anfassern* an den

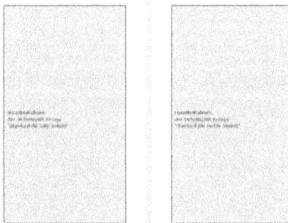

Ecken und den Seiten, mit denen sich wie üblich, die Maße einstellen lassen.

4. Im Textobjekt befindet sich links oder rechts ein *blaues Nummernkreuz* (#), das die *Seitennummer* repräsentiert.

5. Die *Schriftart* und dessen *Größe* und *Schnitt* der Seitennummer stellen Sie mit den üblichen Werkzeugen in der *Symbolleiste* ein, nachdem Sie doppelt auf dieses *Nummernkreuz* geklickt haben.

6. Zuletzt klicken Sie in die große graue Fläche und wählen im Menü **Zurück zum Haupttext** aus.

7. Das Menü **Einfügen → Festes Seitenende** oder die Tastenkombination Strg + Return legt eine neue Seite an. Wiederholen Sie das so lange, bis Ihr Dokument 6 Seiten hat.

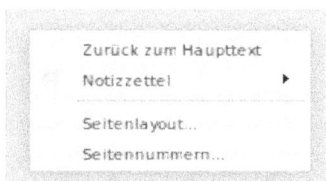

> Zurück zum Haupttext
>
> Notizzettel   ▶
>
> Seitenlayout...
>
> Seitennummern...

Kontextmenü auf der Stammseite im Schreibmodus

Layout

Und nun im Detail:

a) Bisher besteht Ihr Dokument aus einer leeren Seite. Wenn Sie es noch nicht getan haben, setzen Sie ein Häkchen in den **Papyrus-Einstellungen** bei Rubrik **Hilfszeichen** und dort bei **Textobjekt-Umrahmung**.

b) Ein zeigt dünner grauer Rahmen die Größe des Textfeldes auf der Seite an.

c) Klicken Sie außerhalb dieses Rahmens *doppelt* auf die Seite. Statt einer sind nun zwei

Seiten auf dem Bildschirm, auf deren Mitte sich jeweils ein graues Feld befindet.

d) Es hat dieselben Kenngrößen, wie vorher die graue Linie. Diese beiden Seiten sind die *Stammseiten*, die automatisch angelegt werden.

e) Auf halber Höhe steht dort:
   Haupttextrahmen
   der Seitenlayout-Vorlage
   "Text (für linke Seiten)" bzw.
   "Text (für rechte Seiten)"

f) Ein weiteres Element auf der Stammseite befindet sich unterhalb der grauen Fläche: Ein dünner Rahmen mit einem blauen *Nummernkreuz* (#) darin. Der Rahmen repräsentiert die vorhin eingegebene *Fußzeile*.

g) Das blaue Nummernkreuz ist der Platzhalter der Seitennummer. Hier lässt sich die Schriftart und -Größe festlegen. Es gibt zwar auch hier Voreinstellungen, aber diese müssen nicht verwendet werden.

h) Passen Sie also gleich einmal die Seitennummer Ihren Vorstellungen an. Als Grundlage kann die beabsichtigte *Schriftart* der Anthologie dienen. Die Schriftgröße etwas kleiner festzulegen, als den Text ist nicht unüblich.

i) Klicken Sie also *doppelt* auf das Nummernkreuz. Es wird markiert. Mit den üblichen Mitteln für den normalen Text kann auch hier all das erreicht werden.

j) Klicken Sie nun mit der linken Maustaste in das große graue Feld. In dem sich öffnenden Kontext-Menü wählen Sie **Zurück zum Haupttext.**

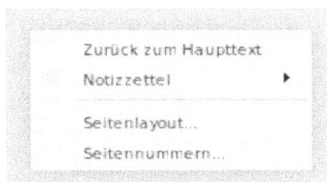

```
Zurück zum Haupttext
Notizzettel                        ▶

Seitenlayout...
Seitennummern...
```

Kontextmenü auf der Stammseite im Schreibmodus

k) Wahrscheinlich werden Sie nun enttäuscht sein, denn eine Seitennummer ist nirgends zu sehen. Aber Sie erinnern sich, dass die Fußzeilen erst ab Seite 6 eingefügt werden sollen.

l) Klicken Sie einmal in Ihr Dokument, sodass der Cursor zu blinken anfängt. Im Menü Einfügen wählen Sie den Menüpunkt **Festes Seitenende** aus oder verwenden die Tastenkombination Strg + Return insgesamt 5-Mal. Damit haben Sie sechs Seiten auf dem Bildschirm.

m) Auf der sechsten Seite ist unten-links eine 6 zu sehen. Es hat also funktioniert!

Das war es schon!

Dokument erweitern

Kümmern wir uns nun um die weiteren Stammseiten für den *Schmutztitel*, das *Frontispiz*, den *Titel* und das *Impressum*. Alle diese Seiten tragen weit weniger Text als die Textseiten der Anthologie. Deshalb benötigen sie nicht die volle Größe des Satzspiegels und meist nur eine Seite. Prinzipiell ist es möglich, für diese Spezialseiten auch die der Anthologie zu nutzen, bequemer ist es im Endeffekt aber, diese Seiten jetzt schnell einzurichten. Einmal übt es und zum anderen fühlen Sie sich

Layout

nachher in den Arbeitsabläufen umso sicherer, je öfter Sie das Prozedere wiederholt haben.

Um die Übersicht zu behalten, arbeiten Sie sich nun mit den Stammseiten des Buchblocks von vorn an durch die Kategorien.

Schnell mal nachgucken ...

1. Den Dialog Menü **Dokument → Seitenlayout... → Stammseiten** haben Sie hoffentlich noch nicht geschlossen. Die vorhin eingerichtete Stammseite **Text(Doppelseite)** ist die letzte in der Aufstellung der Stammseiten und sollte auch markiert sein.

2. Der erste Button links-oben heißt **Neue Stammseite.** Klicken Sie darauf. Eine Information wird sichtbar, auf dem **Es wird eine neue Stammseite (als Kopie von "Text") angelegt.** ausgegeben wird.

3. Klicken Sie auf **Neu anlegen**. Das Informationsfenster schließt sich und hinter **Name:** ist *oben-rechts* nun **neue Stammseite 3** eingetragen, sowie in der Aufstellung der Stammseiten **neue Stammseite 3 (Doppelseite)**.

4. Mit der Benennung der Stammseiten gehen Sie nun der Reihenfolge des Auftretens nach durch: *Schmutztitel → Frontispiz → Titel → Impressum → Inhaltsverzeichnis.*

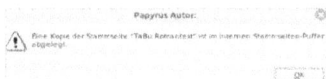

Und nun im Detail:

a) Überprüfen Sie, ob der Dialog **Layout** immer noch geöffnet ist und die Rubrik **Stammseiten** markiert ist.

b) In der Aufstellung der Stammseiten rechts daneben muss der Eintrag **Text (Doppelseite)** als letztes ebenfalls markiert sein. Die Checkbox vor **Doppelseite (rechts <–> links spiegeln)** muss ein Häkchen tragen.

c) Klicken Sie mit der linken Maustaste auf den Button **Neue Stammseite**. Ein Minidialog öffnet sich mit der Information: **Es wird eine neue Stammseite (als Kopie von »Text«) angelegt**. Sie haben die Auswahl zwischen **Neu anlegen** und **Abbrechen**. Wählen Sie **Neu anlegen**.

d) In der Aufstellung der Stammseiten erscheint in markierter Form **neue Stammseite 3 (Doppelseite)** und in dem Eingabefeld nach **Name:** der Eintrag **neue Stammseite 3**.

Das war es schon!

Schmutztitel

Nachdem Sie in einem Buch den Buchdeckel geöffnet haben, beginnt der sogenannte *Buchblock*. Manchmal ist jedoch noch ein Vorlegeblatt dazwischen, besonders bei hochwertig gebundenen Büchern. Das erste Blatt des Buchblocks wird *Schmutztitel* genannt. An ihm hat früher der Buchbinder erkannt, um welches Buch es sich handelt. Dieser Schmutztitel ist in kleiner Schrift wenig auf-

Layout

wendig gestaltet. Vielfach kleben Leihbibliotheken hier Ihr Rückgabedatum ein.

Schnell mal nachgucken ...

1. Markieren Sie in dem Eingabefeld den Eintrag **neue Stammseite 3** und tippen Sie stattdessen **Schmutztitel** ein und bestätigen den Namen mit Return oder mit einem Klick auf **Übernehmen**.

2. Damit wird zusätzlich in der Stammseitenaufstellung der markierte Eintrag in **Schmutztitel (Doppelseite)** umbenannt.

3. Wenn Sie genug Platz auf dem Bildschirm haben, stellen Sie Ihre Anzeige auf eine *doppelseitige Anzeige*. Verwenden Sie dazu das Symbol/Icon auf der *Symbolleiste* oberhalb des Textbereiches. Dadurch bleibt die Zuordnung von *linken* und rechten Seiten erhalten.

4. Klicken Sie, wenn nicht schon angezeigt, auf den *unteren* oder *oberen Seitenrand* einer beliebigen Seite, sodass die Anzeige mit der *grauen Fläche*, dem Satzspiegel, entsteht.

5. Es werden 4 Stammseiten angezeigt; zweimal **Text** für linke und rechte Seite und zweimal **Schmutztitel** mit derselben Unterteilung.

Berthold Wendt

Praxisbuch Layout
mit Papyrus Autor

Überschriften • Stammseiten • Druckvorstufe
Schritt für Schritt erklärt

Schmutztitel

Layout

Zum anderen schützt dieser Schmutztitel den eigentlichen Buchblock teilweise. Leider geht nicht jeder sorgsam mit Büchern um.

Auch wenn diese Vorgänge einfach erscheinen, wird im Folgenden alles noch einmal genau erklärt.

Und nun im Detail:

a) Der automatische Name der Stammseite ist wenig aussagekräftig. Markieren Sie deshalb den Eintrag im Eingabefeld, tippen stattdessen **Schmutztitel** ein und bestätigen ihn mit ⌈Return⌉ oder einem Klick auf **Übernehmen**.

b) Als Ergebnis dieser Operation steht nun sowohl hinter **Name:** der Begriff **Schmutztitel**, als auch in der Aufstellung der Stammseiten, dort mit dem Zusatz **(Doppelseite)**.

c) Schalten Sie, wenn es Ihr Bildschirm erlaubt in den *Doppelseitenmodus*. Dadurch bleiben linke Seiten auf der linken Bildschirmseite und rechte Seiten rechts. (**Einstellungen** → **Einstellungen...** → **Darstellung** → **Seiten nebeneinander** → **2**)

d) Klicken Sie außerhalb der Textumrahmung doppelt auf eine beliebige Seite Ihres Dokuments *Anthologie*.

e) Jetzt gibt es 4 Stammseiten: **Text links** und **rechts** sowie **Schmutztitel links** und **rechts**.

Das war es schon!

Layout

Magnetische Hilfslinien benutzen

Die magnetischen Hilfslinien gibt es auch in anderen Anwendungen, vornehmlich in Bildbearbeitungen. Dass Papyrus als Schreib- und Layoutprogramm auch so etwas enthält, macht viele Gestaltungsvorgänge wesentlich einfacher. Sie können Grafiken ebenso danach ausrichten, wie Einrückungen im Text oder Initiale, bzw. Anfangsbuchstaben. Unter der Überschrift **Initialbuchstaben auf Seite 301** können Sie sich Anregungen für die eigene Gestaltung holen. Die Benutzung ist denkbar einfach. Sie werden diese grünen Linien später nicht mehr missen wollen!

Zunächst werden Sie mit vier dieser Linien den Textbereich der Anthologie zusätzlich umranden, um Verhältnisse sichtbar zu machen. Beim Gebrauch werden Sie feststellen, dass diese grünen Linien im Millimeterabstand einrasten. Mit ⌂/Shift können sie *ohne* Rasterung eingesetzt werden.

Schnell mal nachgucken ...

1. Ziehen Sie oben aus dem horizontalen Lineal eine der magnetischen grünen Linien heraus, indem Sie *in dem Lineal* die *linke* Maustaste niederdrücken, sie gedrückt halten und dann in diesem Zustand die Maus nach unten ziehen und dann an der gewünschten Stelle loslassen.

2. Sie haben soeben eine der vielfältig einsetzbaren magnetischen Linie positioniert. Im Bedarfsfall lässt sich auf die-

Layout

selbe Art und Weise diese Linie auch korrigieren oder, wenn Sie außerhalb der Seite abgelegt wird, löschen.

3. Ziehen Sie nun eine weitere grüne Linie bis an die Unterkante des Satzspiegels.

Und nun im Detail:

a) Sowohl aus dem oberen *horizontalen*, wie auch aus dem *vertikalen Lineal* ist es möglich, unbegrenzt viele dieser magnetischen grünen Linien zu ziehen.

b) Zunächst benötigen Sie zwei horizontale Hilfslinien. Positionieren Sie dazu Ihren Mauszeiger in dem oberen Lineal und drücken die *linke* Maustaste nieder.

c) Halten Sie die Maustaste gerückt und ziehen dabei den Mauszeiger nach unten. Sobald Sie außerhalb des Lineals sind, verändert sich der Mauszeiger in einen kurzen, senkrechten Doppelpfeil, der von einem grünen Stück Linie gekreuzt wird.

d) Über der Seite wird eine schwarze horizontale Linie gezogen. Wenn die Linie oben den Rahmen des grauen Feldes berührt, lassen Sie die Maustaste los. Die Linie wird nun grün.

e) Ziehen Sie eine weitere grüne Linie bis an die untere Begrenzung des Textfeldes.

Layout

f) Mit den senkrechten grünen Linien funktioniert es analog, nur dass alles um 90 Grad
gedreht ist und Sie links das vertikale Lineal
benutzen.

g) Damit kann die Größe des normalen Textfeldes zum Vergleich der Veränderungen
unmittelbar herangezogen werden.

h) Manchmal passt die vorgegebene Ein-Milli-
meter-Rasterung nicht. Drücken Sie in diesem Falle ⇧ auf der Tastatur.

Das war es schon!

Achtung! Diese grünen Linien sind immer im
gesamten Dokument zu sehen, also immer
auf allen Seiten in immer derselben Position, egal, ob sie auf der Stammseite erstellt
wurden oder nicht.
Allerdings gibt es bei den senkrechten/ver-
tikalen Linien eine Besonderheit, die nicht
bei den Linien, sondern dem symmetrischen
Layout zu suchen sind.
In unserem Falle beträgt der innere Seitenrand (Buchmitte) 15 mm und er äußere
14 mm. Die senkrechten grünen Linien
nehmen jedoch keine Rücksicht auf die
linke und rechte Seite, sodass Sie die
senkrechten Linien für alle Seite einrichten müssen.
Dadurch entstehen durch die unterschiedlichen Maße für die Textränder hier Doppellinien, die sich in unserem Fall nur um 1 mm
in der Position unterscheiden!

Schmutztitel einrichten

Die Vorarbeiten sind getan. Jetzt geht es darum, den Textbereich im Schmutztitel zu beschränken, um unnötige Leerzeilen zu vermeiden. Der Schmutztitel enthält nur den Autor nebst Buchtitel und wird in einfachem Layout in normaler Schriftgröße angelegt. Üblich ist er im zweiten oberen Fünftel der Seite und meist in zentriertem Satz.

Schnell mal nachgucken ...

1. Wenn Sie sich die 1:1-Anzeige eingerichtet haben, stellen Sie sie jetzt zur Maßkontrolle der Eingaben ein.

2. Teilen Sie die Höhe des *Textspiegels* mittels magnetischer Linien in fünf etwa gleichgroße Abschnitte.

3. Stellen Sie in der *Symbolleiste* in den *Grafikmodus* ✛ (oder [Alt]+[F2]) und verkleinern Sie den angeklickten Haupttextrahmen auf das obere 2. Fünftel.

4. Da sich der Schmutztitel *immer* auf der rechten Buchseite befindet, brauchen Sie die folgenden Manipulationen nur auf dem **Haupttextrahmen der Seitenlayout-Vorlage "Schmutztitel (für rechte Seiten)"** ausführen.

5. Abschließend ist von dem großen Satzspiegel nur noch ein schmales Band übrig geblieben. Das erspart später eine große

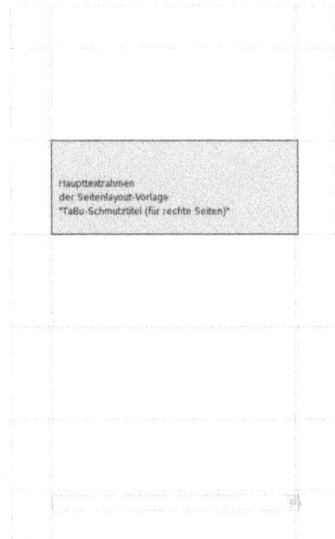

Haupttextrahmen
der Seitenlayout-Vorlage
"TaBu-Schmutztitel (für rechte Seiten)"

Stammseite Schmutztitel

Layout

Menge von ⏎-Tastendrücken, um im Textrahmen auf Position zu kommen.

6. Wechseln Sie wieder in den *Textmodus* (*Symbolleiste* I oder Alt+F1).

7. Klicken Sie in die graue Fläche und wählen Sie im *Kontextmenü* **Zurück zum Hauptext** aus.

8. Klicken Sie auf den Button: **Dokument aktualisieren**.

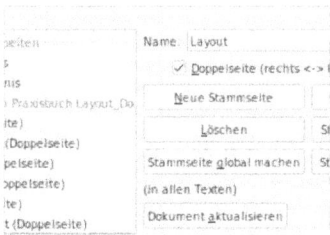

Und nun im Detail:

a) Zur Kontrolle mit einem *realen* Lineal auf dem Bildschirm sollten Sie jetzt die 1:1-Anzeige im Zoom aktivieren und die Maßeinheit für das obere sowie das vertikale Lineal auf Millimeter.

b) Wenn Sie bei unserem Beispiel geblieben sind, sollte der Haupttextrahmen in der Höhe 156 mm sein. Teilen Sie diesen Wert durch 5, was ca. 31 mm ergibt.

c) Positionieren Sie, den oberen Papierrand von 15 mm eingerechnet, bei 46 mm, 77 mm, 108 mm und ca. 140 mm eine horizontale grüne Linie auf der 190 mm hohen Seite. Hierzu verwenden Sie das eingeblendete Lineal auf der linken Seite.

d) Stellen Sie den Grafikmodus im Menü **Text** → **Grafikmodus**, *Symbolleisten-Menü* oder Alt+F2 ein.

e) Klicken Sie in die große graue Fläche. Die sollte sich danach mit »Anfassern« zeigen, den 8 kleinen Quadraten am Außenrand.

f) Erfassen Sie den *mittleren* Anfasser der oberen Reihe mit der gedrückten linken Maustaste und ziehen ihn bis zur 46-mm-Linie herunter.

g) Auf die gleiche Weise ziehen Sie die untere Textbegrenzung (unterer mittlerer Anfasser) auf die grüne 77-mm-Linie hinauf.

h) Der Schmutztitel befindet sich in einem normalen Buch immer auf der *rechten* Seite und hat intern die Seitennummer »1«.

i) Daher brauchen Sie auch nur die rechte Seite der Schmutztitel-Stammseite bearbeiten. Es schadet aber auch nicht, wenn beide Stammseiten identisch bearbeitet sind.

j) Wechsel Sie nun wieder in den *Textmodus*, indem Sie das ${\rm I}$ Symbol auf der Symbolleiste anklicken oder $\boxed{\text{Alt}}+\boxed{\text{F1}}$ betätigen.

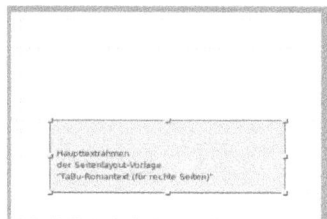

k) Um zur Normalansicht zu gelangen, klicken Sie nun in die graue Fläche und wählen im Kontextmenü **Zurück zum Haupttext** aus.

l) Als letzten Schritt sollten Sie im Dialog **Layout → Stammseiten** auf den Button **Dokument aktualisieren** klicken, um die Veränderungen zu speichern.

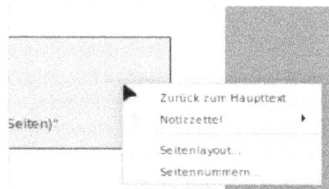

Hier geht es zurück zur Normalansicht

Das war es schon!

Layout

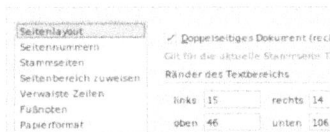

Vertrauen ist gut, Kontrolle besser

Wenn Sie kontrollieren wollen, wie sich die Einstellungen auf die Werte im Seitenlayout auswirken, stellen Sie sicher, dass **Schmutztitel (Doppelseite)** markiert ist, und wählen Sie im **Layout**-Einstelldialog oben-links die schon bekannte Rubrik **Seitenlayout** an: Die Zahlenwerte haben sich den Einstellungen angepasst. Natürlich können auch hier in dieser Rubrik die Einstellungen vornehmen. Es ist aber weit weniger anschaulich.

Die Frontispiz-Stammseite

Wählen Sie wieder die Rubrik **Stammseiten**! Auf dieselbe Art und Weise bereiten Sie auch das Frontispiz vor. Als Stammseitenname bietet sich hier **Frontispiz (Doppelseite)** an. Oben wurde schon ausgeführt, dass es meist leer bleibt. Die gesamte graue Fläche der Stammseite zu löschen ist aber keine so gute Idee. In diesem Falle legt Papyrus einfach eine neue an. Auch hier benötigen Sie keine Seitennummer und sollten Sie im Hinblick auf eine weitere Verwendung löschen.

Es gibt aber noch einen zweiten Weg, die Seitennummern am Beginn eines Buches zu unterdrücken: Im Reiter **Seitennummern** können Sie angeben, ab welcher Seite die Kopf- und Fußzeilen eingefügt werden und auch noch nachträglich verändern, wenn beispielsweise das Inhaltsverzeichnis länger als gedacht werden sollte. Lassen Sie deshalb ebenfalls das *zweite* Fünftel als Textbereich

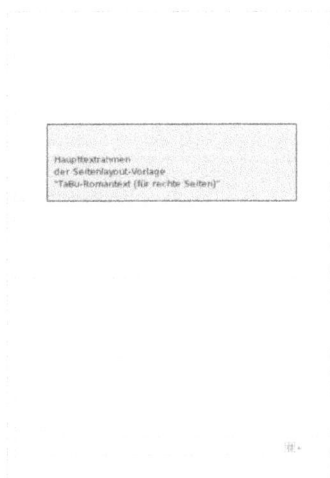

stehen. Hier können Sie bei Bedarf einen klugen Spruch eines Prominenten oder eine Widmung einfügen. Außerdem eignet sich das Frontispiz hervorragend als Auffüll-Seite am Ende eines Buches. Diese Seiten sind notwendig, um die Gesamtzahl der Buchseiten durch 4 teilbar zu machen, was etwas mit den Vorgängen beim Buchdruck zu tun hat. Auch aus diesem Grunde sollte das Frontispiz *keine* Seitennummer tragen.

Seitennummern löschen

Da die ersten vier Seiten dieser Anthologie (vom Schmutztitel bis zum Impressum) niemals Seitennummern tragen, können sie auch gelöscht werden. Dazu sind nur wenige Schritte notwendig.

Schnell mal nachgucken ...

1. Klicken Sie doppelt auf den Seitenrand.

2. Die Seitennummern werden durch das blaue *Nummernkreuz* (#) repräsentiert.

3. Markieren Sie das blaue Nummernkreuz.

4. Betätigen Sie [Del] bzw. [Entf] auf Ihrer Tastatur.

Dieses Prozedere muss auf allen gewünschten Stammseiten *einzeln* durchgeführt werden.

Layout

Und nun im Detail:

a) Platzieren Sie Ihren Cursor im *Textmodus* (Alt+F1 oder **Symbolleiste** I) in dem *Haupttextfeld* und Klicken Sie in der Rubrik **Stammseiten** auf den Button **Zur Stammseite**.

Markierte Fußzeile

b) Markieren Sie unten das blaue Nummernkreuz durch einen Doppelklick.

c) Löschen Sie das *Nummernkreuz* je nach Tastaturausführung mit Entf/Del oder wählen Sie im Menü **Bearbeiten** → den Menüpunkt **Löschen** aus.

d) Dieser Vorgang muss auf allen vorgesehenen linken *und* rechten Stammseiten ausgeführt werden.

e) Alternative:

Betrifft das Löschen der Seitenzahlen nur die ersten Seiten, kann die Ausgabe auch mit der Ausgabe der Seitennummer auch unterdrückt werden, indem Sie in der Rubrik **Seitennummern** eine Zahl hinter **Kopf-/Fußzeilen erst ab Seite** eintragen und die *Checkbox* davor aktivieren.

Das war es schon!

Eine weniger elegante Methode ist, die Seitennummer einfach hinter einem weißen Rechteck zu verstecken. Das trifft wohl in erster Linie für die letzten Seiten Ihres Werkes zu. Am Anfang kann ja die Seitenzahl, ab der die Seitennummern eingefügt werden sollen einfach ein- und umgestellt werden.

Die Titel-Stammseite

Ähnlich verhält es sich mit der Titel-Stammseite. Ganz oben wird dort fast nie angefangen. Weiter unten aber benötigt man hin und wieder Platz für die Nennung des Verlages oder aber die Angabe beispielsweise der enthaltenen Bilder.

Insofern ist es je nach Vorhaben angepasst, wenn Sie das *zweite* bis *vierte* Fünftel für Informationen reservieren.

Benennen Sie diese Stammseite, die auch keine Seitennummer trägt als **Titel(Doppelseite)** auch wenn Sie nur die rechte Stammseite benötigen.

Die Titelseite trägt eine aufwendigere Gestaltung mit großen Letten. Sie ist das Gesicht Ihres Buchblocks.

Die Impressum-Stammseite

Das **Impressum** schmückt den unteren Teil der Seite meist in einer kleineren Schrift, als das Werk selbst. Richten Sie es so ein, dass die Zeile mit der ISBN beziehungsweise dem Preis etwa auf gleicher Höhe stehen, wie die untere Zeile der Anthologie und halten Sie dafür das untere Fünftel frei. BoD und andere Verlage fordern auf dieser Seite oft, das erste Fünftel freizuhalten. Meist druckt die Druckerei dort das FSC-Umwelt-Siegel für das Papier ein.

Im dritten Fünftel bleibt Platz, für die bibliografischen Informationen der Deutschen Nationalbibliothek. Da sich da

Berthold Wendt

Praxisbuch Layout
mit Papyrus Autor

Überschriften, Stammseiten, Druckvorstufe
Schritt für Schritt erklärt

321 Abbildungen
über 55 einzelne Anleitungen

Titelseite

Layout

FSC
www.fsc.org
MIX
Papier aus verantwortungsvollen Quellen
Paper from responsible sources
FSC® C105338

Dieses Zeichen
fügt die
Druckerei ein!

schon über Jahre hinweg nichts geändert hat, können Sie diesen Text in einem Textfeld auch gleich auf die Stammseite schreiben. Er hat folgenden Wortlaut:

»Bibliografische Information der Deutschen Nationalbibliothek: Die Deutsche Nationalbibliothek verzeichnet diese Publikation in der Deutschen Nationalbibliografie; detaillierte bibliografische Daten sind im Internet über dnb.dnb.de abrufbar.«

Feste Information auf der Impressunm-Seite

Erkundigen Sie sich, ob Sie selbst die zwei Belegexemplare an die Deutsche Bücherei entweder in Leipzig *oder* in Frankfurt/Main senden müssen, oder ob der Verlag/die Druckerei dies für Sie tut. Auch die Landesbücherei des Bundeslandes hätte es gern.

Schnell mal nachgucken ...

1. Legen Sie die Stammseite Impressum an, indem Sie in der Rubrik **Stammseiten** auf **Anthologie (Doppelseite)** klicken, sodass der Eintrag markiert ist.

2. Klicken Sie auf **Neue Stammseite**. Eine Kopie der Stammseite **Anthologie** wird angelegt.

3. Markieren Sie rechts-oben im Eingabefeld den Eintrag, benennen Sie die Stammseite in **Impressum** um.

4. Öffnen Sie die Stammseite.

5. Schalten Sie in den Grafikmodus und kli-
    cken Sie in das graue Feld von **"Impres-
    sum (für linke Seiten)"**.

6. Erfassen Sie mit dem Mauszeiger den
    oberen mittleren Anfasser und ziehen
    ihn mit gedrückter linker Maustaste bis
    auf eine Höhe des letzten Fünftels her-
    unter.

Und nun im Detail:

a) Aktivieren Sie die Rubrik **Stammseiten** im
    Dialog **Layout**.

b) Markieren Sie in der Aufstellung der Stamm-
    seiten die Stammseite **Anthologie (Doppel-
    seite)**.

c) Um eine Kopie dieser Stammseite zu erzeu-
    gen, klicken Sie auf den Button **Neue
    Stammseite**. Hinter Name: bekommt sie die
    Bezeichnung **neue Stammseite x (Doppel-
    seite)**. (Das »x« steht für eine von Papyrus
    vergebene Nummer.)

d) Markieren Sie diesen automatischen Eintrag
    im Eingabefeld und überschreiben ihn mit
    »Impressum«.

e) Klicken Sie auf den Button **zur Stammseite**
    oder klicken Sie *doppelt* auf den Rand der
    Seite.

f) Schalten Sie in den Grafikmodus, indem Sie
    das Icon in der Symbolleiste aktivieren (oder

Layout

$\boxed{\text{Alt}} + \boxed{\text{F2}}$) und klicken Sie in das graue Feld von »Impressum (für linke Seiten)«

g) Das graue Feld hat nun die 8 Anfasser. Ziehen Sie mit gedrückter linker Maustaste den mittleren oberen Anfasser bis zur 4. grünen Hilfslinie herunter. Damit bleibt ein Fünftel als Eingabefläche für das Impressum erhalten.

Bis hierher erstmal.

Als Nächstes sollten Sie den festen Text auf die Stammseite des Impressums bringen, der die Einsehbarkeit von Publikationen in der Deutschen Bücherei beschreibt. Da der Hinweis auf dieser Seite immer wiederkehrt, können Sie ihn auch sofort aufnehmen und dort verankern, vor allem, wenn Sie vorhaben, weitere Bücher zu veröffentlichen. Er erscheint, sobald Sie die Impressum-Stammseite in Ihrem Layout verankern und erscheint nur, wenn Sie die Kopf- und Fußzeilen wenigstens ab hier zulassen. Für die veränderlichen Daten ist der untere (Rest-)Bereich vorgesehen.

Bibliografische Information der Deutschen Nationalbibliothek: Die Deutsche Nationalbibliothek verzeichnet diese Publikation in der Deutschen Nationalbibliografie; detaillierte bibliografische Daten sind im Internet über dnb.dnb.de abrufbar.

Impressum:
Copyright (c) 2023. Alle Urheber- und Nutzungsrechte verbleiben beim Autor. Abdruck, Vervielfältigung und Verwertung aller Bestandteile nur mit ausdrücklicher Genehmigung des Autors. Layout und Satz mit Papyrus Autor von R.O.M. Logicware GmbH. Herstellung und Verlag BoD – Books on Demand Norderstedt. ISBN 978 3 758 38315 7. Preis: 37,20 €.

Impressumseite

Weiter nachgucken ...

1. Überprüfen Sie, ob Sie immer noch auf der *Stammseite* **Impressum** sind.

2. Öffnen Sie ein **Neues Textobjekt**, indem Sie es auf dem dritten Fünftel der Stammseite aufziehen. Dabei schaltet Papyrus in den *Textmodus*.

3. Schalten Sie wieder in den *Grafikmodus* zurück.

4. Platzieren Sie das Textobjekt in die Mitte der Stammseite.

5. Erfassen Sie die linken und rechten Anfasser des Textobjektes und verbreitern damit das Textobjekt. Schieben Sie die Anfasser des Textobjektes jeweils bis an die linke der jeweiligen Doppellinien.

6. Klicken Sie doppelt in das *Textobjekt*. Sie befinden sich dadurch wieder im *Textmodus*.

7. Stellen Sie eine *Schrifthöhe* von **8 bis 9 Punkt** ein, einen *Zeilenabstand* von ca. **1,2** und die *Textausrichtung* auf **zentriert**.

8. Kehren Sie **zurück zum Haupttext**.

9. Klicken Sie wieder auf die Buttons: **Dokument aktualisieren** und **Übernehmen**, damit Sie sie in Ihrem Dokument verwenden können.

Layout

Weiter im Detail:

a) Sie befinden sich noch immer auf der Stammseite **Impressum (Doppelseite)** mit dem Haupttext im unteren Fünftel.

b) Klicken Sie in der Symbolleiste auf **Neues Textobjekt** oder betätigen Sie [Alt]+[F3]. Das Icon sollte in beiden Fällen blau unterlegt sein.

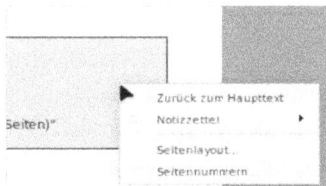

c) Ziehen Sie mit gedrückter *linker* Maustaste auf der linken Impressum-Seite ein Textobjekt in der Mitte der Seite auf und lassen Sie die Maustaste los. Dabei springt die Höhe des Textobjektes in die letzte Voreinstellung einer Zeile zurück.

d) Ziehen Sie die Breite mit dem linken und rechten Anfasser jeweils zu den linken der grünen Doppellinien auf.

e) Um den Text einzufügen, klicken Sie *doppelt* in das Textobjekt. Dadurch gelangen Sie wieder in den *Textmodus*.

f) Stellen Sie eine *Schrifthöhe* von 8 Pt bis 9 Pt und einen *Zeilenabstand* von ca. 1,2 bzw. 10 bis 11 Punkt ein. Die Textausrichtung sollten Sie auf *zentriert* stellen.

g) Kopieren Sie den Text: »*Bibliografische Information der Deutschen Nationalbibliothek: Die Deutsche Nationalbibliothek verzeichnet diese Publikation inder Deutschen Nationalbibliografie; detaillierte bibliografische Daten sind im Internet über dnb.dnb.de abrufbar.*« in das Textfeld. Der Text ist aber nur sichtbar, wenn die Kopf- und Fußzeilen mindestens ab dieser Seite sichtbar sind.

h) Löschen Sie auch auf dieser Seite die Seitennummern.

i) Klicken Sie in das verbliebene untere Fünftel der grauen Fläche und wählen Sie in dem sich auftuenden Kontextmenü **Zurück zum Haupttext** aus.

Layout

j) Mit dem Klick auf die Buttons **Dokument aktualisierten** und **Übernehmen** speichern Sie Ihre Einstellungen.

Das war es schon!

Die Inhaltsverzeichnis-Stammseite

Das Inhaltsverzeichnis wird meist in derselben Schriftart und -Höhe, wie der übrige Haupttext gestaltet. Der Satzspiegel braucht hier nicht verändert zu werden. Es ist üblich, die Überschrift »Inhalt« oder »Inhaltsverzeichnis« zu verwenden. Wenn Sie diesem Verzeichnis denselben Look verpassen, wie den Kapiteln, trägt das zu einem einheitlichen Gesamtbild Ihres Werkes bei. Dieselbe Stammseite, wie die eigentliche Anthologie zu nehmen, ist nicht ratsam, weil die Stammseite Inhalt (Doppelseite) einen rechtsbündigen Tabulator für die Seitennummern braucht (siehe *6. Überschrift und Inhaltsverzeichnis auf Seite 135*).
Wie die meisten wichtigen Seiten sollte auch das Inhaltsverzeichnis auf der rechten Buchseite beginnen. Ein Muss ist dies aber nicht und hängt auch vom Umfang Ihre Veröffentlichung ab.
Auch das Inhaltsverzeichnis trägt bei Anthologien usw. *keine* Seitennummer.

Layout

Einzelteile zusammensetzen

Nachdem Sie die neuen Stammseiten eingerichtet haben, müssen Sie nun im Dokument in der richtigen Reihenfolge eingebettet werden. Den folgenden Ausführungen können Sie entnehmen, wie Sie die erstellten Stammseiten in Ihrem Anthologiendokument verwenden. Um gewisse Einstellungen kontrollieren zu können und nicht ins Blaue zu klicken, ist es ratsam, sich auf dem Bildschirm die Ränder des Textbereiches anzeigen zu lassen.

Diese Einstellung erreichen Sie, wie oben schon beschrieben, im Menü **Einstellungen** → **Einstellungen...** → Rubrik **Erscheinungsbild** → **Hilfszeichen**. Kontrollieren Sie, ob vor **Textobjekt-Umrahmung** ein Häkchen gesetzt ist und ob der Rahmen auf dem Bildschirm sichtbar ist. Sollte die Farbe nicht zu Ihren Vorstellungen passen, klicken Sie mit der *linken* Maustaste auf das Farbquadrat links des gesetzten Häkchens. Der **Farbauswahlrequester** öffnet sich, indem Sie Ihre Wunschfarbe einstellen können. Bestätigen Sie dort die Farbwahl mit einem Klick auf den Button **OK** und mit dem Button **Schließen**.

Eingeordnete Stammseiten

Schnell mal nachgucken ...

1. Wählen Sie die Rubrik **Seitenbereich zuweisen** aus.

2. Achten Sie darauf, dass hier immer das Häkchen vor **Doppelseitiges Dokument (rechte und linke Seite unterscheiden)** gesetzt ist.

3. Wenn Sie sich an den beschriebenen Ablauf gehalten haben, steht in der ersten Zeile der Aufstellung: **S. 1-6: links "Anthologie", rechts "Anthologie"**.

4. Tragen Sie unten-links **Seite 1 bis 1** ein.

5. Durch die *Doppelseiten* werden zwei identische Auswahlfelder nebeneinander angeboten. Klicken Sie in die Auswahlfelder nach **Stammseite:** und wählen Sie in beiden nebeneinanderliegenden Auswahlfeldern **Schmutztitel (Doppelseite)** aus.

6. In der letzten Zeile hinter **Neu angefügte Seiten:** sind zwei weitere Auswahlfelder angeordnet. Hier belassen Sie die Voreinstellung **<gleiche Stammseite>** für alle in dieser Anleitung genannten Fälle.

7. Ein Klick auf den Button **Übernehmen** (rechts-unten) bringt den Schmutztitel an die erste Position der Aufstellung der Stammseiten

Layout

Dieser Ablauf ist bezüglich der Reihenfolge Ihrer Aktionen etwas kritisch. Sollte etwas in der Anzeige, zumindest im Prinzip, nicht mit dem hier beschriebenen Beispiel übereinstimmen, hilft es oft, die letzten Aktionen rückgängig zu machen, entweder mit dem Icon in der Symbolleiste oder mit Strg + Z oder aus dem Menü heraus.

	Falls links (gerade)	Wenn rechts (ungerade)
Stammseite:	Schmutztitel ([∨	Schmutztitel (Doppel ∨
Neu angefügte Seiten:	<gleiche Stam ∨	<gleiche Stammseit< ∨

Folgeseiten

Und nun im Detail:

a) Sie sind hoffentlich immer noch im **Layout**-Dialog. Klicken Sie auf die Rubrik **Seitenbereich zuweisen**.

b) In der ersten Zeile sollte **S. 1-6: links »Anthologie«, rechts »Anthologie«** zu *lesen* und *markiert* sein.

c) Kontrollieren Sie, ob das Häkchen der Checkbox vor **Doppelseitiges Dokument (rechte und linke Seiten unterscheiden)** gesetzt ist.

d) Links-unten im Dialog ist der Eingabebereich für die Seiten. Dort sollten in je einem Eingabefeld hinter **Seite** die **1** und hinter **bis** die **6** zu sehen sein.

e) Tragen Sie hier eine 1 ein, sodass in beiden Eingabefeldern eine 1 steht. Wichtig ist jetzt, dass Sie jetzt die *Hand* von der Maus nehmen, um keine ungewollten Aktionen auszulösen!

Die Stammseiten müssen der Reihenfolge nach eingesetzt werden

f) Wenden Sie sich jetzt den Einstellungen rechts von der Seiteneingabe zu. Dadurch, dass Sie oben das Checkbox-Häkchen gesetzt haben, wählen Sie hinter **Stammseite:** einmal unter **Falls links (gerade)** den Eintrag **Schmutztitel (Doppelseite)** aus und unter **wenn rechts (ungerade)** ebenfalls den **Schmutztitel (Doppelseite)**.

g) Bei den beiden Auswahlfeldern darunter, also **Neu angefügte Seiten:** muss **<gleiche Stammseite>** stehen (bleiben).

h) *Achtung!* Erst jetzt klicken Sie mit der linken Maustaste auf den Button **Übernehmen**.

i) Die Anzeige, in der Reihenfolge, nach der die Stammseiten angezeigt werden, bekommt einen zweiten Eintrag. Es sollte wie oben aussehen.

j) Sollte das nicht der Fall sein oder die Seitenzahl hinter bis springt immer wieder auf die Endzahl zurück, müssen Sie die Schritte in diesem Bereich der Beschreibung rückgängig machen und von vorn beginnen. Klicken Sie erst auf den Button, wenn Sie hierzu aufgefordert werden!

Das war es schon!

Auf die gleiche Art und Weise wird nun das *Frontispiz* auf Seite 2 positioniert. Also **Seite 2 bis 2** in den beiden Auswahlfeldern einstellen, hinter **Stammseite:** zweimal **Frontispiz (Doppelseite)** auswählen und auf **Übernehmen** klicken. Damit erscheint das *Frontispiz* in der Aufstellung unter **S. 2**.

Die Stammseite **Titel (Doppelseite)** kommt immer auf Seite **3**, das Impressum (**Impressum (Doppelseite)**) auf Seite **4**. und das **Inhaltsverzeichnis (Doppelseite)** ab Seite **5**. Ein bis zwei Seiten sollten dafür reichen.

Ab Seite **7** beginnen in unserem Falle die Anthologie auf der Stammseite **Anthologie (Doppelseite)**.

Stammseite mehrfach verwenden

Wie schon erwähnt, können Stammseiten mehrfach an beliebiger Stelle verwendet werden. Auch die Reihenfolge der Erstellung ist beliebig und kann sich den Erfordernissen anpassen.

Für die Gestaltung der Druckvorlage ist es wichtig, dass sich die Seitenanzahl durch vier teilen lässt. Drucken Sie aus Papyrus Autor heraus selbst, übernimmt Papyrus im *Broschürendruck* diese Aufgabe selbst, aber alle anderen Druckereien bestehen auf diesen Passus.

Nun lohnt es nicht, wenn Sie nicht nur das Üben beabsichtigen, so eine Ergänzungs-Stammseite einzurichten. Diese Seiten sollten nicht nur leer, sondern auch ohne Seitennummer sein. Für so einen Zweck haben Sie schon eine besondere Stammseite eingerichtet: Das ist das Frontispiz. Sie hat, wie hinlänglich bekannt, genau alle geforderten Eigenschaften.

Schnell mal nachgucken ...

1. Gehen Sie **Zurück zum Haupttext**. Achten Sie dabei darauf, dass Sie sich im **Textmodus** und nicht im **Grafikmodus** befinden. Beide Modi haben unterschiedliche Kontextmenüs!

2. Scrollen Sie bis zur Seite 7 vor und klicken in das Schreibfeld. Fügen Sie eine weitere Leerseite an

3. Im Dialog **Layout** Rubrik **Seitenbereich zuweisen** können Sie eine weitere Stammseite anhängen. Verwenden Sie dafür die Stammseite Frontispiz.

Kontextmenü der Stammseite im Grafikmodus

4. Geben Sie **Seite 8 bis 8** ein, wählen Sie **Frontispiz (Doppelseite)** für die linke und rechte Stammseite.

5. Nach dem Klick auf **Übernehmen** wurde die Frontispiz-Stammseite auf eine zweite Art und Weise benutzt.

Und nun im Detail:

Zurück zum Haupttext

Notizzettel ▶

Seitenlayout...

Seitennummern...

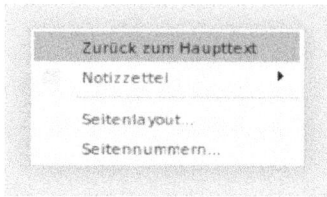

Kontextmenü der Stammseite im Textmodus

a) Sie benötigen im Folgenden die *Normalansicht* Ihres Dokuments, also die Buchseite von Anthologie. Von den Stammseiten aus klicken Sie dazu in ein graues Feld der Stammseite und wählen im *Kontextmenü* den Eintrag **Zurück zum Haupttext** aus.

b) Scrollen Sie ans Ende des Dokuments zu *Seite 7* und klicken in den Textbereich.

c) Fügen Sie eine weitere Leerseite ein. Das erreichen Sie, indem Sie im Menü **Einfügen** → den Menüpunkt **Festes Seitenende** auswählen oder `Strg`+`⏎` verwenden.

d) Danach befindet sich der Cursor in der angefügten Seite.

e) Wenn nicht noch offen, öffnen Sie den Dialog **Layout** aus dem Menü **Dokument → Seitenlayout...** heraus oder `Strg`+`L`.

Layout

Layout

globale Stammseiten Nam

Inhaltsverzeichnis

Stichwortverzeichnis

Stammseiten in Praxisbuch Layout paε

Auftakt (Doppelseite)

Voreinstellungen (Doppelseite)

Layoutfehler (Doppelseite) Sta

Wissenswertes (Doppelseite) (in a

Regeln (Doppelseite)

Überschrift+Inhalt (Doppelseite) Dok

Layout (Doppelseite)

Cover (Doppelseite)

Erweiterungen (Doppelseite)

neue Stammseite 22 (Doppelseite)

vorhandene Stammseiten

f) Aktivieren Sie die Rubrik **Seitenbereich zuweisen**, damit Sie der neuen Seite eine Stammseite ohne Seitennummer zuordnen können. Verwenden Sie dafür die Stammseite **Frontispiz (Doppelseite)**.

g) Geben Sie **Seite 8 bis 8** ein, wählen Sie **Frontispiz (Doppelseite)** für die linke und rechte Stammseite. In der zweiten Zeile (**Neu angefügte Seiten:**) belassen Sie wieder den Eintrag **<gleiche Stammseite>**.

h) Mit dem Klick der *linken* Maustaste auf den Button **Übernehmen** wird der neuen Seite eine *Stammseite* ohne Seitennummerierung zugewiesen. Im Ergebnis sollte die jetzige Seite 8 *keine* Seitennummer tragen.

Das war es schon!

Vielleicht haben Sie es bei dem Nachbau des Textblocks für die Anthologie schon mitbekommen: Ein Klick in den Textbereich einer Seite zeigt in den beiden Stammseiten-Rubriken die dahinterliegende Stammseite durch den Wechsel der Markierung an.

Stammseitensatz benutzen

Sie haben hier zu Beginn für den später umfangreichen Text der Anthologie (im Gegensatz zum Inhaltsverzeichnis) nur eine Seite angelegt. Natürlich müssen Sie jetzt nicht jede Seite Ihrer Anthologie einzeln den jeweiligen Stammseiten zuordnen.

Schnell mal nachgucken ...

1. Scrollen Sie zur Seite 7, jener Seite, hinter der die Stammseite **Anthologie** steht, und klicken Sie in den Textbereich.
2. Fügen Sie fürs Erste 2 oder 3 Leerseiten hinzu (**Festes Seitenende** bzw. Strg + ↵).

3. Der Seitenbereich der *Anthologie*-Stammseiten in der Rubrik **Seitenbereich zuweisen** vergrößert sich um die hinzugefügten Seiten im Dokument.

4. Möglicherweise sind zwei Seiten Inhalts-verzeichnis schon zu viel. Klicken Sie in den Textbereich der ersten(!) Inhaltsver-zeichnisseite. In dem verwendeten Bei-spiel ist das die **Seite 5**.

5. Die *Markierung* in der Rubrik **Seitenbe-reich zuweisen** springt auf **S. 5-6 links "Inhalt", rechts "Inhalt"**.

6. Betätigen Sie einmal die Taste [Entf] bzw. [Del] auf Ihrer Tastatur.

7. Der Seitenbereich für Inhalt ist nun nur noch eine Seite. Dass Sie diesen Bereich entweder mit einem langen Inhaltsver-zeichnis oder durch einfaches Einfügen eines festen Seitenendes wieder erwei-tern können, haben Sie sich sicher schon gedacht.

8. Die letzte Möglichkeit wird auch dazu genutzt, die eigentliche Anthologie wie-der auf der rechten Seite des Buches beginnen zu lassen.

Für wissenschaftliche Dokumentationen, Zeitschriften und Ähnlichem kann jede Stammseite mehrmals in unterschiedlicher Reihenfolge benutzt werden. Sind sie erst einmal angelegt, gestaltet sich die Arbeit einfacher, weil Sie auf bereits fertige For-matierungen zurückgreifen können. Es ist sogar möglich, beispielsweise für Tabellen usw., ein oder mehrere Blätter ohne wei-tere Verrenkungen den Text auf diesen Sei-

ten automatisch um 90 Grad zu drehen,
wenn die Stammseite entsprechend eingerichtet ist. Grundlage für derartige Manipulationen ist, den Haupttextrahmen der
Stammseite im Grafikmodus um 90° zu drehen. Ähnliches erreichen Sie sonst nur durch
zusätzlich eingefügte Textobjekte! In dem
Kapitel *Satzspiegel auf Seite 274* erfahren
Sie dazu mehr.

Nun kann es sein, dass Sie eine weitere spezielle Stammseite an einer bestimmten
Stelle des Buchblocks benötigen. In diesem
Fall müssen Sie alle Stammseiten bis zur Ein-
fügestelle zurücksetzensetzen. Leider ist es
(noch) so, dass keine Einfügungen möglich
sind. Ab diesem Punkt können Sie die Liste
auf die bekannte Art und Weise wieder auf-
bauen.

Globale Stammseiten

Sollen die eingerichteten Stammseiten auch
in anderen Dokumenten verwendet werden, teilen Sie das dem Programm
Papyrus Autor mit, indem Sie diese Stammseite in der Aufstellung der vorhandenen
markieren, und dann auf den Button
Stammseite global machen klicken. Diese
Stammseiten ordnen sich dann unter der
Überschrift — **globale Stammseiten** — ein.
Die fertig formatierten globalen Stammseiten können Sie im nächsten Schritt ohne
weitere Vorbereitungen verwenden. Alle
anderen lassen sich nur nutzen, wenn Sie
nacheinander die Buttons **Stammseite
kopieren** und **Stammseite einfügen** anklicken. Gehen Sie nach diesem Muster auch
für Frontispiz, Titel, Impressum und eventu-

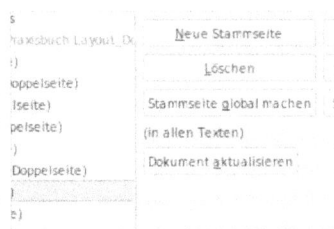

Stammseite global machen

ell Inhaltsverzeichnis vor, indem Sie immer von **Anthologie (Doppelseite)** ausgehen (markieren) und dann mit dem Klick auf den Button **neue Stammseite** eine Kopie davon anlegen und diese wie oben beschrieben *umbenennen* und *formatieren*:

Gestaltung

Formsatz

Wer meint, dass gleichmäßig geformte Textbereiche langweilig seien, kann ja einmal zur Abwechselung den Formsatz ausprobieren.

Odins weisheit.
die Raben Hugin und Munin
müssen jeden tag im auftrage Odins,
den man auch Rabengott nennt, morgens
aufbrechen, um in die weite welt zu fliegen. Zum nachtmahle
überbringen sie ihm die kunde ihres fluges von der schulter aus in sein ohr.
die gedanken repräsentiert vor allem **Hugin**, Munin ist der behüter der erinnerung.
sie sind Odins rechte berater, jeden tag fürchtet **Odin**, dass Hugin nicht zurückkehrt nach
hause, doch mehr sorgt er sich um den sich erinnernden Munin. Odin, der einst ein Auge für
die weisheit opferte, hört den beiden Raben aufmerksam zu und macht sich seine gedanken.
hast du vorhin auch die beiden Raben vor dem fenster gesehen? was
werden sie Odin, dem menschenschöpfer, berichten? behandeln die
menschen die familie der pflanzen so, dass auch alle insekten satt
werden und nicht vergiftet werden? achten sie alle geschöpfe auf
der welt, oder vernichten sie deren umgebung aus eigeninteresse?
üben sie untereinander gerechtigkeit, oder sind sie machtgierig?
kann Odin Sonnengott Baldur zu den menschen schicken, oder
muss er Todesgott Loki und die Wölfe Geri und Freki senden?

Formsatz Rabenkopf

Bei dem obigen Beispiel galt es für eine Ausstellung von Bildern und Gemälden eines VHS-Kurses adäquate kurze Texte zu schreiben. Der Rabe auf einem Bild motivierte, einen Text über die Raben von Odin zu entwerfen. Als Hintergrund wurde das Bild verwendet und meinen Text den Umrissen des Vogels angepasst. Jede Zeile des Textes hatte also ihren eigenen Beginn und ihr eigenes Ende.

Während des Schreibens bemerkte ich, dass der Name es Raben *Hugin* und der Name *Odin*, wie Thor auch genannt wird, in die Nähe des Raben-Auges gerieten. Durch Textumstellungen und Variieren des Zeichenabstandes gelang es dann, die beiden Namen genau über dem Auge zu platzieren, was dem Bild einen tieferen Sinn geben konnte, denn die waren ja seine Informationsquelle.

Neben der beispielhaften Möglichkeit, den Text *über* einem Bild zu positionieren, können Sie auch die Fläche eines einfachen Objektes oder Zeichens verwenden und ihn mit einem mehr oder weniger sinnvollen Text füllen, beispielsweise dem Umriss einer Sektschale oder einer anderen Figur.

Die eine Möglichkeit, eine Form mit Schrift auszufüllen, habe ich schon angedeutet. Da solche Operationen auf das Zusammenspiel von Form und Schrift angewiesen sind, kann die Synthese nur am ›lebenden Objekt‹ ausgeführt werden und verlangt viel Handarbeit. Als Form verwenden Sie am besten ein Bild oder eine Grafik ausreichender Auflösung. Auch ein kreisrunder oder ellipsenförmiger Punkt würde im einfachsten Fall als Grundgerüst taugen. Die müssen *hinter* dem einzuschreibenden Text liegen.

Umfluss ausschalten

Vor allem aber dürfen sich Form und Text nicht gegenseitig abstoßen, wie gleichpolige Magneten. Papyrus Autor hat alle Werkzeuge dazu an Bord.

Schnell mal nachgucken ...

1. Markieren Sie die mit Text zu füllende Form.

2. Öffnen Sie im Dialog **Grafikobjekt-Eigenschaften...** die Rubrik **Umfluss**.

3. Verhindern Sie das Umfließen der Form durch den Text, dieweil Sie ihn aktivieren.

> Dieser Text wurde passend in einen Kreis geschrieben. Wenn der Rand erreicht ist, sollte mit ⇧+↵ in die nächste Zeile geschaltet werden, um zu verhindern, dass der Zeile erstes Wort ungewollt groß geschrieben wird. Mit Sperrung den Rest klären.

Satz in Kreisform

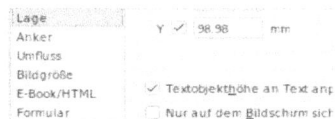

4. Ziehen Sie nun mit gedrückter linker Maustaste ein Textobjekt über der platzierten Grafik auf. Die genauen Ausmaße sind noch nicht wichtig.

5. Stellen Sie die gewünschte Schriftart und -größe sowie die Textausrichtung ein. Bei einem Kreis und anderen symmetrischen Objekten kommen Sie wahrscheinlich mit *zentriert* gut weiter.

6. Wechseln Sie in den Grafikmodus ✛.

7. Platzieren Sie Ihren Mauszeiger auf den Rand des Textobjekts und klicken Sie mit der *rechten* Maustaste drauf.

8. Wählen Sie im Kontextmenü **Lage** → **Lage und Größe...** und dort die Rubrik **Lage**. Entfernen Sie das Häkchen in der *Checkbox* vor **Texthöhe an Text anpassen** und klicken Sie auf **Übernehmen**.

9. Stellen Sie an den ›*Anfassern*‹, den Rand des Textobjektes auf die Positionen der zu beschreibenden Grafik.

Und nun im Detail:

a) In den Grundeinstellungen ist Papyrus so eingestellt, dass der Text den Grafikelementen *ausweicht*, was auch meistens vernünftig ist. Wenn Sie einen Text in Form einer Figur verfassen wollen, müssen Sie das verhindern.

b) Klicken Sie Ihre Formvorlage mit der *rechten* Maustaste an. Ob es sich dabei um eine Grafikfunktion von Papyrus Autor handelt, eine andere Grafik oder ein Bild ist dabei nebensächlich.

Umfließen dieses Grafikobjekts

kein   links o. rechts   freigestellt

c) Im Kontextmenü wählen Sie **Lage** → Untermenü **Lage und Größe ...** aus und im Dialog **Grafikobjekt-Eigenschaft**en die Rubrik **Umfluss**. Stellen Sie auf **kein** ein.

d) Öffnen Sie ein Textobjekt aus der Symbolleiste, dem Menü **Einfügen** → **Grafikobjekte** → **Textobjekt** oder mit Alt + F3 .

e) Ziehen Sie mit gedrückter linker Maustaste eine Fläche über der Formvorlage auf. Diese Fläche wird auf die Höhe einer Zeile zurückspringen. Die Breite bleibt erhalten.

f) Der Mauszeiger ändert in der Nähe des oberen und unteren Randes seine Form. Klicken Sie hier einmal mit der rechten Maustaste. Im Kontextmenü wählen Sie **Lage** → **Lage und Größe...** aus und im Dialog **Grafikobjekt-Eigenschaften** die Rubrik **Lage**.

g) Löschen Sie das Häkchen in der Checkbox vor **Textobjekthöhe an Text anpassen**. Dadurch bekommt das Textobjekt an der Ober- und Unterkante je 3 weitere Anfasser.

Textobjekthöhe an Text anpassen

Nur auf dem Bildschirm sichtbar

Winkel: 0   ⌄ °

h) Mit diesen Anfassern platzieren Sie das Textobjekt genau über Ihre Formvorlage.

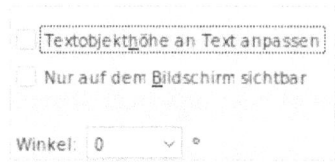

Bis hierher erstmal.

Weiter nachgucken ...

1. Legen Sie Schriftart und -Größe sowie den Zeilenabstand fest. Für symmetrische Formen liegt es nahe, die Textausrichtung auf **zentriert** zu schalten.

2. Schreiben Sie nun Ihren Text unter Beachtung der Umrisse. Geringe Über- und Unterlängen können Sie noch anschließend mit dem Zeichenzwischenraum korrigieren.

3. Um in die nächste Zeile zu gelangen, wählen Sie statt der Absatzschaltung lieber die weichere *Zeilenschaltung*, damit Ihnen Papyrus nicht jeden Zeilenanfang großschreiben möchte.

4. Wenn der Text eingepasst ist, empfiehlt es sich, den Text im Verhältnis zur Grafik etwas nachzujustieren.

5. Ziehen Sie anschließend im *Grafikmodus* mit der linken Maustaste einen Rahmen um Grafik und Textobjekt. Das markiert alle Elemente.

Layout

6. Klicken Sie mit der rechten Maustaste in die markierten Elemente und wählen Sie **Grafikobjektgruppe bilden** aus.

Weiter im Detail:

a) Nachdem Sie die Form und deren Größe festgelegt haben, entscheiden Sie nach Ihrem Gefühl über die *Schriftart*, deren *Größe* und den *Zeilenabstand*.

b) Ist die Form symmetrisch, kommt für die *Textausrichtung* fast ausschließlich **zentriert** zum Einsatz. In diesem Falle springt der Cursor in die Mitte des Textobjektes.

c) Unter Beachtung der Umrisse schreiben Sie nun Ihren Text in das über der Form liegende Textobjekt. Da die möglichen Zeilenlängen immerhalb der Form unterschiedlich lang sind, sollten Sie zum Zeilenwechsel den Zeilenumbruch mit [Shift]+[↵] anwenden, da Papyrus so *nicht* annimmt, dass der Satz zu Ende sei.

d) Geringe Über- und Unterlängen können Sie anschließend mit der Sperrung-Funktion im Menü **Text** → Menüpunkt **Sperrung...** korrigieren. Hier lassen sich sowohl *positive* als auch *negative* Werte einsetzen, die die Breite der Zeile(n) entsprechend verändern.

e) Sie sind an einer Weggabelung angelangt. Zum Einen können Sie bei einfachen Formen die Hintergrundgrafik löschen und haben so Ihren Text in der Form der ursprünglichen Grafik.

Dann war es das schon,
anderenfalls lesen Sie weiter!

f) Korrigieren Sie die gegenseitige Lage von Form und Textobjekt zueinander, indem Sie das Textobjekt *oder* die Formgrafik markieren und im *Grafikmodus* ⊕ ([Alt]+[F2] oder Menü **Text → Grafikmodus**) mit den Pfeiltasten verschieben, bis Sie zufrieden sind.

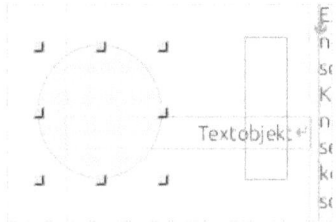

g) Es wäre fatal, wenn durch eine Unachtsamkeit die Lage zueinander gestört würde. Ziehen Sie deshalb mit gedrückter linker Maustaste einen gemeinsamen Rahmen um beide Objekte und klicken Sie mit der rechten Maustaste hinein.

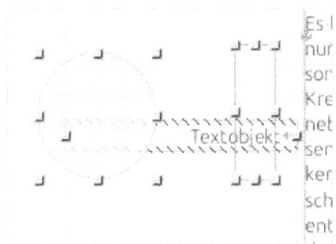

h) Alle Objekte innerhalb des Auswahlrechtecks werden markiert und es öffnet sich ein Kontextmenü, aus dem Sie **Grafikobjektgruppe bilden** auswählen.

i) Nun können Sie beide Objekte wie ein einziges an den vorgesehenen Platz verschieben.

Das war es schon!

Eine ganz andere Arbeitsweise verlangt es, wenn Text durch die Löcher eines Objekts ›hindurchgucken‹ soll. Hier brauchen Sie in jedem Falle die Hilfe eines Grafikprogramms. Der Text steht *hinter* einer Maske mit *Transparenz* in Form eines Schlüssel-

Layout

Blick durch ein Schlüsselloch

lochs. JPG-Dateien ermöglichen jedoch keine Transparenz, PNG- und SVG-Dateien jedoch sehr wohl.

Braucht der Text nicht zusammenhängend lesbar sein, verringert sich auch der Aufwand bei der Erstellung des Textes – aber dann ist oft auch der dahinterstehende Gedanke kaum noch erkennbar.

Bild verankern

Ein sehr mächtiges Werkzeug ist die Verbindung eines Bildes mit dem zugehörigen Text. Das lässt sich im Dialog **Grafikobjekt-Eigenschaften** in der Rubrik **Anker** einstellen. Diese Verbindung wird sichtbar, wenn Sie ein Bild mit der gedrückten linken Maustaste erfassen und verschieben. Das auffallendste ist die Linie, die in die Monitoranzeige eingeblendet wird und das Bild, vorerst durch einen rechteckigen Rahmen repräsentiert, und in der Voreinstellung dem verbundenen Absatzbeginn verbindet. Hier wird auch während des Bewegens ein Schiffsanker eingeblendet.

Wird die linke Maustaste losgelassen, springt das ausgewählte Bild an die Position des Rahmens und Anker sowie Verbindungslinie werden gelöscht.

Es lassen sich auf diese Art und Weise nicht nur fertige Bilder und Grafiken verschieben, sondern auch Textfenster sowie Rechtecke, Kreise und Linien. Selbst auf der Pinnwand neben dem eigentlichen Dokument aus diesen Elementen zusammengesetzten Grafiken können auf diese Art und Weise verschoben werden. Eine Verbindung zum Text entsteht aber erst, wenn der Mauspfeil, mit dem diese Grafik erfasst wird, über dem virtuellen Papier schwebt.

Den Bewegungen des Mauszeigers folgen alle Teile, die zum Zeitpunkt des Erfassens mit der betätigten linken Maustaste markiert wurden. Grafikobjekt-Gruppen folgen Ihren Bewegungen mit der Maus immer gemeinsam, egal, ob alle Teile markiert sind oder nur Teile davon.

Rein grafische Elemente werden in der Voreinstellung interessanterweise am Absatzbeginn mit dem Umriss eines Ankers gekennzeichnet, während Textobjekte mit einem schwarz ausgefüllten Anker markiert sind. Manchmal ist es beim Arbeiten mit Papyrus Autor von Vorteil, sich dieser feinen Unterschiede bewusst zu werden, um Fehlbedienungen zu verringern.

Mit einem Klick oder Doppelklick auf ein zu bearbeitendes Bild und der Auswahl der Kategorie **Anker** erreichen Sie diesen Einstelldialog, der Sie als Erstes nach der **Objekt-Ausrichtung:** fragt.

Nicht grade alltäglich sind in Papyrus Autor die verschiedenen Möglichkeiten, Grafikobjekte am Text zu verankern. Neben der Grundeinstellung **Hängt an einem Absatz** haben Sie noch die Möglichkeit,

Schwarzer Anker bei Textobjekt.

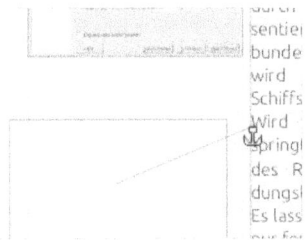

Umriss des Ankers bei Grafik.

- **Als Zeichen mit Breite**
- **Als Zeichen mit Breite und Höhe**
- **Hängt an einem Zeichen**
- **Als Marginalie (hängt am Absatz)**
- **Immer gleiche Position auf der Seite**
- **Speziell** und
- **Nicht verankert**

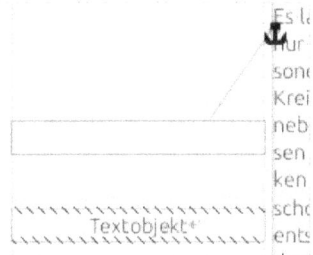

auszuwählen. Das Aussehen des Einstelldialogs für den Anker passt sich der getroffenen Auswahl und den Erfordernissen an.

Besonders für Sachbücher und Anleitungen mit einem breiten marginalen Rand ist die Möglichkeit, die benötigten Grafiken je nach Seite entweder am linken oder am rechten Außenrand anzuordnen. Sollte sich der Text in der Menge verändern, springen die Randgrafiken je nach Seite in den vorgesehenen marginalen Rand. Das kann immer links, rechts, innen oder außen sein, aber auch bundseitig und randseitig. Zusätzlich ist es möglich, den Abstand zum Text in Millimetern festzulegen.

Dieses Verhalten ist bei dieser Ankerposition nicht auf die Marginalie beschränkt. Größere Bilder dürfen dabei durchaus in den nebenstehenden Text ragen. Wie sich der Text dabei verhält, kann unter der Rubrik **Umfluss** eingestellt werden. Dieses ausgeklügelte Verhalten war bisher bei keinem Schreibprogramm zu finden.

Anker-Einstellungen

Lage des Bildes

Auch in der Rubrik **Lage** des Dialogs **Grafikobjekt-Eigenschaften** sind die gemachten Einstellungen voreinstellbar und erleichtern so Ihre Arbeit als Layouter. In erster Linie aber können Sie statt mit der Mausposition die Maße nur zu schätzen, die konkrete Größe und Lage eines Bildes exakt festlegen. Das trifft für die Ausmaße des Bildes ebenso zu, wie für den Abstand zu den Rändern. Selbst Drehungen um einen bestimmten positiven oder *negativen* Winkel sind möglich, wobei *negative* das Bild im *Uhrzeigersinn* drehen.

Schnell mal nachgucken ...

1. Klicken Sie zum Markieren *doppelt* auf das gewünschte Bild und öffnen damit den Dialog **Grafikobjekt-Eigenschaften**.

2. Wählen Sie den *Reiter* **Lage**.

3. Unter **Lage und Größe** werden die beiden startwerte **X**, **Y** sowie die **Breite** und **Höhe** des Bildes angezeigt.

4. Tragen Sie die gewünschten Werte in die Eingabefelder ein und klicken Sie auf den Button **Übernehmen**. Auch Teile von Millimetern sind hier möglich.

Direkte Eingabe von Maßen

5. Das Bild wird entsprechend den Werten im Einstelldialog skaliert und/oder verschoben.

Diese Einstellungen sind schnell zu erledigen und gewährleisten eine hohe Genauigkeit, beispielsweise, wenn Sie mit einem Gestaltungsraster arbeiten. Bei eingeschaltetem **Proportional skalieren** ändert sich bei Breite und Höhe der jeweils andere Wert mit.

Und nun im Detail:

a) Den für diese Einstellungen notwendigen Dialog **Grafikobjekt-Eigenschaften** können Sie mit einem Doppelklick auf das zu bearbeitende Grafikobjekt öffnen oder aus dem Menü **Einfügen** → **Grafikobjekte** → **Grafikeigenschaften** heraus.

b) Die Größen-Einstellmöglichkeiten finden Sie in der Rubrik Lage und auch die für den Winkel, die das Grafikobjekt einnehmen soll. Das trifft außer für Rechteck, Kreis und Linie auch für das Textobjekt zu.

c) Im Gegensatz zu vielen anderen Schreibprogrammen bleibt das Textobjekt in Papyrus bei jedem beliebigen Winkel editierbar.

d) Wie üblich geben die Millimeter-Werte nach **X** und **Y** den *Startpunkt* der linken oberen Ecke vom Blattrand an gerechnet an.

e) Die ein- und angegebenen Werte nach Breite und Höhe brauchen nicht erklärt zu werden.

f) Das Häkchen der Checkbox vor **Proportional skalieren** garantiert ein festes Verhältnis von Höhe und Breite, auf Kosten der Schärfe der Grafik.

g) Zunächst zeigen die angegebenen Werte die Lage und Größe der markierten Grafik so wie sie grade sind an. Hier können aber auch Werte eingetragen werden.

h) Für Textobjekte gibt es eine Besonderheit: Normalerweise haben markierte Grafikobjekte 8 *Anfasser* (die kleinen Quadrate am Außenrand) – bei Textobjekten sind es nur 2, und zwar links und rechts und die Checkbox vor Textobjekthöhe an Text anpassen ist aktiv.

i) Im Grundzustand gibt es also nur eine Zeile
einschließlich des Zeilenabstandes. Wird dieses Häkchen durch Anklicken gelöscht, weist
auch das Textobjekt die üblichen 8 Anfasser
auf und kann somit auch in der Höhe eingestellt werden.

Bis hierher erstmal.

Damit sind die Einstellmöglichkeiten noch
nicht ausgereizt. Im Folgenden werden
einige Anwendungsmöglichkeiten aufge-
zeigt.

Weiter nachgucken ...

1. Geringe Verzerrungen von Breite und
   Höhe eines Bildes werden vom
   Betrachter nicht wahrgenommen.
   Nehmen Sie zu diesem Zweck den
   Haken vor **Proportional skalieren** her-
   aus.

2. Löschen Sie auch das Häkchen vor **Breite**.

3. Geben Sie die nächsthöhre oder -nie-
   dere Zeilenhöhe ein und betätigen Sie
   den Button **Übernehmen.**[*]

4. Das Bild korrespondiert nun mit der Zeilenhöhe des Textes.

Layout

---

[*] Die Höhe einer Zeile lässt sich in Papyrus Autor
berechnen, indem Sie die Punktgröße der Schrift
mit 0,353 mm multiplizieren und anschließend mit
dem Zeilenfaktor. Wenn Sie die Zeilenhöhe in
Punkt angegeben haben (im Gegensatz zum Faktor) brauchen Sie nur diesen mit dem Maß für die
Punkthöhe malnehmen.

5. Drehungen lassen sich ebensoleicht in Papyrus Autor erreichen, indem Sie einfach einen Winkel in Grad eingeben. Im Beispiel wurde 7° eingegeben. Positive Winkel rotieren *entgegen* dem Uhrzeigersinn, negative *mit*.

Um 7° gedreht

Das Auge des modernen Menschen sucht fast überall nach Ordnung, also nach Linien und Flächen, die irgendwie in Beziehung stehen. Es wird vermutet, dass wir die Dinge so besser einordnen können.

Weiter im Detail:

a) Manchmal muss der Layouter da etwas nachhelfen. Geringe Verzerrungen toleriert das Auge. Das können Sie ausnutzen.

b) Legen Sie die ungefähre Höhe oder Breite der Grafik in Millimetern fest.

c) Rechnen Sie sich die Zeilenhöhe einer Zeile des angrenzenden Textes aus.

d) Teilen Sie die Grafikhöhe durch die Zeilenhöhe. Das Ergebnis ist die Anzahl der Zeilen, die die Grafik einnehmen soll.

e) Ziehen Sie die Grafik auf die Höhe der ausgerechneten Anzahl der Zeilen auf und richten Sie die Oberkante der Grafik auf die jeweilige Zeilenhöhe aus

f) Entfernen Sie das Häkchen vor **Proportional skalieren** und auch vor **Höhe**.

g) Richten Sie nun die Unterkante der Grafik nach dem Text aus, indem Sie das entsprechende Maß für die Anzahl der Zeilen in das Eingabefeld für die Höhe eingeben. Klicken Sie auf **Übernehmen**.

h) Ist es notwendig, Ihre Grafik um einen bestimmten Winkel zu drehen, geben Sie den Winkel in ° nach **Winkel:** in das Eingabefeld ein und bestätigen die Eingabe mit einem Klick auf Übernehmen.

i) Achten Sie darauf, dass eine Drehung im Uhrzeigersinn mit *negativen* Winkeleingaben erreicht wird.

Das war es schon!

Bild mit einer Linie umranden

Nicht nur bei wichtigen Bildern und Grafiken und im Trauerfall ist eine Umrandung üblich und angebracht. Papyrus Autor stellt eine ganze Reihe von verschiedenen Linien-Stilen sowie deren Anfänge und Enden sowie Strichstärken von der **Haarlinie** bis zu **2,0 mm** bereit. Zusätzlich kann eine eigene Strichstärke in Millimetern definiert werden. Die **Farbe** kann ebenfalls eingestellt werden.

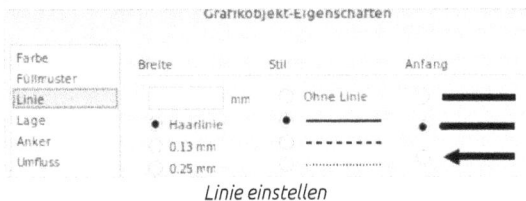
Linie einstellen

Es ist nicht selten, besonders bei Arbeitsunterbrechungen, dass die Bilder in einem Dokument unterschiedlich formatiert werden, obwohl sie alle auf eine bestimmte Art und Weise bearbeitet werden sollten. Um sicherzugehen, dass das nach Möglichkeit nicht passiert, haben die Macher von Papyrus Autor eine Sicherung eingebaut. Sollen alle neuen Bilder mit derselben Linie umrandet werden, kann eine gefundene Kombination als **Voreinstellung** gespeichert werden.

Einige unlogische Kombinationen sind allerdings nicht möglich. Wohin sollten auch die Pfeile bei einer Bildumrandung zeigen ...

Schnell mal nachgucken ...

1. Markieren Sie das gewünschte Bild mit der *rechten* Maustaste und wählen Sie im Kontext-Menü **Lage** → **Lage und Größe...** um den Dialog **Grafikobjekt-Eigenschaften** zu öffnen.

2. Sie können auch doppelt mit der linken Maustaste draufklicken.

3. Wählen Sie die Rubrik **Linie** aus.

4. Machen Sie Ihre Eingaben bei **Breite** den **Stil** sowie **Anfang** und **Ende**.

5. Wenn Sie die Einstellungen zukünftig auf alle *neuen* Bilder anwenden wollen, klicken Sie auf den Button **Voreinstellen**.

6. Klicken Sie mit der linken Maustaste auf **Übernehmen**.

Eine feine dunkle Linie um ein Foto herum erhöht den subjektiven Schärfeein-

Layout

druck. Eine Linie um zusammengehörige Grafiken vermitteln genau das. Mit der Funktion einer Grafikobjekt-Gruppe ist das auf einfache Art und Weise möglich. Die voreingestellte Umrandungsfarbe ist Schwarz.

Und nun im Detail:

a) Um ein Bild mit einer Umrandung zu versehen, klicken Sie entweder *doppelt* drauf, oder mit einem einfachen *Rechtsklick* und wählen im Kontextmenü **Lage → Lage und Größe...** aus.

b) In beiden Fällen öffnet sich der Dialog **Grafikobjekt-Eigenschaften**. Hier wählen Sie die Rubrik **Linie** aus.

c) Es empfiehlt sich, zuerst mit den *Radiobuttons* die **Breite** der Linien auszuwählen, oder in das *obere Eingabefeld* Ihre ganz spezielle Linienstärke einzugeben.

d) Die Radiobuttons für den **Stil** der Linien sowie zum Einstellen von **Anfang** und **Ende** sind eindeutig und bedürfen keiner weiteren Erläuterung.

Linieneigenschaften einstellen

e) Mit einem Klick auf **Übernehmen** werden die Einstellungen auf das Grafikobjekt übertragen.

f) Wenn Sie alle *folgenden* Bilder und Grafiken, einschließlich der internen Grafikobjekte auf dieselbe Art umranden wollen, tätigen Sie Ihre Einstellungen und klicken zum Speichern auf **Voreinstellen**.

Layout

Schon platzierte Bilder sind davon nicht betroffen.

g) Diese Voreinstellung wird mit dem Dokument abgespeichert und steht beim Weiterarbeiten an dem Dokument *sofort* ohne weitere Einstellungen zur Verfügung.

Das war es schon!

Umrandungsfarbe des Bildes ändern

Soll die Standard-Linienfarbe *Schwarz* geändert werden, wählen Sie links den Reiter **Farbe** aus.

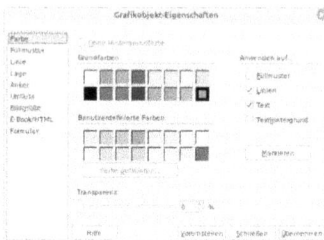

Schnell mal nachgucken ...

1. Wählen Sie das zu verändernde Bild mit einer Linien-Umrandung aus.

2. Klicke Sie im Fenster der **Grafikobjekt-Eigenschaften** links die Rubrik **Farbe** aus.

3. Stellen Sie sicher, dass unter **Anwenden auf...** nur bei **Linien** ein *Haken* gesetzt ist. Dadurch wird der Button **Markieren** deaktiviert.

4. Wählen Sie eine der **Grundfarben** für die Linie aus oder Klicken Sie auf eine der Farben, die unterhalb als **Benutzerdefinierte Farben** aufgeführt sind. Dadurch wird der *Button* **Farbe definieren...** aktiviert.

5. Ein Klick auf den Button **Farbe definieren...** öffnet den **Farbauswahl**-Dialog mit der zuletzt verwendeten Farbe.

6. In diesem Fenster stehen weitere
   Grundfarben zur Verfügung. Sie können
   mit dem *schwarzen Dreieck* mittels der
   linken Maustaste in der Helligkeit verändert werden.

Und nun im Detail:

a) Ein *Doppelklick* auf das zu verändernde
   Bild oder aus dem Menü **Einfügen** →
   Grafikobjekte → **Grafikeigenschaften**
   öffnet den Dialog **Grafikobjekt-Eigen-
   schaften**. Wahlen Sie dort die Rubrik
   Farbe aus.

b) Hier können Sie dem **Füllmuster**, den
   Linien, dem **Text** und dem **Texthintergrund**
   eine andere Farbe zuordnen, sowie die
   Transparenz der jeweiligen Kategorie in
   Prozent einstellen.

c) Die Auswahl erfolgt mittels Checkboxen teilweise auch kombiniert, wenn es sinnvoll ist.

d) Setzen Sie vor **Linien** in der Checkbox ein
   Häkchen. Die anderen drei müssen leer
   sein.

e) Sie können aus den oberen 16 festen **Grundfarben** auswählen sowie aus den zweiten 16
   Benutzerdefinierten Farben, die eingestellt
   werden können.

Layout

f) Haben Sie eine der vorgegebenen 16 **Grundfarben** gewählt, brauchen Sie nur noch mit einem Klick auf den Button **Übernehmen** die Linienfarbe um Ihre Grafik verändern.

g) Wenn Sie jedoch eine der **Benutzerdefinierte Farben** ausgewählt haben, wird der Button Farbe definieren... aktiv. Ein Klick darauf öffnet den Dialog Farbauswahl.

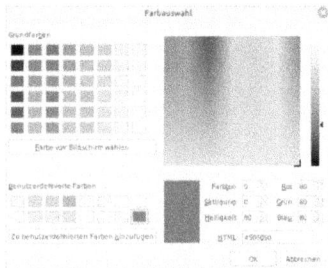
Dialog Farbe einstellen

h) Hier haben Sie die Alternative zwischen weiteren 48 fest vorgegebenen **Grundfarben**. Ein Klick auf den Button **OK** weist Ihrer Linie die ausgewählte Farbe zu.

i) Sie können aber auch diese Farbe in dem großen Farbfeld verändern und ganz rechts die Helligkeit, um sie dann einer der **Benutzerdefinierten Farben** zuzuordnen, indem Sie den Button **Zu benutzerdefinierten Farben hinzufügen**.

Bis hierher erstmal.

Damit ist schon ein Großteil der Anwendungen zum Verändern abgedeckt. Aber es gibt noch weitere Möglichkeiten.

Weiter nachgucken ...

1. Der Button **Farbe vom Bildschirm wählen** zeigt eine weitere Möglichkeit auf.

2. Die Farbe kann sowohl über die drei Grundfarben als auch über die Parame-

ter **Farbton**, **Sättigung** und **Helligkeit** mit Werten von 0 bis 255 numerisch eingestellt werden.

3. Ist der Farbton gefunden, macht der Button **Zu benutzerdefinierten Farben hinzufügen** genau das und **OK** speichert alles.

4. Bliebe noch der Regler Transparenz. Mit ihm wird die Farbe der Umrandung teilweise oder vollständig durchsichtig gemacht.

Weiter im Detail:

a) Selbstverständlich ist es auch möglich, die Farben über die (Farb-)Werte einzustellen. Es gibt sogar, je nach Gusto, zwei verschiedene, parallele Möglichkeiten:

b) Einmal nach Farbanteilen von **Rot**, **Grün** und **Blau** und zum anderen nach **Farbton**, **Sättigung** und **Helligkeit**. Verstellen Sie die Farbe in dem einen System, erfolgt die Ausgabe ebenfalls in dem anderen.

c) Jeweils 256 verschiedene Werte können eingestellt werden. Insgesamt ergeben sich dadurch theoretisch 16.777.216 Farben, so viel, wie das menschliche Auge im Durchschnitt unterscheiden kann.

d) Eine wunderbare Funktion *wäre* der Button **Farbe vom Bildschirm wählen**, um garantiert denselben Farbton einzusetzen.

Layout

e) Das Wort »wäre« deshalb, weil hier bis dato ein Bug die normale Funktion bisher beeinträchtigt. Es ist aber nicht unmöglich, sie zu benutzen, wenn man Papier und Stift parat liegen hat und notiert.

f) Die notierten Farbwerte setzen Sie dann in die Direkteingabe ein.

g) Die Farbwerte werden bei Benutzung rechts-unten im Dialog beim Drüberfahren mit dem Mauszeiger angezeigt. Klickten Sie jedoch auf die Farbstelle, ist das Ergebnis immer *schwarz*.

h) Ist der richtige Farbton gefunden, wird er übertragen, wenn Sie den Button OK anklicken.

i) Die prozentuale Eingabe der Transparenz oder die Einstellung mittels Schieberegler macht vor allem Farbflächen teilweise durchsichtig. Probieren Sie diese Funktion einfach mal aus, um ein Gefühl dafür zu bekommen.

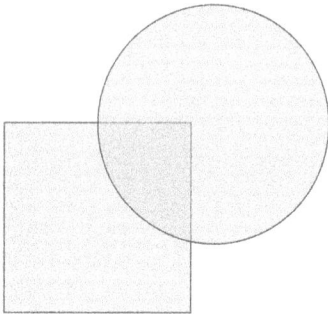

Das war es schon!

Die Rubriken **Füllmuster** und **Formular** haben bei der Umrandung von Bildern keine Funktion.

Buchformat

Dass das Buchformat nicht das Format ist, auf dem gedruckt wird, wurde schon beschrieben. Schließlich sollen an den Buchrändern keine Seiten aus dem Stapel herausgucken und die Kanten schön glatt sein. Am besten erreicht die Druckerei bzw. Binderei das, indem sie nach dem Binden den Buchblock mit einer elektrisch betriebenen Schere beschnitten wird. Ihre Messer sind

Hebelschere

so scharf, dass eine zufällige leichte Berührung mit der Schneide schon zu blutenden Verletzungen führen kann. Solche *Stapelschneider*, von denen es auch handbetriebene gibt, haben aber ihren Preis.

Im Prinzip ist ein Buch in fast jedem gewünschten Format möglich. Da jede Neueinrichtung von Geräten aber Zeit erfordert, in der der Beschäftigte auch Arbeitslohn erwartet, bieten die Verlage und Druckereien festgelegte Größen an, vielleicht auch um den Abfall zu begrenzen. Oft wird diese Einsparung an Geld auch an den Kun-

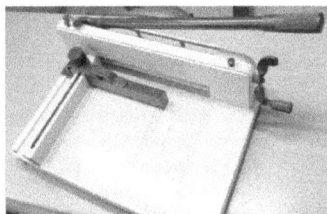
Handbetriebener
Stapelschneider bis 30 mm

den weitergegeben. Sie kommen dadurch in den Genuss von bezahlbaren Druckwerken, trotz niedriger Auflage.

Da Sie sich nun ein Format ausgesucht haben, gilt es, diese Seiten so geschmackvoll zu gestalten, wie Sie können.

Als Erstes sollten Sie die Breite des Seitenrandes festlegen und die Fläche für die Informationen, den *Satzspiegel*. Dafür ist es notwendig, sich um die Art der Bindung zu kümmern. Bei der hochwertigen *Fadenbindung* werden immer vier bedruckte Blätter mit Fäden im Falz ›aneinandergenäht‹, sodass sie ein Heft ergeben. Diese Hefte werden dann mit weiteren Fäden verbunden.

Randabfallende Elemente

Hin und wieder finden Sie besonders in der Sachliteratur Gestaltungselemente, die bis zum Papierrand gedruckt sind. Diese Bereiche sind deshalb auch beim geschlossenen Buch im Anschnitt erkennbar und erleichtern das Suchen nach bestimmten Informationen. Sie werden im Layout als *randabfallende Elemente* bezeichnet. Das können ganzseitige Bilder, sein, die bis zum Papierrand gehen, wie auch andere grafische Elemente wie Kapitelkennzeichen oder in Nachschlagewerken meinetwegen das Alphabet.

Bei der Erstellung des Layouts reicht es dazu nicht, das grafische Element bis an den Rand des originalen Buchformats aufzuziehen. Durch Toleranzen, die unweigerlich beim Drucken und Binden entstehen, ist der Effekt der randabfallenden Elemente nicht gewährleistet. Es kann also sein, dass nach dem beschnitt ein schmaler weißer Steifen ›blitz‹.

Die Lösung des Problems besteht darin, das Papierformat an/auf allen Seiten (die randabfallenden Elemente können auch im Falz des Buches auftreten, beispielsweise bei einem doppelseitigen Bild oder einer zweiseitigen Tabelle) um einen bestimmten Betrag von oft 3 bis 5 mm vergrößert werden. Auch beim Buchcover ist beispielsweise die eigentliche Druckvorlage um diese 3 bis 5 mm größer.

Durch den Stapelschneider der Binderei wird alles außerhalb der weißen Linie abgeschnitten.

Daraus folgt, dass die randabfallenden Bilder und Grafiken größer aufgezogen werden müssen als bis zum eigentlichen Buchrand. Dafür brauchen Bilder und Grafiken für diese 5 mm mehr auch die entsprechende größere, bessere Auflösung. Den zusätzlichen Rand können Sie sich auf den *Stammseiten* (siehe ***Die Stammseite auf Seite 214***) als farbiges Rechteck ohne Füllmuster/Rechteckfarbe kennzeichnen. Dadurch erscheint der Buchrand auf allen Seiten automatisch. Als Rahmenfarbe verwenden sie eine seltene Farbe. Das hilft, den Überblick beim Buchlayout zu behalten.

Es ist aber so, dass vor dem Umwandeln in die Druck-PDF diese Linien aus den Stammseiten gelöscht werden müssen. Wenn Sie dies umgehen wollen, helfen auf der Stammseite die grünen, magnetischen Linien, die Sie dann ziemlich genau 5 mm vom Papierrand anlegen sollten.

Das angegebene Format für die Druckerei bleibt von diesen Manipulationen natürlich unberührt. Sie müssen nur darauf achten, dass das *vor* der Übermittlung der Dateien dem Anbieter meist durch das Setzen eines Häkchens mitgeteilt wird. Ist also das Buchformat DIN A5 (148 mm × 210 mm), so stellen Sie bei ringsherum 5 mm zusätzlichen Rand die Papiermaße auf 158 mm × 220 mm ein.

Nach dem Beschnitt des Buchblocks und dessen Versand hat Ihr Buch wieder die eigentlich geforderte Größe von DIN A5 (148 mm × 210 mm), um beim Beispiel zu bleiben; bei Paperback-Ausführung einschließlich des Covers.

Satzspiegel

Es liegt in der Natur des *Hand*werks, dass beim Drucken nicht immer alles genau so funktioniert, wie es theoretisch sein sollte. Zum anderen bringt die Druckfarbe Feuchtigkeit aufs Papier, welches das Papier quellen lässt. Auch bei der Benutzung eines Buches treten regelmäßig kleinste Beschädigungen des Papiers auf, sodass es nicht ratsam ist, den Text bis zum Rand zu drucken, ganz davon abgesehen, dass das wieder höherer Präzision bedarf.

Auch die verschiedenen Verfahren der Buchbindung haben auf die Ränder Einfluss. Beim Lumbecken beispielsweise müssen Sie etwa 6 mm für das Binden einplanen. Das ist der sogenannte *Bundsteg*. In der Mitte des aufgeschlagenen Buches kommt zu diesem Wert noch der innere Rand. Oben, unten und außen gibt es einen weiteren Rand. Wie breit das alles werden sollte, dafür gibt es in der Fachliteratur viele Auffassungen und Regeln. In diese Überlegungen fließen auch Ansichten über den Zweck des Buches ein. Schmaler als 12 Millimeter oder ½ Zoll sollte der Buchrand aber nirgends sein und das hängt mit unseren angewachsenen Werkzeugen, unseren Fingern und Händen zusammen. »Der Mensch sei das Maß aller für ihn und von ihm geschaffenen Dinge«, las ich vor vielen Jahren in einem Bastelbuch. Das stimmt auch für Druckwerke.

Als Satzspiegel wird die Fläche bezeichnet, die für die Information vorgesehen ist. Es gibt verschiedene Verfahren, einen mög-

Satzspiegel
(9er Teilung)

Version 1

Version 2

Neuner-Teilung

Satzspiegel
(12er Teilung)

ZwölferT-eilung

Layout

lichst schönen Satzspiegel zu kreieren. Eine Methode ist die *Neuner-Methode*, auch als *Zwölfer-Methode* bekannt. Dazu wird jeweils die Breite (beim Lumbecken minus 6 mm) und Höhe des Buchformats durch neun oder zwölf geteilt. Jeweils ein Teil wird für den Rand ringsherum bereitgestellt. Der mittlere ›Rest‹ ergibt den Satzspiegel. Bei einem Format von 120 mm × 190 mm beträgt 1/9, das heißt der Seitenrand, in der Breite ≅ 12 mm und in der Höhe ≅ 21 mm. Die entsprechenden Werte für 1/12 sind 9,5 mm und 10 mm. Sie sehen, dass die 12er Teilung eher etwas für Formate ab DIN A5 ist.

Eine Abwandlung, der 12er Teilung ist die 18er Teilung, die den Satzspiegel etwas in die Buchmitte rückt, was für das Auge oft etwas gefälliger und harmonischer wirkt. Eine genauere Beschreibung erspare ich mir an dieser Stelle. Betrachten Sie stattdessen die nebenstehenden Grafiken. Dabei wird von einem Taschenbuchformat von 120 mm × 190 mm und 6 mm Bundsteg ausgegangen. Sind beispielsweise die äußeren Ränder eines aufgeschlagenen Buches ebenso breit, wie die Summe des inneren Blattrandes, so löst das bei vielen Lesern das Gefühl von Vollkommenheit aus.

Als Layouter sind Sie auch künstlerisch tätig. Das Aussehen des Buches hängt gerade von Ihnen und Ihren Intuitionen ab. Es wäre nicht das erste Mal, dass der Erfolg eines Buches zu einem großen Teil vom gelungenen Layout abhängt.

Neben diesen Teilungsverfahren gibt es noch andere grafische Verfahren für die Festlegung des Satzspiegels (und der

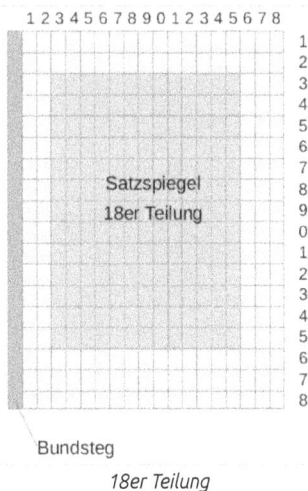

18er Teilung

Ränder). Hier wird verschiedenen Diagonalen versucht, einen schönen symmetrischen Satzspiegel über eine Doppelseite zu kreieren. Allerdings eignen sich diese Verfahren weniger für kleine Taschenbuchformate. Ab dem DIN-A5-Format wäre für Sie vielleicht die Diagonalen-Methode geeignet.

Die mithilfe von Diagonalen kreierte variable Seitenaufteilung ist selbsterklärend.

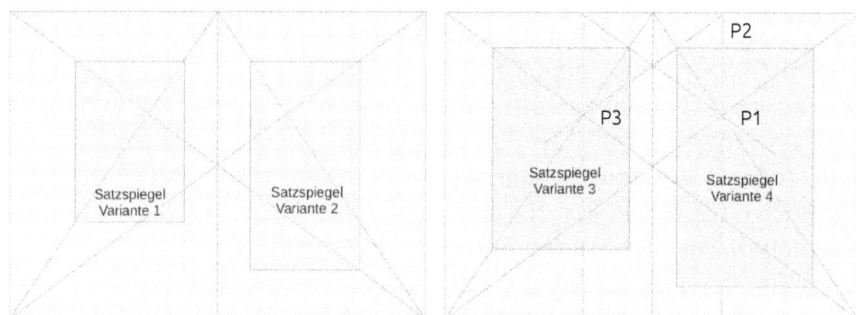

Mögliche Seitenaufteilung mithilfe von diagonalen, Variante 1 und 2

Weiterentwicklung der diagonalen Seitenaufteilung, Variante 3 und 4

Wer einen Startwert haben möchte, ziehe eine Senkrechte durch P1 bis sie den Blattrand berührt (P2) und von dort eine Linie zu P3. Der Schnittpunkt ist der Startpunkt des Satzspiegels, der grauen Fläche.

Goldener Schnitt

Die Zahl *Phi* Φ ist in der Mathematik und Natur ein immerwiederkehrendes Phänomen. Phi beträgt gerundet den Wert 1,618. Sie kommt im menschlichen Körper ebenso vor, wie bei der Anordnung von Blättern einer Blüte und sogar in der Astronomie.

Grundlage ist die Unterteilung einer Strecke so, dass sich das Verhältnis der kleineren

Teilstrecke (b) zur größeren (a) dem der größeren zur Gesamtstrecke ergibt. Das ergibt die simple Formel a/b = (a+b)/a.

Neben den alten Griechen *Euklid* und *Heron* haben sich viele Mathematiker mit dieser Zahl beschäftigt. Im Jahre 1202 hat der Mathematiker Fibonacci, eigentlich *Leonardo da Pisa*, die nach ihm benannte Fibonacci-Zahlenfolge entwickelt, die sich der Zahl Phi ziemlich weit annähert.

Die nebenstehende grafische Lösung geht von einem rechtwinkligen Dreieck mit dem Schenkelverhältnis von 2 zu 1 aus. Der Kreisbogen am senkrechten Schenkel legt auf der Diagonalen den Punkt fest, von dem der Kreisbogen auf den waagerechten Schenkel trifft und die waagerechte Strecke in das Verhältnis 1,618:1 teilt, was dem Wert von Phi entspricht.

Als Zahlenreihe wird in der Gestaltung immer wieder die Fibonacci-Folge 2:3:5:8 angegeben und der Reihenfolge nach mit dem Bund, Kopf, Außen und Fuß des Papierrandes verknüpft. Bei einem DIN-A5-Format ergibt das bei einer Bundbreite von 12 mm für den Kopf 18 mm, für den Außenrand 30 mm und unten für den Fuß 48 mm. Das ist eine mögliche Interpretation. Das ergibt einen Satzspiegel von 105 mm × 144 mm.

Erweitern Sie die Reihe um den nächsten Wert, nämlich 13, können Sie

1+0=1	
1+1=2	2:1=2
1+2=3	3:2=1,5
2+3=5	5:3=1,6666
3+5=8	8:5=1,6
5+8=13	13:8=1,625
8+13=21	21:13=1,6154
13+21=34	34:21=1,619
21+34=55	55:34=1,6176
34+55=89	89:55=1,618

Die Fibonacci-Folge ergibt die Zahl Phi.

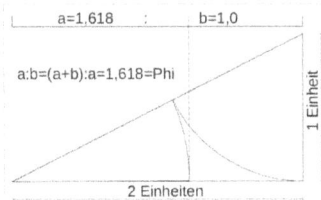

Grafische Ermittlung der Zahl Phi

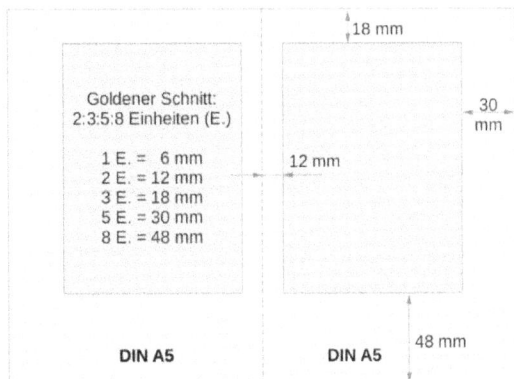

Goldener Schnitt:
2:3:5:8 Einheiten (E.)

1 E. = 6 mm
2 E. = 12 mm
3 E. = 18 mm
5 E. = 30 mm
8 E. = 48 mm

DIN A5   DIN A5

18 mm
30 mm
12 mm
48 mm

Mögliche Seitenaufteilung nach dem Goldenen Schnitt bzw. Fibonacci-Folge

Layout

diesen wählen, um aus der Buchbreite den Bund zu berechnen. Das Format DIN A5 ist 147 mm breit. 147:13=11,3 mm, gewählt für den Bund 11 mm. Bei einer Bundbreite/Bundsteg von 11 mm (=2 Anteile) ergeben sich der Kopf (3 Anteile) zu 17 mm, Außen (5 Anteile) zu 28 mm und der Fuß (8 Anteile) zu 44 mm. Damit ist der Satzspiegel (147–11–28) 108 mm breit und (210–17–44) 149 mm hoch.

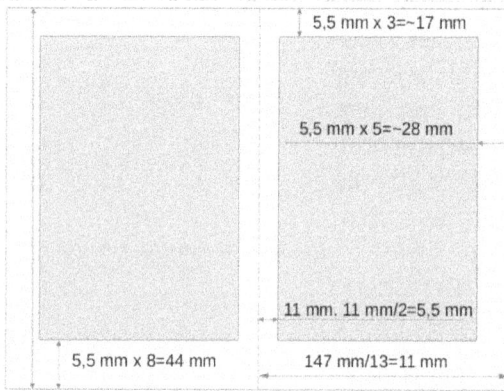

5,5 mm x 3=~17 mm

5,5 mm x 5=~28 mm

11 mm. 11 mm/2=5,5 mm

5,5 mm x 8=44 mm   147 mm/13=11 mm

Andere variante nach dem Goldenen Schnitt

Genauer als auf den Millimeter brauchen Sie bei Papier nicht rechnen. Auch die DIN-Maße verwenden nur ganze Millimeter. Nebenstehend sind die Verhältnisse maßstabgetreu dargestellt.

Aber es gibt noch andere Interpretationsmöglichkeiten für den Goldenen Schnitt. Wir gehen wieder vom Format DIN A5 aus. Die Zahl Phi wird mit ca. 1,618 angegeben. Daraus können Sie die Größe des Satzspiegels ausgehend vom Format A5 berechnen. Breite = 147:1,618=90,85, *gewählt 91 mm*. Höhe = 210:1,618= 129,8, *gewählt 130 mm*. Die Differenz von Papierbreite zu Satzspiegelbreite beträgt hier 56 mm, für die Sie für den Bund $2/5$ verwenden. Das

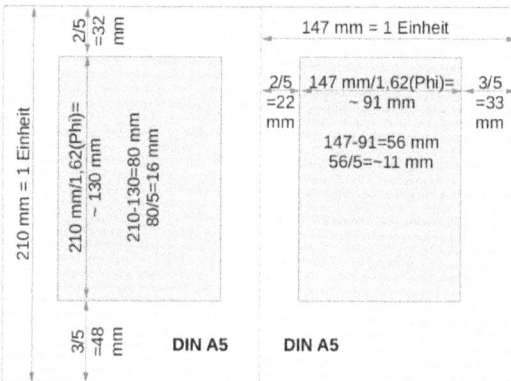

$2/5$ =32 mm

147 mm = 1 Einheit

210 mm = 1 Einheit

210 mm/1,62(Phi)= ~130 mm

210-130=80 mm
80/5=16 mm

$2/5$ =22 mm
147 mm/1,62(Phi)= ~91 mm
$3/5$ =33 mm

147-91=56 mm
56/5=~11 mm

$3/5$ =48 mm   **DIN A5**   **DIN A5**

Noch eine andere Interpretation mit der Zahl Phi

sind in unserem Falle 22 mm. Für den Kopf beträgt der $^3/_5$-Wert 33 mm. Vielleicht finden Sie ja weitere Möglichkeiten, den Goldenen Schnitt in einem Layout anzuwenden.

Enthusiasten sollten sich an dieser Stelle etwas bremsen. Es gibt keinen eindeutigen Beweis dafür, dass der *Goldene Schnitt* besonders schön oder vollkommen wäre. Die Schönheit liegt wie immer in der Kunst im Auge des Betrachters, wenn auch die ganze Betrachtung dessen ein interessantes Problem darstellt.

Nachdem Sie hier etwas über die Ränder und den Satzspiegel erfahren haben, möchten Sie dies vielleicht gleich einmal praktisch auf *Stammseiten einrichten auf Seite 205* nachvollziehen. Dort erfahren Sie alles Nötige im Umgang.

Interessant ist in diesem Zusammenhang, dass sich einige Taschenbuchformate aufseiten der Druckereien dem Goldenen Schnitt annähern: 120 mm × 190 mm ≙ 1:1,58 oder 135 mm × 215 mm ≙ 1:1,6 bei BoD.

Dass der Goldene Schnitt nicht die einzige Möglichkeit ist, etwas ›Vollkommenes‹ zu schaffen, mögen einige andere bedeutende Verhältnisse darstellen:

4 : 3	Edisons Filmformat 18 mm × 24 mm
1 : √2 = 1 : 1,41	DIN-Papier-Formate
3 : 2	Kleinbildformat 24 mm × 36 mm
16 : 10	Computerbildschirme
1,618 : 1	Goldener Schnitt
5 : 3	Kinofilm-Format
16 : 9	Breitbildfernsehen
21 : 9	Breitbildvideo
2 4 : 10	Cinemascope/Totalvision

Bekannte Seitenformate

Layout

Haupttext und Marginalien

Eine andere Möglichkeit, die Seiten zu gestalten ist, den Text in Haupttext und Randbemerkungen aufzuteilen. Dadurch haben Sie die Möglichkeit, zum eigentlichen Text noch Erläuterungen und Beispiele hinzuzufügen, die man nur im Bedarfsfall zu lesen braucht.

Für Fotos hat sich für die Bildgestaltung das aus dem Goldenen Schnitt bekannte horizontale und vertikale Dritteln etabliert. Vertikales dritteln funktioniert bei Fließtext nicht, aber Sie könnten für den normalen Fließtext zwei Drittel und für die Erläuterungen ein Drittel der normalen Satzspiegelbreite reservieren. Die Aufteilung in diesem Sachbuch richtet sich mit 76 mm zu 47 mm nach dem Goldenen Schnitt.

Schnell mal nachgucken ...

1. Eingestellt werden kann im Dialog **Layout** nur der Bereich für den *Haupttext* in dem Menü **Dokument → Seitenlayout...** Rubrik **Seitenlayout**. In die *Marginalien* kommen Textobjekte und Grafiken.

2. Achten Sie darauf, dass die Checkboxen vor **Doppelseitiges Dokument** und **rechts <–> links Spiegeln** gesetzt sind.

3. Damit sich diese *Grafikobjekte* immer auf die richtige Seite einordnen, sind noch einige Einstellungen im Dialog **Grafikobjekt-Eigenschaften** notwendig.

4. Aktivieren Sie die Rubrik **Anker** und wählen Sie als **Objekt-Ausrichtung:** den Eintrag **Als Marginalie (hängt an einem Absatz)** aus.

5. Wählen Sie die Horizontale Position entsprechend Ihrer Vorstellung aus. (In diesem Buch wurde **randseitig** selektiert.)

6. In der Rubrik **Umfluss** können Sie einstellen, ob der Text um Ihr Grafikobjekt (auch Textobjekt) herumfließen soll. Die Symbole sind eindeutig.

7. Legen Sie in diesem Dialog auch den **Mindestabstand** zum Text in Millimetern fest.

8. Wie üblich wird mit dem Klick auf **Übernehmen** alles eingerichtet.

Nach dem Klick auf **Übernehmen** klicken Sie dann *doppelt* in den Rand des Dokuments. Bei einem doppelseitigen Dokument erscheinen zwei Stammseiten, in denen der Haupttext durch eine graue Färbung gekennzeichnet ist. Wenn Sie sich dazu auf dem Bildschirm die doppelseitige Darstellung anzeigen lassen, gibt es keine Verwechselungsgefahr.
Die doppelseitige Einstellung können Sie sich im Bedarfsfall in die Symbolleiste holen, indem Sie Menü **Einstellungen → Einstellungen → Rubrik Erscheinungsbild → Icons (Symbolleiste)** auf den Bildschirm

Seitenaufteilung

Layout

holen oder **Darstellung** → nach dem Radio-button **Seiten nebeneinander** eine **2** ein-tragen oder auswählen.

Und nun im Detail:

a) Um Marginalien einzurichten, bedarf es Ein-stellungen in verschiedenen Dialogen. Als Objekte in den Marginalien können Textob-jekte und Grafiken verwendet werden.

b) Im Dialog **Layout** müssen Sie den Satzspie-gel für den Haupttext festlegen. Ihn errei-chen Sie im Menü **Dokument** → **Seitenlay-out...** oder mit ⌈Strg⌉+⌈L⌉.

c) Achten Sie darauf, dass die Checkboxen vor **Doppelseitiges Dokument** und **rechts <–> links Spiegeln** gesetzt sind.

Bis hierher erstmal.

Beachten Sie, dass Sie für die Einrichtung einer *Stammseite* immer die *rechte* Seite ein-richten. Das ist deshalb so wichtig, weil hier der Bundsteg links zu finden ist und der Bundsteg demnach auf einer *linken* Seite *rechts* angeordnet ist.

Da Grafiken und Textobjekte die einzigen sind, die in den Marginalien verwendet wer-den können und diese auch noch beim Übergang von einer Seite zur anderen ent-sprechend gesteuert werden müssen, bedarf es einiger Einstellungen im Dialog **Grafikobjekt-Eigenschaften**.

Da auch im Stammseitenmodus die grünen magnetischen Linien aktiv sind und aufs

Blatt geholt werden können, ist es in diesem Falle zweckmäßig, die Begrenzung der rechten und linken Stammseite mit den grünen Linien zu kennzeichnen und außerdem eine weitere grüne Linie als ›Spaltenbegrenzung‹ zum Marginalrand in wenigstens 3 mm Entfernung zum Haupttext in die Anzeige holen. Dadurch, dass alle grünen Linien auf der linken und auf der rechten Stammseite eingetragen werden, haben Sie damit gleichzeitig ein schönes Drittelkonzept angelegt, denn manchmal ist es für Grafiken und Bilder besser, wenn sie etwas größer eingestellt werden.

Weiter im Detail:

a) Den Dialog **Grafikobjekt-Eigenschaften** erreichen Sie entweder mit einem *Doppelklick* mit der linken Maustaste auf eine beliebige Grafik oder über das Menü **Einfügen → Grafikobjekte → Grafikeigenschaften...**

b) Aktivieren Sie mit einem Klick die Rubrik **Anker** und wählen Sie in dem *Auswahlfeld* hinter **Objekt-Ausrichtung:** den Eintrag **als Marginale (hängt an einem Absatz)** aus.

c) Die **Horizontale Position** wählen Sie entsprechend Ihren Bedürfnissen aus. In diesem Buch wurde für **randseitig** votiert.

d) Je nach Seite ordnet sich das Grafikobjekt, zu dem auch das Textobjekt zählt, auf der linken oder der rechten Seite automatisch ein.

Layout

e) Auch wenn Grafiken und kurze Texte meist am Rand, in den Marginalien, angeordnet werden, können doch größere teilweise in den Haupttext ragen oder die gesamte Breite einnehmen.

f) Dass der *Haupttext* vor den Grafiken und Textobjekten zurückweicht, stellen Sie in der Rubrik **Umfluss** ein. Hier gibt es genau drei Möglichkeiten: **kein**, **links o. rechts** sowie **freigestellt**.

g) Dass der Haupttext eine Grafik von beiden Seiten umfließt, ist für das Lesen unpraktisch und in Papyrus nur möglich, wenn die Grafik zwischen zwei Spalten angeordnet wird.

h) Wichtig ist es noch, dass der **Mindestabstand** zum Haupttext festgelegt wird. Während der Abstand **links/rechts** wenigstens 2 mm betragen sollte, kann für **oben/unten** durch den Zeilenabstand auch null Millimeter eingetragen werden.

i) Der abschließende Klick auf den Button **Übernehmen** bildet den Abschluss.

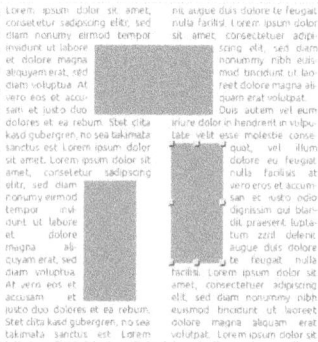

Das war es schon!

*Umfluss links **oder** rechts in einem zweispaltigen Text*

Die Art, den Text zu setzen

Solange wir Menschen noch alles mit der Hand schreiben mussten, was irgendwie festgehalten werden sollte, hat sich vermutlich niemand über das Ende der Zeilen Gedanken gemacht, egal ob es üblich war, von links nach rechts zu schreiben oder umgekehrt.

Das änderte sich um 1450 mit den Erfindungen eines gewissen Herrn *Johannes Gensfleisch*, Sohn eines Kaufmanns, in Mainz. Wahrscheinlich wurde er nach seiner Wohngegend *Gutenberg* genannt. Familiennamen waren damals noch nicht allerorts verbindlich und konnten sich ändern. Neben den beweglichen Metall-Lettern gelten übrigens auch eine Druckerpresse und die ölhaltige Druckerschwärze als seine Erfindung.

Das Hauptwerk Gutenbergs, die 42-zeilige Bibel, änderte das. Alle Zeilen eines fortlaufenden Textes waren gleichlang, indem die Wortzwischenräume angepasst wurden. Wir kennen diese Satzmethode heute als *Blocksatz*. Sie ist in den meisten Druck-Erzeugnissen zu finden, vom Roman bis zur Zeitung.

Schauen Sie in die zweite Zeile der Symbolleiste von Papyrus Autor, können Sie dort auf der linken Seite außer dem Blocksatz noch den linksbündigen Satz, den rechtsbündigen Satz sowie den zentrierten Satz entweder vorher für das gesamte Dokument oder für den markierten Absatz einstellen.

Beim *linksbündigen* Satz, und das ist kein Geheimnis, liegen alle *Zeilenanfänge* untereinander, während beim rechtsbündigen Satz alle *Zeilenenden* untereinander gereiht sind. Er lässt sich durch die verschobenen Zeilenanfänge aber schlecht lesen, da das Auge in diesem Falle erst suchen muss. Er ist deshalb auch sehr selten gebraucht und seine Anwendung geschieht meist aus gestalterischen Gründen.

Eine Frage ist bisher unbeantwortet geblieben: Was ist denn nun eigentlich *Rausatz*

Auch der Flattersatz wird oft beim linksbündigen Satz verwendet. Allerdings ist der Bereich der nicht vollgeschriebenen Zeilen hier viel breiter. Obwohl Trennungen auch beim Flattersatz nicht ausgeschlossen sind, lassen sich beide Satzarten meist herstellen, indem Sie hier beim Flattersatz die Silbentrennung ausschalten. Die Silbentrennung lässt sich bezüglich der zusammengehaltenen Wortanfänge und -enden nur für das gesamte Dokument einstellen. Für Trennungen benutzen Sie bitte die Tastenkombination Strg + -.

Flattersatz

Layout

Der Rausatz ist meist linksbündig und nutz rechts am
Zeilenende jede Möglich-
keit der Silbentrennung,
um die Zeilen einigerma-
ßen gleichlang zu halten.
Dies ist ein Beispiel dafür.
Der Bereich der Rauheit ist
durch eine dunklere Hin-
tergrundfarbe gekenn-
zeichnet.

Rausatz

und was *Flattersatz?* Gebraucht und unter-
schieden werden beide Satzarten wiederum
meist aus grafischen Belangen heraus. Der
Unterschied besteht in der unterschiedlichen Länge der Zeilen im meist linksbündigen Satz, da prinzipiell auch der rechtsbündige und zentrierte Satz diese Merkmale
haben kann. Oft muss für die Schönheit mit
gewollten Trennungen aber nachgeholfen
werden.

Betrachten Sie zur Verdeutlichung die
nebenstehenden Abbildungen. Hier finden
Sie auch weitere Informationen dazu.

Der *zentrierte* Satz ist bestenfalls für kurze
Texte sowie Gedichte brauchbar. An ihm
hängen dieselben Nachteile, wie beim
rechtsbündigen Satz bezüglich der Zeilenanfänge. Durch seine Symmetrie ist er
jedoch optimal für auffallende Überschriften geeignet.

Raumaufteilung

Lebende Kopf- und Fußzeilen

Für Sachliteratur fast unerlässlich und für
Anthologien oft wünschenswert sind
Kopf- und Fußzeilen, die die Hauptüber-
schrift oder die Unterthemen auf jeder
Seite angeben, oder vielleicht auch den
Verfasser einer Geschichte. In manchen
Zeitungen werden solche Einblendungen
in die Kopfzeile auch als *Kolumnentitel*
bezeichnet.

In Papyrus Autor müssen Sie dazu keine einzelnen Seitenbereiche erzeugen, die in eine
PDF-Datei geschrieben werden, um sie später mit einem PDF-Bearbeitungsprogramm

mühsam zu einer einzigen Datei zusammen-zubasteln. Das nötige Werkzeug ist schon seit einigen Generationen dieses Programms integriert und erfordert außer, dass *Überschriften* auch *als Überschriften formatiert* sind, keine weiteren besonderen Vorkehrungen. Im Folgernden wird das Anlegen einer *lebenden Kopfzeile* in der die Kapitel als 1. (Hierarchie-)Stufe und die Unterkapitel als 2. (Hierarchie-)Stufe formatiert sind beschrieben. Wie Überschriften formatiert werden, lesen Sie bitte in *6. Überschrift und Inhaltsverzeichnis auf Seite 135* nach.

Schnell mal nachgucken ...

1. Öffnen Sie den Dialog **Layout** aus dem Menü **Dokument** oder ⎡Strg⎤+⎡L⎤ und hier die Rubrik **Seitenlayout**.

2. Stellen Sie sicher, dass ein Wert für den **Kopf-** bzw. **Fußbereich** oder auch beides eingestellt ist, mindestens 7 mm.

Kopf- und Fußzeilen einstellen

3. Klicken Sie auf den Button **Übernehmen** und beenden Sie den Einstelldialog mit einem Klick auf den Button **Schließen**.

4. Klicken Sie in Ihrem Dokument doppelt in den Bereich außerhalb des normalen Satzspiegels. Im Ergebnis öffnet sich die Stammseite.

5. Klicken Sie oberhalb der grauen Fläche in die Kopfzeile. Sie wird mit Anfassern, den kleinen Quadraten markiert.

Layout

6. Wenn Sie die Seitennummern oben in der Kopfzeile eingestellt haben, ist dort ein blaues Nummernkreuz (#) zu sehen.

7. Klicken Sie mit der rechten Maustaste in diese Kopfzeile. Es öffnet sich das nebenstehende Kontext-Menü.

Kontextmenü für Kopfzeile

Und nun im Detail:

a) Stellen Sie zunächst den Dialog **Layout** über das Menü **Dokument** → **Seitenlayout...** oder mit der Tastenkombination Strg+L und dort die Rubrik **Seitenlayout**.

b) Um Kopf- und Fußzeilen zu erzeugen, muss im Eingabefeld nach **Kopfbereich** und/oder **Fußbereich** ein Wert je nach vorgesehenem Zeilenabstand für die Höhe eingegeben werden. Da eine Kopfzeile als eine Art »Überschrift« angesehen werden kann, sollte die Höhe größer als der Haupttext sein (1 Punkt = 0,353 mm).

c) Damit die eingestellten Änderungen wirksam werden, klicken Sie zuerst auf **Übernehmen** und dann auf **Schließen**.

d) Klicken Sie außerhalb des Textspiegels *doppelt* auf Ihr Dokument. Es öffnet sich die zugehörige *Stammseite*.

e) Für die folgenden Einstellungen ist es wichtig, dass im Dialog Papyrus-Einstellungen (Menü **Einstellungen** → **Einstellungen...** oder Strg+.) Rubrik Hilfzeichen das

Häkchen in der *Checkbox* vor **Textobjekt-Umrahmung** gesetzt ist. Die ist natürlich später beim Druck nicht zu sehen.

f) Auf der Stammseite befindet sich das übliche graue Feld für den normalen Text und die Textfelder für die Kopf- und/oder Fußzeile. In einer der beiden Zeilen befindet sich ein blaues Nummernkreuz (#). Das repräsentiert bekanntermaßen die Seitennummer.

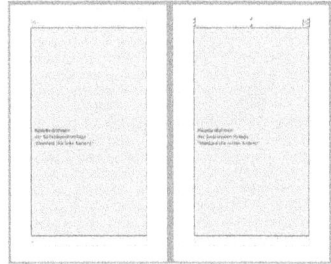

Stammseite für linke und rechte Seite mit Kopf- und Fußzeile

g) Überwiegend wird mit *lebenden Kopfzeilen* gearbeitet. Klicken Sie also in die Kopfzeile. Genau wie andere Grafikelemente werden acht *Anfasser* zur Größenänderung angezeigt. Jetzt lassen wir sie aber in Ruhe.

Bis hierher erstmal.

Weiter nachgucken ...

1. Bei einer doppelseitigen Stammseite sind zwei Stammseiten dargestellt. Beide könne unterschiedliche Einträge erhalten.

2. Soll die einzeilige Kopfzeile beispielsweise *linksbündig das Kapitel und rechtsbündig die Seitennummer* zeigen, so müssen Sie zwischen den beiden Informationen einen Tabulator 🔄 setzen.

Dialog für Tabulatoreinstellungen

3. Wenn die Seitennummer (das blaue Nummernkreuz #) bereits vorhanden ist, klicken Sie links davon mit der rechten Maustaste in die Kopfzeile.

HEADERTITLE(1)#

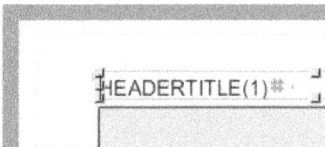

Variablen Titel 1. Stufe eingefügt (das Nummernkreuz muss noch nach rechts).

4. Aus dem sich öffnenden Kontextmenü wählen Sie den Eintrag **Variablen Titel 1. Stufe (z.B. Kapitel) einfügen**.

5. Klicken Sie anschließend zwischen **Headertitle(x)** und Nummernkreuz **#** und betätigen Sie ⇥.

6. Klicken Sie nun mit der linken Maustaste in das obere Lineal, um einen Tabulator zu setzen, den Sie wie üblich einstellen können.

7. Wählen Sie bei den Radiobuttons **Rechtsbündig** aus und klicken Sie auf den Button **OK**. Das blaue Dreieck zeigt nun nach links.

8. Schieben Sie vorsichtig mit gedrückter linker Maustaste das nach links zeigende Dreieck an die gewünschte Position oder geben Sie den Abstand vom linken Textrand ein, die sicherste Methode.

9. Das Nummernkreuz springt an die gewünschte rechte Position.

10. Klicken Sie mit der linken Maustaste in die graue Fläche der Stammseite. Im sich auftuenden Kontextmenü klicken Sie auf **Zurück zum Haupttext**.

11. Nun könne Sie Ihre Einstellungen das erste Mal kritisch in Augenschein nehmen.

Zurück zum Haupttext

Notizzettel ▶

Seitenlayout...

Seitennummern...

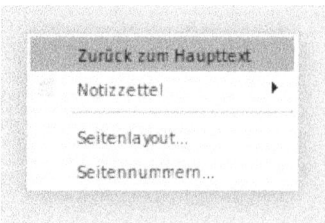

Kontextmenü der Stammseite im Textmodus

Layout

In der noch leeren Kopfzeile sollen links das aktuelle Kapitel und rechts die Seitennummer zu lesen sein. Folgendes wird auf der jeweiligen Stammseite eingestellt:

Und nun im Detail:

a) Wenn Sie mit der *rechten* Maustaste in die Kopfzeile klicken, öffnet sich ein Kontextmenü. Als Erstes soll das Kapitel eingefügt werden.

b) Wählen Sie aus dem Kontextmenü **Variablen Titel 1. Stufe (z.B. Kapitel) einfügen** aus.

Seitennummer einfügen
Datum, Seitenzahl etc.
Variablen Titel 1. Stufe (z.B. Kapitel) einfügen
Variablen Titel 2. Stufe (z.B. Abschnitt) einfügen
Variablen Titel 3. Stufe einfügen
Weitere variable Titel...

Aktive Kopfzeile mit Kontextmenü

c) In der Kopfzeile erscheint **HEADERTITLE(1)**, Platzhalter und Code für das Kapitel.

d) Platzieren Sie Ihren Cursor ganz ans Ende dieses Eintrags und drücken Sie ⇥ auf der Tastatur.

e) Klicken Sie ein weiteres Mal mit der *rechten* Maustaste am Ende der bisherigen Eingaben. In dem bekannten Kontextmenü wählen Sie nun den Eintrag **Seitennummer einfügen** aus.

f) Das blaue Nummernkreuz (**#**) erscheint in der Kopfzeile.

g) Klicken Sie nun mit der linken Maustaste rechts in das Lineal. Wenn Sie bisher alles richtig gemacht haben, sollte das Nummernkreuz bis zu dieser Position in der Kopfzeile springen.

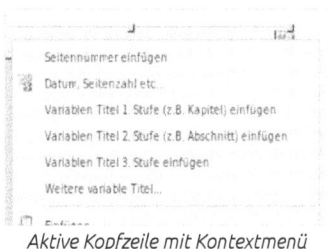

Layout

h) Die Richtung des blauen Dreiecks, dem Tabulator, im Lineal ist rechts und damit *linksbündig*. Um ihn rechtsbündig zu machen, klicken Sie mit der linken Maustaste darauf. Der Dialog **Tabulator einstellen** öffnet sich.

Tabulator-Dialog

i) Wählen Sie mit den Radiobuttons **rechtsbündig**. Wenn Sie die genaue Breite der Kopfzeile wissen, können Sie maximal diesen Wert in das Eingabefeld nach **Abstand vom linken Textrand** in Millimetern eintragen.

j) Nach dem Klick auf den Button **OK** springt das Nummernkreuz zu dieser Position.

k) Wie alle anderen Texte auch können Sie auch hier die Schriftart, die Schriftgröße und den Textstil durch Markieren und Zuweisen einrichten.

l) Verlassen Sie die Stammseite, indem Sie im *Textmodus* auf die graue Fläche klicken und wie üblich im Kontextmenü **Zurück zum Haupttext** auswählen.

m) Nun können Sie das Ergebnis Ihres Tuns begutachten, wenn Sie schon wenigstens eine Kapitelüberschrift angelegt haben.

Das war es schon!

Viele weitere Daten können Sie in der Kopf- und Fußzeile anzeigen lassen. Das meiste davon ist weniger für Bücher geeignet, erleichtert aber manchmal das Arbeiten mit Papyrus Autor an anderen Schriftstücken ungemein. Besonders wenn Sie parallel an mehreren Texten arbeiten, helfen sie, sich in den Versionen zurechtzufinden oder den Ausdruck einer bestimmten Version zuzuordnen. Betrachten Sie dazu das unten stehende Bild mit den Einstellmöglichkeiten.

Anzeigemöglichkeiten für Kopf- und Fußzeilen

Ordnung und Unordnung

Wenn wir Menschen nicht gerade schlafen oder die Augen geschlossen halten, ist unser Sehsinn andauernd damit beschäftigt, den einfallenden Lichtreizen irgendeinen Sinn zu geben, indem sie Kurven, Linien und Farbnuancen abtasten und sie mit Bekanntem zu vergleichen. Aus diesem Grund erkennen wir in Wolkenformationen hin und wieder Tiere oder Gesichter. Das nennt sich Pareidolie. Besonders schnell finden wir als technisierte Lebewesen gerade Linien, die uns eine gewisse Ordnung erahnen lassen. Hier finden wir uns besonders schnell und einfach zurecht.

Dass das auch fürs Lesen zutrifft, ist nicht verwunderlich. Wir sehen das rechteckige Format einer Zeitung oder eines Buches, hangeln uns horizontal durch die Zeilen, bis sie unterbrochen werden, springen zurück, bis wir die vertikale Linie des Textes erreichen und beginnen dann von Neuem. Irgendwann trifft unser Blick ein Bild oder eine Grafik. Wir haben noch gar nicht so recht erkannt, um was es da geht, als wir wie von fern hören: »Ist Fritz da?« ... und schon sind wir aus der Verfolgung von Linien raus!

Wir erinnern uns an die Grafik und müssen einen Augenblick lang rekonstruieren. Auch in der Grafik verfolgen wir wieder Linien. Linien in einem Schema lassen uns Zusammenhänge erkennen, Außenlinien von Bildern und Textblöcken machen uns größere Zusammenhänge sichtbar und am Ende erfreuen wir uns, dass wir etwas Neues gelernt haben – oder werfen das miserable Druckwerk in die Ecke, wenn wir die Freude der Erkenntnis nicht finden und empfinden konnten.

Dann fällt uns garantiert auf, dass bei so einem heillosen Durcheinander niemand etwas begreifen kann. Da mussten Sie erst suchen, wo der Text weitergeht, oder haben versehentlich über die Spalte hinausgelesen, weil der Spaltenabstand zu gering bemessen war, oder der Text unerwartet auf der anderen Seite eines Bildes weiterging. Vielleicht hatten Sie aber auch das Empfinden, dass es überhaupt keine Ordnung gab, denn Sie wissen doch, dass Ordnung das halbe Leben ist ...

»Das höchste Gut und Übel«
Cicero
Absatz 1.10.32 - 1.10.33

Damit ihr indess erkennt, woher dieser ganze Irrthum gekommen ist, und weshalb man die Lust anklagt und den Schmerz lobet, so will ich Euch Alles eröffnen und auseinander setzen, was jener Begründer der Wahrheit und gleichsam Baumeister des glücklichen Lebens selbst darüber gesagt hat Niemand, sagt er, verschmähe, oder hasse, oder fliehe die Lust als solche, sondern weil grosse Schmerzen ihr folgen, wenn man nicht mit Vernunft ihr nachzugehen verstehe. Ebenso werde der Schmerz als solcher von Niemand geliebt, gesucht und verlangt, sondern weil mitunter solche Zeiten eintreten, dass man mittelst Arbeiten und Schmerzen eine grosse Lust sich zu verschaffen suchen müsse. Um hier gleich bei dem Einfachsten stehen zu bleiben, so würde Niemand von uns anstrengende körperliche Übungen vornehmen, wenn er nicht einen Vortheil

Gestaltungsraster
Goldener Schnitt

Gestaltungsraster

Damit dem Layouter, also Ihnen, etwas Derartiges nicht passiert, ist es ratsam, sich eines Gestaltungsrasters zu bedienen. Dass so ein Raster Ihre Freiheit einschränkt, ist eigentlich nur die halbe Wahrheit. So ein Raster gibt Ihnen die Möglichkeit, Ihr Anliegen strukturiert dem Leser zu überbringen. Und das sollte Ihnen mehr Wert sein als eine regellose Freiheit. Der deutsche Philosoph Georg Wilhelm Friedrich Hegel (1770 bis 1831) soll vor rund zweihundert Jahren mal von sich gegeben, dass ›Freiheit Einsicht in die Notwendigkeit sei‹. Nutzen wir unsere Freiheit für ein gutes Layout!

Gestaltungsraster Dritteln

Die schon bekannten magnetischen grünen Linien, die vertikal als auch horizontal aus den Linealen in beliebiger Anzahl mit gedrückter linker Maustaste herausgezogen werden können, sind Ihnen dabei eine gute Hilfe. Normalerweise *rasten* diese Hilfslinien, die natürlich nur auf dem Bildschirm zu sehen sind, *bei jedem ganzen Millimeterwert ein*. Das können Sie umgehen, wenn Sie *während des Bewegens mit* der Maus die ⌂-Taste auf der Tastatur betätigen. Eine weitere Erhöhung der Genauigkeit erreichen Sie, wenn Sie vor dem Positionieren den Zoom vergrößern, denn zwangsläufig hat auch das Punktraster des Bildschirms einen Einfluss auf das Maß. Diese Unterschiede machen sich deswegen bemerkbar, weil die Auflösung beim Druck mindestens dreimal höher ist als auf dem Bildschirm. Es lohnt sich also, den Taschenrechner neben

Layout

Marginalie: dritteln 131

Lorem ipsum dolor sit amet, consetetur sadipscing elitr, sed diam nonumy eirmod tempor invidunt ut labore et dolore magna aliquyam erat, sed diam voluptua. At vero eos et accusam et justo duo dolores et ea rebum. Stet clita kasd gubergren, no sea takimata sanctus est Lorem ipsum dolor sit amet. Lorem ipsum dolor sit amet, consetetur sadipscing elitr, sed diam nonumy eirmod tempor invidunt ut labore et dolore magna aliquyam erat, sed diam voluptua. At vero eos et accusam et justo duo dolores et ea rebum. Stet clita kasd gubergren, no sea takimata sanctus est Lorem ipsum dolor sit amet. Lorem ipsum dolor sit amet, consetetur sadipscing elitr, sed diam nonumy eirmod tempor invidunt ut labore et dolore magna aliquyam erat, sed diam voluptua. At vero eos et accusam et justo duo dolores et ea rebum. Stet clita kasd gubergren, no sea takimata sanctus est Lorem ipsum dolor sit amet. Duis autem vel eum iriure dolor in hendrerit in vulputate velit esse molestie consequat, vel illum dolore eu feugiat nulla facilisis at vero eros et accumsan et iusto odio dignissim qui blandit praesent luptatum zzril delenit augue duis dolore te feugait nulla facilisi. Lorem ipsum dolor sit amet, consectetuer adipiscing elit, sed diam nonummy nibh euismod tincidunt ut laoreet dolore magna aliquam erat volutpat.

Marginalie: Goldener Schnitt 131

Duis autem vel eum iriure dolor in hendrerit in vulputate velit esse molestie consequat, vel illum dolore eu feugiat nulla facilisis at vero eros et accumsan et iusto odio dignissim qui blandit praesent luptatum zzril delenit augue duis dolore te feugait nulla facilisi. Lorem ipsum dolor sit amet, consectetuer adipiscing elit, sed diam nonummy nibh euismod tincidunt ut laoreet dolore magna aliquam erat volutpat.

Lorem ipsum dolor sit amet, consetetur sadipscing elitr, sed diam nonumy eirmod tempor invidunt ut labore et dolore magna aliquyam erat, sed diam voluptua. At vero eos et accusam et justo duo dolores et ea rebum. Stet clita kasd gubergren, no sea takimata sanctus est Lorem ipsum dolor sit amet. Lorem ipsum dolor sit amet, consetetur sadipscing elitr, sed diam nonumy eirmod tempor invidunt ut labore et dolore magna aliquyam erat, sed diam voluptua. At vero eos et accusam et justo duo dolores et ea rebum. Stet clita kasd gubergren, no sea takimata sanctus est Lorem ipsum dolor sit amet. Lorem ipsum dolor sit amet, consetetur sadipscing elitr, sed diam nonumy eirmod tempor invidunt ut labore et dolore magna aliquyam erat, sed diam voluptua. At vero eos et accusam et justo duo dolores et ea rebum. Stet clita kasd gubergren, no sea takimata sanctus est Lorem ipsum dolor sit amet. Duis autem vel eum iriure dolor in hendrerit in vulputate velit esse molestie consequat, vel illum dolore eu feugiat nulla facilisis at vero eros et accumsan et iusto odio dignissim qui blandit praesent luptatum zzril delenit augue duis dolore te feugait nulla facilisi. Lorem ipsum dolor sit amet, consectetuer adipiscing elit, sed diam nonummy nibh euismod tincidunt ut laoreet dolore magna aliquam erat volutpat.

der Tastatur liegen zu haben oder eine entsprechende Anwendung auf dem Computer zu starten.

Je nach Zweck des zu gestaltenden Schriftstücks ändert sich auch das notwendige Raster. Wenn Sie einem Roman das passende Layout verpassen wollen, werden darin sehr selten Bilder platziert werden müssen und es reicht eine Spalte. Anders sieht es schon aus bei Flyern oder der Schulzeitung aus. Achten Sie immer darauf, klare Linien zu setzen. Eckige Bilder sollten seitlich mit dem Satzspiegel übereinstimmen und sich in den horizontalen Linien an den Zeilen, die Oberkante mit den Oberlängen der Buchstaben und die Unterkante mit den Grundlinien orientieren. Selbst wenn Sie nur einspaltig arbeiten, sollten Sie die Textbreite in zwei bis drei gleichbreite Bereiche aufteilen, bis zu der die Bilder und Grafiken in den Text hineinragen können. Hochformatige Bilder könnten bei einer Dreiteilung dann generell einen konstanten Teilbereich einnehmen, während querformatige zwei bis drei Teile belegen und eine Interpretation des Goldenen Schnittes mit ⅓ zu ⅔ darstellen könnten.

Gerade bei Sachbüchern sieht es gut aus, wenn Sie Marginalien vorsehen. Darin können vor allem viele Informationen zur Erklärung abgelegt werden. Entweder Sie teilen wieder ⅓ für die Marginalien und ⅔ für den Haupttext oder Sie verwenden das Verhältnis des Goldenen Schnittes (den Wert Phi) von 1:1,618. Das hängt auch davon ab, wie viel an Beispielen und Erklärungen notwendig sind.

Treiben Sie bei diesen Berechnungen die Genauigkeit aber nicht auf die Spitze. Wenn Sie mit dem Wert 1,6 rechnen, ist das genau genug. Niemand wird mit bloßem Auge im Format DIN A5 eine Differenz von weniger als einem Millimeter erkennen können.

Umfluss

Viele Menschen sind verwöhnt und gleichzeitig verdorben, wenn es um Texte mit Bildern geht, vor allem durch die Presse. Die eine Zeitung zeigt überdimensionale Bilder mit dicken fetten Überschriften, bei denen die eigentliche Information viel zu kurz kommt oder künstlich aufgebauscht wird. In anderen Publikationen sind Bild und zugehöriger Text viel zu dicht aneinander gequetscht. Mit Papyrus kann beides erzeugt werden, aber auch das optimale Maß Wirklichkeit werden. Hier geht es darum, Grafikobjekte in einen Text einzufügen.

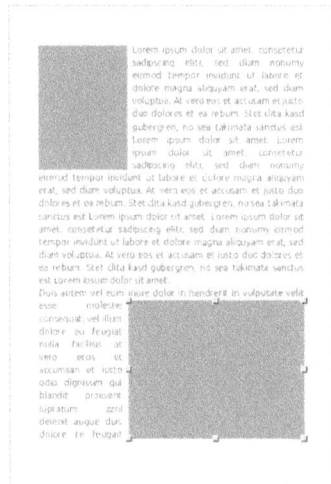

Geordnete Verhältnisse

Schnell mal nachgucken ...

1. Ziehen Sie dazu das Papyrus-Autor-Fenster etwas schmaler und schieben es zu einer Seite.

2. Öffnen Sie den Ordner mit Ihren Bildern auf dem gewonnenen Areal.

3. Klicken Sie das gewünschte Bild mit der *linken* Maustaste an und ziehen Sie es mit gedrückter linker Maustaste an die vorgesehene Stelle in Ihrem Dokument und lassen die Taste los.

Layout

4. Notwendige **Einstellungen** zur Platzierung der Bilder erreichen Sie, indem Sie in Papyrus *doppelt* auf das Bild klicken. Es öffnet sich der Einstelldialog **Grafikobjekt-Eigenschaften**.

5. Hier stellen Sie in der Rubrik **Umfluss** auf **links o. rechts**. Zusätzlich können Sie den Abstand des Textes zum Bild getrennt nach **links/rechts** und **oben/unten** in Millimetern einstellen und **voreinstellen**.

Und nun im Detail:

Das mittlere Symbol schaltet zwischen Screen und Window

a) Um Bilder aus einem PC-Ordner in einen (fast) fertigen Text einzufügen, ist es oft hilfreich, den Text in Papyrus und den Ordner mit den Bildern nebeneinander auf dem Bildschirm anzuordnen. Ob Sie dabei von links nach rechts arbeiten oder umgekehrt hängt von Ihren persönlichen Vorlieben ab.

b) Erfassen Sie dazu den linken oder rechten Rand von Papyrus mit dem Mauszeiger. Die richtige Position zeigt Ihnen der veränderte Mauszeiger.

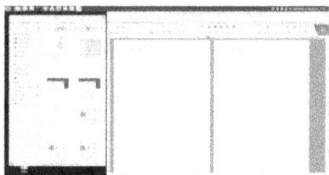

Bilder und Papyrus nebeneinander

c) Sollte das nicht funktionieren, liegt bei Ihnen Papyrus Autor wahrscheinlich auf einem Screen, und wird nicht in einem Fenster ausgeführt. Zum Glück lässt sich das in allen Betriebssystemen auf die gleiche Weise schnell ändern. Klicken Sie einfach auf das mittlere Symbol.

d) Um die Bilder aus dem Ordner in dem Text zu platzieren, erfassen Sie einfach mit dem Mauszeiger das gewünschte Bild im Ordner und ziehen es mit gedrückter linker Maustaste in den Text von Papyrus. Dort lassen Sie die Maustaste wieder los.

e) Gleichzeitig mit dieser Vorgehensweise schreibt sich das Bild auch in den **Bildkatalog** ein, sodass es sich im Bedarfsfall ganz wie üblich bearbeiten lässt.

f) Erst wenn das Bild im Text platziert ist, merken Sie vielleicht, dass der Text unter dem Bild weitergeht und nicht mehr zu lesen ist.

g) Klicken Sie mit der linken Maustaste doppelt auf das Bild. Der Dialog **Grafikobjekt-Eigenschaften** öffnet sich.

Umflusseinstellungen

h) Wählen Sie hier die Rubrik **Umfluss** aus. Die Piktogramme sind eindeutig.

i) Weiterhin kann an dieser Stelle der Abstand des Grafikobjektes zum Text eingestellt werden. Der **Mindestabstand links/rechts** sollte je nach Textgröße 2 mm bis 8 mm betragen, während der **Mindestabstand oben/unten** durch bei einem Zeilenabstand, der größer ist, als die Schriftgröße ist, schon bei 0 (Null) Millimeter beginnen kann.

j) Hier sei aber darauf hingewiesen, dass in Papyrus der Text nur auf einer Seite umflossen wird, außer in mehrspaltigen Dokumenten.

*Umfluss links **oder** rechts in einem zweispaltigen Text*

Layout

k) Nun ist es aber selten so, dass das Bild dem Raster der Schrift entspricht. An den kleinen Anfassern in der Mitte der jeweiligen Seite können Sie das von Hand korrigieren. Kleine Verzerrungen sind meist unsichtbar.

Das war es schon!

In den Tageszeitungen ist es den meisten Menschen präsent: Die dicke Überschrift, eine kurze Inhaltsangabe und die eigentliche Information, oft unterbrochen von weiteren (Zwischen-)Überschriften machen den Text aus, übermitteln die Informationen. Aus meiner Sicht müssen Sie die moderneren englischen Begriffe nicht verwenden, wenn es um Ihre eigene Publikation geht. Zumindest sollten Sie die richtigen Fachbegriffe aber kennen, um mit professionellen Verlagen Verhandlungen zu führen. Denen sind die Begriffe so ins Fleisch übergegangen, dass eine deutsche Ausdrucksweise kaum noch als Fachbegriff wahrgenommen wird.

Die *Headline*, bleiben wir des Verständnisses wegen bei den deutschen Begriffen, also die *Überschrift*, verrät Ihnen, worum es im Folgenden grob gesagt geht. Der Vorspann macht entweder neugierig oder erzählt für die Ungeduldigen oder Zeitgeplagten die wichtigsten Fakten, bevor der eigentliche Text die Einzelheiten benennt.

Initialbuchstaben

Auf Initiale ist Papyrus Autor von Haus aus nicht eingerichtet, aber es ist nicht unmöglich, sie zu erzeugen. Immer bedeuten Initialen daher etwas Handarbeit. Andererseits werden Initiale auch nicht massenhaft in Büchern verwendet. Meist beschränkt man sich insgesamt nur auf den Beginn eines Buches oder eines Kapitels. Dementsprechend darf der Aufwand im Einzelnen auch mal etwas größer sein.

Im Folgenden möchte ich Ihnen drei verschiedene Techniken für den ersten Buchstaben oder auch das erste Wort vorstellen. Fangen wir mit der einfachsten Variante an.

Überragende Initiale

Der erste Buchstabe in derselben Schriftart, wie der übrige Text, aber viel größer, soll Aufmerksamkeit erregen, zum Lesen animieren und Ihnen sagen: ›Hier geht es endlich los!‹. Der Abstand zum vorhergehenden Text ist ohnehin schon durch eine eventuelle Überschrift davor weit größer als normal. Manchmal bietet es sich an, nicht nur den ersten Buchstaben, sondern das erste Wort hervorzuheben. Da die Initiale den übrigen Text weit überragen, müssen Sie durch Leerzeilen dafür sorgen, dass die großen Lettern genügend Platz nach oben haben. Aus grafischer Sicht sollten die Initiale mindestens die dreifache Größe haben, wie der übrige Text. Der Duden-Korrektor erkennt in dieser Technik das geschriebene Wort und kann es korrigieren! In einer Abwandlung bei sonst denselben

In der ersten Variante wird der Text so belassen, wie er ist. Schlicht sieht es aus, wenn sich auch in den Initialen die Schriftart nicht ändert. Der erste Buchstabe hat die vierfache Größe.

Der Eindruck ändert sich stark, wenn Sie nicht nur den ersten Buchstaben, sondern das erste Wort größer schreiben, das hier die dreifache Größe hat..

In einer Abwandlung bei sonst denselben Einstellungen können Sie eine Schriftart verwenden, die im Gegensatz zu dem übrigen Text steht. Zu *Liberation Sans* 8/10 steht hier die Handschrift *Wolgast Script* 32/10 in vierfacher Schriftgröße.

Beispiele für überragende Initiale.

Erweiterte Absatzformatierung

Einstellungen können Sie eine Schriftart verwenden, die im Gegensatz zu dem übrigen Text steht. Sie sollte klar zum Inhalt des Textes passen. Eine Handschrift passt fast immer zu einer serifenlosen Schrift. Zu Liberation Sans 8/10 wird nebenstehend die Handschrift Wolgast Script 32/10 verwendet. Ein Einrücken der ersten Zeile empfiehlt sich an dieser Stelle nicht und kann automatisch im Menü **Absatz → Erweiterte Absatzformatierung...** mit einem Häkchen vor **Kein Einzug nach einer Leerzeile** unterdrückt werden. Weitere Voreinstellungen werden nicht benötigt.

Eingebettete Initiale

Hier ist das erste Schriftzeichen in ein extra Textobjekt geschrieben. Es reicht sowohl seitlich wie auch oben und unten an die Grenzen des Textobjektes heran. Stellen Sie dazu nach dem Markieren der Initiale den Zeilenabstand zunächst auf den Faktor 1 ein.

Eingebettete Initiale

Etwas schwieriger wird es, wenn die Initialen nicht über den eigentlichen Text hinausragen sollen. Solche sind oft in alten Schriften, teilweise sogar mehrfarbig, zu finden. Das steht in dieser Technik aber nicht zur Diskussion.

Es gibt etliche Schriftarten, die dies oft mit Arabesken verzierten Versalien nachzuahmen versuchen. Beispiele für diese Schriftarten, die nur die Versalbuchstaben enthalten, sind ›Goudy Initialen‹ und ›Foliar Initials‹.

Da der normale Text in Abhängigkeit von der Höhe der Initialen auch in jenen Zeilen verschoben werden muss, die unter dem ersten Buchstaben stehen, ist es notwendig, das Initial in ein Textobjekt zu schreiben und zusätzlich den ersten Buchstaben im normalen Text zu löschen. Da nun der erste Buchstabe eines Satzes kleingeschrieben

ist, muss dies dem Duden-Korrektor mitgeteilt werden. Das geschieht am einfachsten,
indem man sein ›Gemecker‹ im Kontextmenü (rechte Maustaste auf die unterkrin-
gelte Stelle klicken) mit **Hier ignorieren**
abgeschaltet wird.

Das Textobjekt mit dem neuen ersten Buchstaben, der wiederum mindestens so hoch
wie drei Zeilen sein sollte, verlangt noch
einige, *sich gegenseitig beeinflussende* Einstellungen.

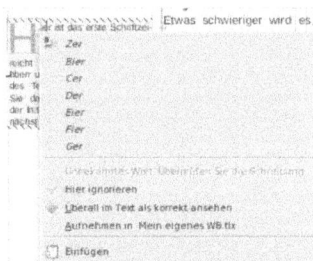

*Durch die Initiale ist das erste
Wort nicht mehr vollständig. Hier
ignorieren anklicken!*

Schnell mal nachgucken ...

1. Setzen Sie den Anfangsbuchstaben, der
   als *Initial* dienen soll, in ein *Textobjekt*
   und stellen Sie die Größe und die Schriftart ein sowie die Textausrichtung **linksbündig.**

   Markiertes Initial
   im Textobjekt

2. Das Initial sollte *mindestens* zweimal so
   hoch sein wie der Zeilenabstand des
   Textes. Stellen Sie den Zeilenabstand
   auf den **Faktor 1.**

   Textobjekt seitlich
   verkleinert

3. Markieren Sie dieses Schriftzeichen und
   schieben im *Textmodus* die *rechte* Markierung des Textobjektes mit dem
   Anfasser bis an den Rand der Markierung des Buchstaben heran.

   Initial durch Micro-
   spacing nach
   unten geschoben

4. Öffnen Sie mit dem Menü **Text → Microspacing...** oder mit Strg+Shift+M
   den Dialog **Microspacing** und wählen den
   Radiobutton **Absolut** sowie Maßeinheit
   Punkt(1/72 Zoll) aus.

   Zeilenabstand im
   Textobjekt verklei-
   nert

*Einstellung des Textobjektes für
einen Initialbuchstaben*

Layout

5. Geben Sie bei **Vertikal** als Startwert –3 ein und klicken Sie auf den Button **Übernehmen**.

6. Verändern Sie den Wert von **Vertikal** so lange, bis das Zeichen den unteren Rand berührt, *ohne* beschnitten zu werden.

7. Achtung: Ändern Sie einen Wert, müssen sie eventuell die anderen nachjustieren.

8. Kleiner Trost: Für die Schriftart, die hier als Initial verwendet wird, brauchen Sie die Einstellungen im Einstelldialog **Microspacing** in der Regel nur einmal vornehmen. Sie passen später nur die Breite des Textobjektes an.

9. Nun muss der Raum *über* dem Zeichen noch angepasst werden. Das geschieht mit dem *Zeilenabstandsfaktor* in der *Symbolleiste*. Dieser Faktor ist in allermeist kleiner als 1, weil Großbuchstaben meist keine Unterlängen haben.

10. Auch hier müssen Sie wieder darauf achten, dass das Zeichen weder unten noch oben beschnitten wird. Ein guter *Ausgangswert* ist **0,7**.

11. Schieben Sie nun das Textobjekt mit dem Initial so an die vorgesehene Stelle, dass die Grundlinie des Initials mit beispielsweise der *dritten* Grundlinie des übrigen Textes übereinstimmt.

Lage der Initiale im Textobjekt

Umflusseinstellung für Initiale

12. Stellen Sie nun die Größe des Initials so ein, dass die Oberlänge des Initials mit der Oberlänge der *ersten* Zeile des übrigen Textes eine Höhe hat.

13. Auch hier müssen Sie immer wieder darauf achten, dass das Initial weder beschnitten wird, noch sich ein Leerrand bildet. Justieren Sie deshalb mit **Microspacing** und **Zeilenabstand** im Bedarfsfalle nach.

14. Die Breite der Zeichen der Schriftart kann unterschiedlich sein. Diese Einstellung nehmen Sie mit dem rechten Anfasser des Textobjektes individuell vor.

Und nun im Detail:

a) Wenn Sie sich die Schriftart, in der Sie das Initial ausgesucht haben, öffnen Sie ein Textobjekt, und fügen den ersten Großbuchstaben ein. Stellen Sie den *Zeilenabstand* auf den *Faktor* 1 oder auf die *Schriftgröße*.

b) Die endgültige Größe der Initiale ist meist etwas kleiner als die Anzahl der Zeilen, vor der sie steht, multipliziert mit dem Zeilenabstand. Als Ausgangswert bei *drei* Zeilen und einem Zeilenabstand von *14 Punkt* ist **40** geeignet.

c) Markieren Sie im *Textmodus* das Initial, stellen Sie *Textausrichtung* auf **links** und schieben die *rechte* Seite des Textobjektes mithilfe des Anfassers an die Markierung heran.

as eingefügte Initial muss wie hier in den nächsten Zeilen den ursprünglichen Text automatisch nach rechts verdrängen. Das erreichen Sie, indem Sie in den **Grafikobjekt-Eigenschaften** den **Umfluss** für das Textobjekt auf **links o. rechts** stellen. Richten Sie die Größe des Textobjektes so ein, dass ca. *zwei bis fünf* Zeilen davon betroffen sind. Hier sind es drei Zeilen. Am besten Sie stellen den *Zoom* für diese Arbeiten auf **200 %** oder auf **Druckerauflösung** ein. Der waagerechte Leerraum vom Initial bis zum Beginn der Zeilen sollte in etwa dem Durchschuss entsprechen. Zur besseren Sichtbarkeit der Ausrichtung der Initiale sind oben Linien eingezeichnet, die natürlich im fertigen Layout unsichtbar sein müssen.

ie grünen magnetischen Linien sind allein mit der Maus nur in einem Raster von 1 mm verschiebbar. Eine rasterfreie Positionierung erreichen Sie, wenn Sie während des Verschiebens die **[Shift]**-Taste drücken.

Layout

d) Öffnen Sie den Dialog **Microspacing** aus dem Menü **Text** → Menüpunkt **Microspacing...** heraus oder mit `Strg`+`Shift`+`M` und wählen den Radiobutton **Absolut** sowie Maßeinheit **Punkt(1/72 Zoll)** aus. Die beiden Checkboxen sollten gesetzt sein.

e) Da Sie das Initial an den unteren Rand des Textobjekts verschieben müssen, geben Sie einen negativen Wert ein. Als Startwert eignen sich -3 bis -6.

f) Verändern Sie den Wert hinter **Vertikal** so lange, bis der Buchstabe den unteren Rand erreicht hat, aber noch nicht beschnitten wird. Für eine Schriftart brauchen Sie diese Einstellung nur *einmal* durchführen.

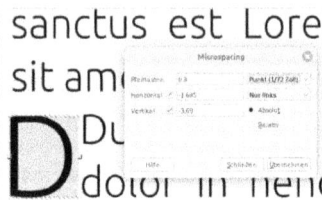

Initial soll mit dem unteren Fensterrand abschließen

g) Seien Sie deshalb genau. Zur Begutachtung gibt es in dem Zoom-Menü die Einstellung **Freien Zoom-Ausschnitt bestimmen**. Ziehen Sie einfach mit gedrückter linker Maustaste ein Rechteck über den Bereich des Textobjektes auf.

h) Passen Sie nun das Textobjekt in der Höhe mit dem Zeilenabstandsikon in der Symbolleiste an. Ein guter *Startwert* liegt bei **0,7** und achten Sie darauf, dass nichts beschnitten wird.

i) Schieben Sie nun das Textobjekt mit dem Initial so an die vorgesehene Stelle, dass die Grundlinie des Initials mit beispielsweise der dritten Grundlinie des übrigen Textes übereinstimmt.

j) Dazu können Sie entweder ein Lineal auf den Bildschirm halten und an der Grundlinie ausrichten oder Sie schalten in den Papyrus-Einstellungen die **Basislinien der Zeilen** ein.

k) Die Höhe des Initials wird ganz normal mit der Schriftgröße ausgerichtet. Es ist leider so, dass sich die genannten Einstellungen gegeneinander etwas beeinflussen. Auf den Zehntel-Millimeter brauchen Sie da aber trotzdem nicht zu achten! Ein halber Millimeter wäre jedoch schon zu viel.

l) Haben Sie Höhe und Lage eingestellt, ist die große Fummelei zu Ende. Je nach Zeichensatz müssten Sie vielleicht noch **Horizontal** etwas korrigieren.

m) Die Breite der Zeichen innerhalb der Schriftart kann unterschiedlich sein. Diese Einstellung nehmen Sie mit dem rechten Anfasser des Textobjektes individuell vor, den Sie vorsichtig an die markierte Initiale heranschieben.

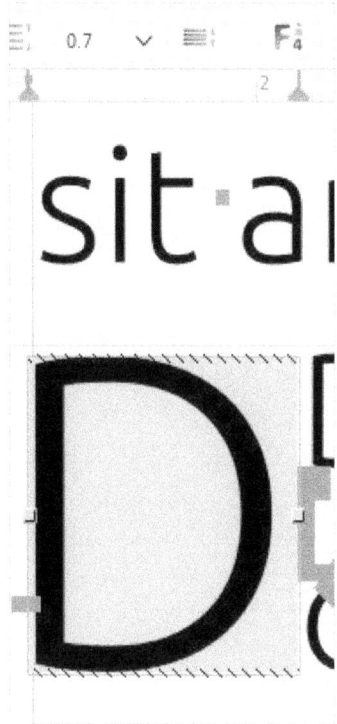

Breite und Lage dem Initial anpassen

Bis hierher erstmal.

Auf den ersten Blick scheinen eingebettete Initiale hier komplizierter zu sein, als sie in Wirklichkeit sind. Der Hauptteil ist für eine Schriftart tatsächlich nur einmalig einzustellen, oder Sie notieren sich diese Werte. Nun müssen Sie dafür sorgen, dass das Initial vom restlichen Text umflossen wird.

Umfluss und Mindestabstand

Weiter nachgucken ...

1. Wenn Sie die Höhen eingerichtet haben, stellen Sie die Bearbeitungsweise in der **Symbolleiste** oder im Menü **Text** in den **Grafikmodus** ⊕.

2. Klicken Sie doppelt auf das Textobjekt. Im Dialog **Grafikobjekt-Eigenschaften** klicken Sie auf die Rubrik **Umfluss**.

3. Aktivieren Sie **links o. rechts** und stellen Sie darunter den **Mindestabstand links/ rechts** sowie **Mindestabstand oben/ unten** jeweils auf **0 mm** (Null) ein.

4. Etwas Feinarbeit bleibt zum Schluss noch: Markieren Sie das *Textobjekt* mit dem Initial und schalten Sie in den *Grafikmodus* [Alt]+[F2] (nur Windows) ⊕ um.

sit amet.
D Duis aut
dolor in
tate velit es

5. Positionieren Sie die Initiale so, dass die Oberkante des Initials mit den Oberlängen der Buchstaben und die Unterkante mit Grundlinie der letzten verdrängten Zeile übereinstimmen.

6. Wenn Sie schon das Textobjekt im Grafikmodus markiert haben, holen Sie es sich gleich mit [Strg]+[C] in den Zwischenspeicher des PCs.

7. Suchen Sie sich den nächsten Textabschnitt, der mit einer Initiale beginnen soll, fügen Sie sie auf der Seite ein und schieben Sie sie grob an den Platz.

8. Klicken Sie *doppelt* auf die Initiale (schaltet in Textmodus) und ändern Sie den Buchstaben entsprechend dem Text.

9. Passen Sie die Breite an und positionieren ihn fein. Ach! Vergessen Sie nicht, den ursprünglichen ersten Buchstaben zu löschen. *Der Duden-Korrektor wird meckern.* Tun sie das mit **Hier ignorieren** ab.

Tipp:
Für die Positionierung der weiteren Initiale merken Sie sich die senkrechte Position, indem Sie das Textobjekt der Initiale anklicken, in den Grafikmodus umschalten und zählend die Pfeiltaste ⬇ betätigen, bis die nächste Zeile automatisch einrückt. Merken Sie sich diese Zahl oder schreiben Sie sich diese Zahl auf einen Notizzettel in der Pinnwand und gehen Sie mit ⬆ diese Anzahl von Schritten wieder hoch.

Und nun im Detail:

a) Aktivieren Sie den Grafikmodus mit dem Menü **Text** → Menüpunkt **Grafikmodus** oder in der Symbolleiste ✛.

b) Klicken Sie *doppelt* auf das Textobjekt mit der Initiale. Es öffnet sich der Dialog **Grafikobjekt-Eigenschaften**, in dem Sie die Rubrik **Umfluss** aktivieren.

Layout

c) Wählen Sie das mittlere Symbol **links o. rechts** und geben Sie in das Eingabefeld **Mindestabstand links/rechts** sowie **Mindestabstand oben/unten** jeweils **0** (Null) ein.

d) Je nach Schriftart des Initials kann es vorkommen, dass das Initial etwas eingerückt erscheint. Rücken Sie das Initial etwas weiter nach links, indem Sie im Dialog **Microspacing** auch unter **Horizontal** einen passenden *negativen* Wert eingeben.

e) Vergessen Sie nach dem Verändern von Werten nie den Button **Übernehmen** anzuklicken. Sind Sie mit den Einstellungen fertig, klicken Sie auf **Schließen**.

f) Wechseln Sie in den Grafikmodus entweder über das Menü **Text** → Menüpunkt **Grafikmodus** oder über das Ikon ✛ in der Symbolleiste.

Verschiebung der Initiale

g) Positionieren Sie das Initial so, dass die Oberkante des Initials mit den Oberlängen der Buchstaben und die Unterkante mit Grundlinie der letzten verdrängten Zeile übereinstimmen. Dazu können die grünen magnetischen Linien helfen, die sich mit ⇧ und der gedrückten Maustaste im Zoom sehr fein einstellen lassen (sonst ist Schrittweite 1 mm).

h) Haben Sie mehrere Stellen, an den das Initial eingesetzt werden soll, können Sie sich es im *Grafikmodus* (also mit Textobjekt) kopieren Strg+C und an der gewünschten Stelle einsetzen. Anschließend brauchen Sie nur noch im *Textmodus* den Buchstaben auswechseln und die Position im *Grafikmodus* einstellen sowie die Breite des Textobjektes an den anderen Buchstaben anpassen.

i) Vergessen Sie nicht, den ursprünglich ersten Buchstaben, der durch das Initial ersetzt wird, zu löschen! Daraufhin wird der Duden-Korrektor meckern. Tun Sie diese Meckerei hier mit einem **Hier ignorieren** ab.

Das war es schon!

Im ersten Moment erscheint diese Art recht aufwendig, Initialen zu verwenden. Wenn Sie allerdings ein wenig üben, vergeht mit dem Durchdenken schnell der Eindruck der Schwierigkeit. Mit der gezielten Verwendung der magnetischen grünen Linien wird ihre Positionierung relativ einfach. Wenn Sie beispielsweise diese Linien rund um den Satzspiegel anordnen, sind die Initiale schon mal in horizontaler Richtung schnell ausgerichtet. Die beschriebene Technik ermöglicht sogar ein nur teilweises Heraustreten (teilweises Hängen) der Initiale nach oben und/oder nach links um einen bestimmten Betrag, beispielsweise 5 mm. Dazu brauchen Sie nur zusätzlich grüne Linien im Abstand eben dieser 5 mm einziehen. In dieser Weise ersparen Sie sich das umfangreiche Anpassen der Größe der Initialen, weil nur auf eine gleiche Grundlinie geachtet werden muss. Im einfachsten Fall verschieben Sie nur die grüne Linie oder das Maß für die Oberseite.

Layout

Sie sehen also, dass es noch viele Abwandlungsmöglichkeiten gibt, das Layout interessant zu gestalten.

Initiale als Grafik oder Bild

Sehr oft werden nur einige wenige unterschiedliche Buchstaben als Initiale benötigt. Wer das künstlerische Geschick hat, diese zu Zeichnen, kann auch diese Bilder als Anfangsbuchstabe eines Kapitels verwenden. Dies eröffnet die Gelegenheit, sie wie in alten Zeiten farbig zu gestalten, die oft wahre Kunstwerke waren.

Ganz so kompliziert wie mit den aus Schriften verwendeten Initialen lässt sich das mit Bildern nicht ein. Mischen Sie aber nicht die verschiedenen Stile. Das würde zu unstet wirken. Allerdings haben es Bilder von Initialen so an sich, nicht optimal auf den Schriftzeichenersatz eingestellt zu sein. Sie haben die Möglichkeit, sich die infrage kommenden Bilder zunächst in ein Bildbearbeitungsprogramm wie GIMP zu laden und einen optimierten Ausschnitt mit möglichst wenig Rand auszuschneiden oder Sie laden die Initiale so wie sie sind in den Bildkatalog von Papyrus Autor und wählen im Bildkatalog den gewünschten Ausschnitt.

ie immer Ihre Intension auch ist: Initiale müssen nicht den Hauch des Mittelalters versprühen und auch nicht supermodern daherkommen. Aber eines sollten sie immer bestimmt: zum Text und zum Schriftstil passen. Geht es um Cowboys, wäre das obere Initial möglicherweise die Richtige.

Grafik als Initial

Beim Ausschneiden möglichst wenig Rand stehenlassen

Schnell mal nachgucken …

1. Öffnen Sie den zum Dokument gehörigen Bildkatalog.

2. Klicken Sie hier auf **Laden…** und wählen Sie die gewünschte Datei aus.

3. Achten Sie darauf, dass das Bild genügend aufgelöst ist.

4. Damit ist das Bild zunächst einmal im
Bildkatalog.

Und nun im Detail:

a) Öffnen Sie mit dem Menü **Einfügen** →
Menüpunkt **Grafikobjekte** → Unterpunkt
Bildkatalog oder mit der Tastenkombina-
tion ⌷Strg⌷+⌷Shift⌷+⌷B⌷ den Bildkatalog.

b) Klicken Sie auf **Laden...** und wählen Sie die
gewünschte Datei aus. Das gewünschte Bild
wird in den Bildkatalog aufgenommen.

c) Achten Sie darauf, dass das Bild genügend
aufgelöst ist. Soll das Initial 25 Millimeter
breit werden, muss es eine Breite von
wenigstens 300 Pixeln haben. Die Auflösung
des Bildes ist unter jedem Bild des Bildkata-
loges vermerkt.

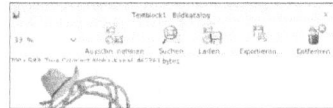

Menü des Bildkatalogs

d) Die dargestellte prozentuale Größe im Bildkatalog wird in einer einfachen Symbolleiste
links-oben angegeben und eingestellt. Es
werden dieselben Vergrößerungsstufen wie
im Zoom des Dokumententextes verwendet. Es kann aber gleichzeitig ein anderer
Wert *ausgewählt* werden als für das Dokument.

Bis hierher erstmal.

Weiter nachgucken ...

1. Steht unter dem Bild der Begriff ›Alpha-Kanal‹, so kann es in dem Bild *durchsichtige Bereiche geben.*

2. Richten Sie die Fenster von Papyrus Autor so ein, dass das Dokument mit der Stelle der beabsichtigten Abbildung *und* der Bildkatalog *nebeneinander* auf dem Screen sind, *nicht* übereinander!

3. Klicken Sie auf das gewünschte Bild. Es bekommt einen gestrichelten Rahmen mit acht Anfassern, den kleinen Quadraten in der gestrichelten Linie.

4. Schieben Sie mit den Anfassern die gestrichelte Linie soweit an die Darstellung heran, dass das reine Initial ohne Beschneidung umrahmt ist.

5. Ziehen Sie mit gedrückter linker Maustaste das Bild an den vorgesehenen Platz und lassen die linke Maustaste los.

Und nun im Detail:

a) Soll die Grafik-Initiale über einem farbigen oder gemusterten Hintergrund stehen, ist ein Alpha-Kanal im Bild der Initiale notwendig. PNG- und SVG-Grafiken können einen solchen durchsichtigen Bereich haben, nicht aber normale JPG-Grafiken.

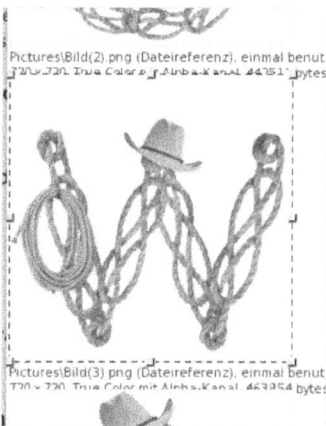

Pictures\Bild(2).png (Dateireferenz), einmal benut. 720×720 True Color mit Alpha-Kanal 44751 bytes

Pictures\Bild(3).png (Dateireferenz), einmal benut 720 × 720 True Color mit Alpha-Kanal 463354 bytes

Die 8 Anfasser im Bildkatalog

b) Richten Sie Papyrus so ein, dass ein Teil des Bildschirms für den Bildkatalog reserviert ist. Steht der Bildkatalog vor dem Hauptfenster von Papyrus, wird der Katalog vom Hauptfenster verdeckt, sobald es den Focus durch einen Mausklick bekommt, also aktiviert ist.

c) Klicken Sie auf das Bild der Initiale im Bildkatalog, bekommt dies einen gestrichelten Rand und die üblichen 8 Anfasser, den kleinen Quadraten am Umfang.

d) Mit diesen Anfassern schieben Sie die gestrichelte Linie so weit an das Initialbild, dass möglichst kein Rand drumherum bleibt, aber die Initiale noch nicht beschnitten wird. Verwenden Sie dazu auch die Zoom-Funktion.

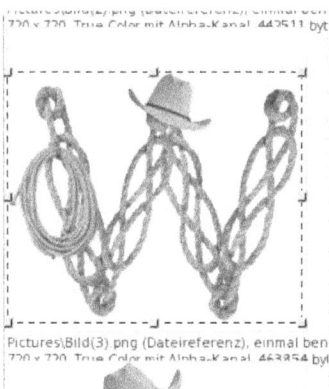

eingegrenzte Initiale

e) Ziehen Sie mit gedrückter linker Maustaste das Initial an den vorgesehenen Platz und lassen die Maustaste los.

Bis hierher erstmal.

Weiter nachgucken ...

1. Überprüfen Sie, ob für das Initial-Bild der **Umfluss** auf **links o. rechts** eingestellt ist.

2. Klicken Sie auf das Initial-Bild und schalten Sie in den *Grafikmodus* ⊕.

3. Richten Sie die Größe des Initials, indem Sie an den *Eck-Anfassern* des

Layout

markierten Initials die erforderliche Größe einstellen.

4. Positionieren Sie nun am besten mit den *Pfeiltasten* das Initial.

5. Achten Sie auf die Grundlinien und Ober-längen von Text und Initial, wie unter ein-gebettete Initialen beschrieben.

6. Wenn Sie alle Initialen eingefügt haben, können Sie den Bildkatalog schließen und das Hauptfenster mit dem eigentli-chen Text wieder in die ursprüngliche Lage zurückversetzen.

7. Die Voreinstellung im Dialog Grafikob-jekt-Eigenschaften in der Rubrik **Anker** Eigenschaft **Hängt an einem Absatz** ist für die Initialen optimal.

Und nun im Detail:

Umfluss und Mindestabstand

a) Überprüfen Sie, ob das Initial-Bild den Text in seiner Größe beiseiteschiebt und nicht nur sich über dem Text positioniert wird. Sollte das Letztere der Fall sein, so müssen Sie im Dialog **Grafikobjekt-Eigenschaften** den **Umfluss** auf **links o. rechts** verändern.

b) Klicken Sie mit der linken Maustaste auf das Initial-Bild und schalten Sie mit [Alt] + [F2], in der *Symbolleiste* oder im Menü **Text** in den *Grafikmodus*.

c) Passen Sie das Initial-Bild mit den vier Eck-Anfassern nach den Erfordernissen aus. *Ach-*

tung! Wenn Sie die seitlichen Anfasser benutzen, verzerren Sie die Grafik des Initials. Bestenfalls können Sie hier vorsichtig korrigieren.

d) Für Positionskorrekturen des Bild-Initials an der Grundlinie und den Oberlängen des Textes verwenden Sie vorteilhaft die Pfeiltasten ⬇ ⬆ ⬅ ➡ im Grafikmodus.

e) Wenn Sie alle Initiale eingefügt haben, können Sie den Bildkatalog schließen und das Hauptfenster wieder bildschirmfüllend anzeigen lassen.

Das war es schon!

Sie sehen also: Die nötigen Werkzeuge für das Einrichten der Initiale sind in Papyrus Autor vorhanden.

Hängende Initiale

Eine weitere Form sind die sogenannten ›Hängenden Initiale‹. Hier besteht wieder die Möglichkeit, sie als Bildchen einzufügen oder sie in einem Textobjekt als einzelnen Buchstaben zu verwenden. Da bei dieser Form kein Text beiseitegeschoben werden muss, ist die Positionierung etwas einfacher. Vergessen Sie aber auch hier nicht, den *ersten Buchstaben des normalen Textes* zu löschen und den dann meist kleinen Anfangsbuchstaben, weil zweiter Buchstabe des Wortes, zu belassen und eine automatische Korrektur durch den Duden Korrektor zu *ignorieren*. Auch hier sollten Sie darauf achten, dass die Grundli-

Hängende Initiale

Layout

nie der Initiale und des normalen Textes auf gleicher Höhe sind. Im nebenstehenden Beispiel trifft das auf die dritte Zeile des normalen Textes zu. Ebenso sollte die Oberlänge des normalen Textes mit der Oberkante der Initiale übereinstimmen. Die Vorgehensweise entspricht jener der *Eingebetteten Initialen* oder der *Initiale als Grafik oder Bild*, die gerade oben beschrieben wurden.

Fuß- und Endnoten

Neben Marginalien, die hier hauptsächlich verwendet werden, bieten Fuß- und End-

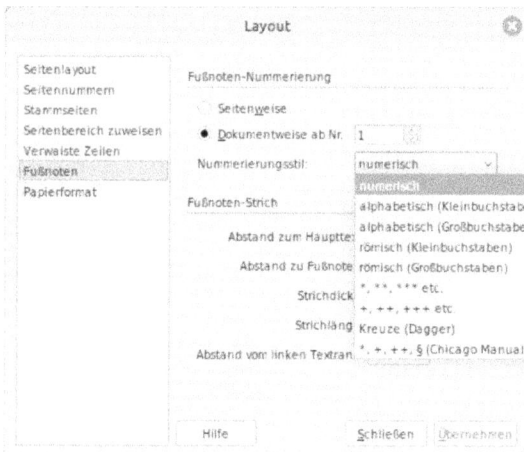

Fußnoten einstellen

noten die Möglichkeit, bestimmte Zusammenhänge näher zu erklären oder zu beschreiben, wo es weitere Informationen zum Thema gibt. Wie in vielen anderen Schreibprogrammen[*] sind diese Möglichkeiten auch in Papyrus Autor eingebaut. Schauen Sie mal nach unten ans Ende der Seite. Diese Fußnote ist nicht für ewig dort verankert.

Sie ist immer *exakt* auf der Seite zu finden, auf der sich der durch ein Zeichen markierte Begriff befindet. Sollten Sie zum Beispiel vorher ein Kapitel hinzufügen, rutschen dieser Begriff und die Erklärung dazu unter Umständen eine oder mehrere Seiten weiter.

---

[*] Zum Beispiel MS-Word, LibreOffice u. v. a.

Schnell mal nachgucken ...

1. Markieren Sie das zu erklärende Wort mit einem *linken* Doppelklick darauf.

2. Lassen Sie den Mauszeiger über dem markierten Wort und klicken Sie mit der *rechten* Maustaste. Es öffnet sich ein Kontextmenü.

3. Wählen Sie darin **Einfügen → Fußnote** aus, woraufhin die Fußnote unten auf der Seite angelegt wird.

4. Um das Aussehen der Fußnote zu verändern, öffnen Sie man Menü **Dokument → Seitenlayout... → Fußnoten**.

5. Hinter **Nummerierungsstil:** können Sie genau dies einstellen. Es gibt neun verschiedene Stile, die *immer* für das ganze Dokument gelten.

6. Der **Fußnoten-Strich**, der den Fußnotentext vom normalen Text abgrenzt, ist in fünf Parametern einstellbar

Layout

Und nun im Detail:

a) Markieren Sie das Wort, das eine Fußnote bekommen soll, oder setzen Sie den Cursor *dahinter*.

b) Lassen Sie den Mauszeiger dort und klicken Sie für das Kontextmenü mit der rechten Maustaste. Es öffnet sich ein *Kontextmenü*.

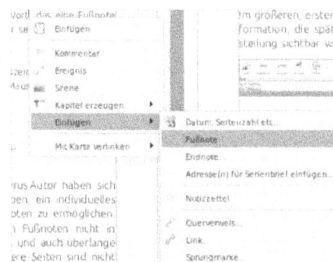

c) Hier wählen Sie **Einfügen** → **Fußnote** aus. Damit wird die Fußnote auf der aktuellen Seite angelegt, einschließlich Fußnoten-strich, wenn es die Erste auf der Seite ist.

d) Voreingestellt sind *numerische* Fußnoten. Sie können aber nur in Gänze verändert werden.

e) Öffnen Sie das Menü **Dokument** → Menü-punkt **Seitenlayout...** → Rubrik **Fußnoten**.

f) In dem Auswahlfeld nach **Nummerierungs-stil** können Sie zwischen neun verschiede-nen Stylings wählen. Wird hier etwas verän-dert, gilt das für das *gesamte* Dokument.

g) Der zugehörige **Fußnoten-Strich** kann in fünf Parametern den Bedürfnissen ange-passt werden. Auch diese gelten für das *gesamte* Dokument.

Das war es schon!

Die Macher von Papyrus Autor haben sich also viel Mühe gegeben, ein individuelles Layout bei den Fußnoten zu ermöglichen. Allerdings lassen sich Fußnoten nicht in Endnoten umwandeln und auch überlange Fußnoten über mehrere Seiten sind nicht möglich. Das mag die Möglichkeiten etwas einschränken, kommen aber außer in juristi-schen Texten nur sehr selten vor. Gerade dieser Bereich verwendet aber oft spezielle Juristensoftware, die auf dieses Bedürfnis zugeschnitten ist.

Endnoten

Während Fußnoten auf derselben Seite verwaltet werden, auf der sie zu finden sind,
wird bei Endnoten ein neuer Ordner mit
den nötigen Dokumenten im aktuellen Ordner angelegt, in dem auch das Hauptdoku-
ment gespeichert wird. Der Ordner heißt
Endnotes DB und ist eine Datenbank. Mit

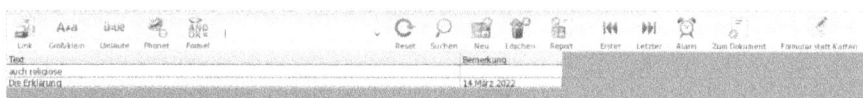

der ersten Endnote wird unter anderen
diese Datenbank und die dazugehörige Ein-
gabemaske mit zwei Eingabefeldern
erzeugt. Im größeren, ersten wird die

eigentliche Information, die später in der Endnotenaufstellung sichtbar wird, eingeschrieben und das untere, kleinere Eingabefeld kann, muss aber nicht, Bemerkungen dazu aufnehmen.

Fußnoten und Endnoten können parallel in einem Text verwendet werden. Dazu sollte sich Ihre Kennzeichnung markant unterscheiden. Genau wie die Fußnoten können Sie auch bei den Endnoten aus den neun gegebenen Möglichkeiten auswählen.

Weil im Normalfall die Anzahl der Endnoten wesentlich höher ist, als die der Fußnoten je Seite, bietet es sich an, bei den Fußnoten Sternchen zu verwenden, wenn es sein muss, auch römische Zahlen und die Endnoten mit Buchstaben zu kennzeichnen.

Das Cover

In der großen Masse verlangen *On-Demand-Verlage* und Druckereien für das Cover eine Extra-PDF-Datei. Das ist auch verständlich, wenn man bedenkt, dass in das Cover außer der Vorder- und Rückseite noch die Buchdicke in die Breite einfließt. Außerdem wird es meist farbig gedruckt, während, zumindest für einen Roman, die Seiten mit schwarzer Druckfarbe auskommen.

Es ist zwar sehr empfehlenswert, für die Gestaltung des Covers ein Grafikprogramm zu verwenden, beispielsweise Adobe Photoshop oder GIMP, aber einiges ist auch in Papyrus Autor machbar, denn ein neues Programm heißt auf jeden Fall, Zeit in das Erlernen der Bedienung zu stecken und sich zu merken, wo die benötigten Funktionen zu finden sind. Schriftsteller und Selfpublisher wollen vermutlich eines in erster Linie: Schreiben und sich nicht unnötig mit vielen Computerprogrammen auseinandersetzen. Das ist ein anderes Hobby.

Covermaße

In der praktischen Arbeit geht ohne *zulässige* Toleranzen gar nichts. Selbst die Zahnräder einer mechanischen Armbanduhr haben einen Toleranzbereich, auch wenn er sehr klein ist.

Nicht anders ist es beim Druck. Vor allem viele übereinanderliegende Lagen Papier verrutschen gern einmal. Deshalb wird ein Buch nach dem Drucken und Binden beschnitten. Auch die Seiten Ihres Werker werden zunächst auf einem größeren Bogen gedruckt. Haben Sie einen festen Einband vorgesehen (Hardcover), wird der Buchblock zusammen mit dem Beilagepapier schon jetzt beschnitten. Bei einem Softcover, also Klebebindung (Lumbecken), geschieht dies erst, nachdem der Umschlag, das Cover, montiert ist, weil das Cover Vorder- und Rückseite enthält.

Das hat zur Folge, dass das Coverpapier/Coverkarton mehr als die doppelte Größe des Buchblocks hat, wie oben schon dargelegt. Hinzu kommen noch die Beschnittränder.

Papierformat einstellen

Gehen Sie von einem Buchformat von 120 mm × 190 mm aus, einer Buchdicke von 19,5 mm und einem Beschnittrand von jeweils 5 mm, muss von einem Papierformat in der Breite von 120 mm (Vorderseite)+ 120 mm (Rückseite) + 19,5 mm (Buchrücken) + 2 × 5 mm (Beschnittrand) ausgegangen werden. Zusammen sind das 269,5 mm (Coverbreite). Für die Höhe müssen Sie 200 mm (Buchhöhe + 2 × 5 mm) einrichten. Auf den Webseiten der On-Demand-Verlage gibt es meist einen Coverrechner, der Ihnen bei Angabe der Anzahl der Seiten und des Buchformats ausgibt, welche Abmaße Ihr Coverblatt haben muss. Geben Sie diese Werte auf einen halben Millimeter genau in Ihr Papyrus ein. Gehen Sie dabei folgendermaßen vor:

Schnell mal nachgucken ...

1. Öffnen Sie im Menü **Dokument** den Dialog **Seitenlayout** und wählen Sie die Rubrik **Papierformat** aus.

2. Klicken Sie unten auf den Button **+** (Pluszeichen). Es erscheint in der Auflistung der Formate **<neues Papierformat>**. Dieser Eintrag ist markiert.

3. Hinter **Formatname:** Geben Sie einen aussagekräftigen Namen ein.

4. Wenn Sie beim angeführten Beispiel bleiben, tragen Sie hinter **Breite** 269,5 mm ein und hinter **Höhe** 200 mm.

5. Das stilisierte Blatt Papier oben-rechts ändert seine Abmessungen entsprechend. So lassen sich zumindest grobe Fehler vermeiden.

6. Stellen Sie die **Druckrichtung** auf die Einstellung **hoch**. Die anderen Einstellungen lassen Sie in der Grundeinstellung.

7. Klicken Sie auf **Übernehmen**.

8. Ihr virtuelles Blatt Papier auf dem Bildschirm nimmt die Ausmaße an. Wenn Sie nun den Zoom auf die ausprobierte 1:1-Darstellung stellen, haben Sie das jungfräuliche Coverblatt vor sich, das es nun zu gestalten gilt.

Und nun im Detail:

a) Es liegt in der Natur der Sache, dass jedes Coverblatt durch die unterschiedliche Buchdicke ein Sondermaß hat. Öffnen Sie den Dialog **Layout** aus dem Menü **Dokument** → Menüpunkt **Seitenlayout** heraus oder mit `Strg`+`L` und aktivieren Sie die Rubrik **Papierformat**.

b) Unter den aufgeführten Papierformaten klicken Sie auf den Button **+** (Pluszeichen). In der Auflistung der Formate erscheint **<neues Papierformat>**. Dieser Eintrag ist markiert.

c) Hinter **Formatname:** Geben Sie einen aussagekräftigen Namen für Ihr Cover ein.

Layout

d) Tragen Sie nun die **Breite** des Covers ein. Sie errechnet sich in Millimetern zu (((Breite des Buchblocks) x 2) + (Breite des Buchrückens) + 10). In dem obigen Beispiel = 269,5 mm.

e) Die **Höhe** errechnet sich zu ((Höhe des Buchblocks) + 10 mm), im Beispiel = 200 mm.

f) Das stilisierte Blatt Papier oben-rechts ändert seine Abmessungen. So lassen sich zumindest grobe Fehler vermeiden.

g) Stellen Sie die Druckrichtung (rechts-oben) auf **Hoch** und lassen alle anderen Einstellungen bei den Vorgabewerten.

h) Zum Speichern der Einstellungen klicken Sie auf den Button **Übernehmen**.

i) Lassen Sie den Dialog **Layout** noch offen!

j) Ihr virtuelles Blatt Papier auf dem Bildschirm nimmt diese Ausmaße an. Wenn Sie nun den Zoom unten in der Statuszeile auf die ausprobierte *1:1-Darstellung* stellen, haben Sie das jungfräuliche Coverblatt in Originalgröße vor sich, das es nun zu gestalten gilt.

Das war es schon!

Hilfslinien einrichten

Mit einigen Hilfslinien in der richtigen Ebene können Sie sich die Arbeit sehr erleichtern. Die Vorderseite des Covers befindet sich bei den üblichen Büchern (al-

so, die von links nach rechts gelesen werden) auf der rechten Seite, die Rückseite
auf der linken. Dazwischen befindet sich der
Buchrücken.

Wenn nicht schon angezeigt, öffnen Sie aus
dem Menü **Dokument** → **Seitenlayout** den
Dialog **Layout** → Klicken Sie auf die Rubrik
Seitenlayout.

Weiter nachgucken ...

1. *Entfernen* Sie den Haken bei **Doppelseitiges Dokument** und **rechts <-> links
spiegeln**.

2. Die **Ränder des Textbereiches** erhalten
alle den Wert **5 mm** zugewiesen. Die
Werte für **Kopfbereich** und **Fußbereich**
erhalten den Wert **0** (Null).

3. Die Angaben für die **Anzahl der Spalten**
›missbrauchen‹ Sie für den Buchrücken.
Geben Sie hier bei **Spalten** eine **2** ein
und **19,5 mm** bei dem **Spaltenabstand**
die Breite des Buchrückens.

4. Klicken Sie also doppelt auf den Buchrücken oder den 5-Millimeter-Rand. Wie
bereits bekannt, gelangen Sie dabei auf
die Stammseite, die Sie als zweite Ebene
Benutzen.

5. Wechseln Sie in den **Grafikmodus** Symbolleiste ⊹ oder [Alt]+[F2] (nicht bei
Linux!).

6. Wählen Sie in der Symbolleiste das
Rechteck ▦ und Ziehen einen Rahmen

Layout

auf, der auf jeder Seite den 5-mm-Rand bis zur Außenkante des Papiers stehenlässt.

7. Klicken Sie doppelt auf das eben angelegte Rechteck. Im Dialog Grafikobjekt-Eigenschaften wählen Sie die Rubrik Farbe.

8. Das **Füllmuster** stellen Sie **ohne Hintergrundfarbe** ein und den **Linien** geben Sie eine auffällige Farbe als **Haarlinie**, die den abschließenden Beschnitt kennzeichnet.

9. Ziehen Sie nun auf dieselbe Art und Weise einen weiteren Rahmen genau über dem Buchrücken auf.

10. Mit einem Klick auf **Übernehmen** tun Sie genau dies. Anschließend verlassen Sie die Stammseite.

Und nun im Detail:

a) Wechseln Sie in die Rubrik **Seitenlayout**.

b) Das Cover besteht in der Regel aus nur einer Seite. Deshalb löschen Sie die Häkchen aus den Checkboxen vor **Doppelseitiges Dokument** und **rechts <-> links spiegeln**.

c) Weisen Sie **Ränder des Textbereiches** für **links**, **rechts**, **oben** und **unten** jeweils einen Wert von **5 mm** zu.

d) Der **Kopfbereich** und **Fußbereich** erhalten jeweils den Wert **0 mm**.

e) Bei **Spalten** tragen Sie **2** ein und bei **Spaltenabstand** die *Breite des Buchrückens*, also **19,5 mm**. Papyrus teilt Ihnen das alles schön symmetrisch ohne viel Rechnerei ein.

f) Klicken Sie doppelt auf den Buchrücken oder den 5-Millimeter-Rand. Wie bereits bekannt, gelangen Sie dabei auf die *Stammseite*.

g) Hier können Sie Elemente positionieren, die von der normalen Oberfläche aus nicht verändert werden können. Benutzen Sie die Stammseite als zweite Ebene.

h) Wechseln Sie mit ⊕ oder über das Menü **Text → Grafikmodus** in den Grafikmodus.

i) Die beiden grauen Flächen repräsentieren hier die Vorder- und Hinterseite des Buches, der Abstand zwischen beiden den Buchrücken.

j) Wählen Sie in der Symbolleiste das **Rechteck** und Ziehen einen Rahmen auf, der auf jeder Seite den 5-mm-Rand bis zur Außenkante des Papiers stehenlässt.

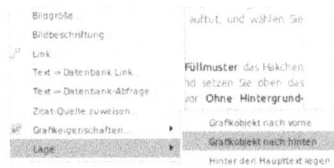

Grafikobjekte nach hinten stecken

k) Klicken Sie *doppelt* auf das eben angelegte Rechteck, sodass sich der Dialog **Grafikobjekt-Eigenschaften** auftut, und wählen Sie die Rubrik **Farbe**.

l) Setzen Sie *nur* vor **Füllmuster** das Häkchen in der Checkbox und setzen Sie oben das Checkboxhäkchen vor **Ohne Hintergrundfarbe**. Sichern Sie die Einstellung mit einem Klick auf **Übernehmen**.

Grundfarben einstellen

Layout

m) Nun setzen Sie nur vor **Linien** das Häkchen und wählen eine auffällige Farbe, beispielsweise Magenta, und klicken Sie nochmals auf den Button **Übernehmen**.

n) Speichern Sie alles mit einem Klick auf den Button **Übernehmen**.

o) Klicken Sie nun einmal mit der *rechten* Maustaste auf den eben eingerichteten Rahmen und wählen Sie in dem *Kontextmenü* **Lage →
Grafikobjekt nach hinten**.

p) Ziehen Sie nun auf dieselbe Art und Weise einen weiteren Rahmen genau über dem Buchrücken auf und befördern ihn auf dieselbe Ebene wie den ersten Rahmen.

q) Markieren Sie die Linien für den *Beschnitt* und den *Buchrücken*, indem Sie erst das eine anklicken und mit gedrücktem ⎡Strg⎤ das andere Rechteck anklicken und stellen Sie in der Rubrik **Linie** die **Breite** als **Haarlinie** und den **Stil** als einfache Linie über den Radiobutton.

r) Wechseln Sie wieder in den **Textmodus** Ι, klicken in eine graue Fläche der Stammseite und wählen **Zurück zum Haupttext** aus.

Das war es schon!

Sie haben nun zwei wunderschöne farbig umrandete Rechtecke, die die Vorder- und Rückseite des Covers repräsentieren. Der Vorteil davon, diese Einstellungen auf der Stammseite zu tätigen ist der, dass sich die magnetischen grünen Linien nicht hinter den Linien und Flächen verstecken, wie Sie gleich bei der Einrichtung einer Farbfläche auf dem Cover beobachten können.

Dem Cover eine Grundfarbe geben

Nun ist es selten so, dass ein Buch die Farbe Weiß als Grundfarbe hat. Dem Cover eine Grundfarbe zu geben ist nicht schwer und gelingt am sichersten auf der Stammseite des Covers, ebenso wie Bilder. Keine Feinabstimmung kann dann die Position der Beschriftung durcheinanderbringen. Ich setze voraus, dass Sie die Stammseite gemäß *Hilfslinien einrichten auf Seite 326* mit zwei Spalten versehen haben.

Ebenso sind übrigens Foto zu verwenden.

Schnell mal nachgucken ...

1. Klicken Sie zum Aufruf der Stammseite wieder auf den 5-mm-Rand oder auf den späteren Buchrücken.

2. Wechseln Sie in den Grafik-Modus, indem Sie in der Symbolleiste ✛ anwählen oder mit ⸤Alt⸥+⸤F2⸥ aufrufen.

3. Die Grundfarbe des Covers geben Sie mit einem farbigen Rechteck. ⸤Alt⸥+⸤F5⸥ als Tastenkombination oder im Menü **Einfügen → Grafikobjekte** oder in der Symbolleiste.

4. Ziehen Sie ein größeres Rechteck auf der Stammseite auf und klicken Sie mit der rechten Maustaste hinein. Im Dialog

Farben auswählen

Grafikobjekt-Eigenschaften aktivieren Sie die Rubrik **Farbe**.

5. Setzen Sie nur bei **Füllmuster** und **Linien** ein Häkchen, wählen eine Farbe und klicken auf den Button **Übernehmen**.

6. Achten Sie darauf, dass Ihr farbiges Rechteck an mindestens einer Seite über die *grauen* Flächen der *Stammseite* hinausragt.

Und nun im Detail:

a) Die Grundfarbe eines Covers auf der Stammseite zu verankern, hat den entscheidenden Vorteil, dass sie u.a. bei der eigentlichen Gestaltung nicht im Wege ist und ungewollt verschoben werden kann.

b) Klicken Sie dazu doppelt auf den 5-mm-Rand oder den späteren Buchrücken oder Strg + L → Rubrik **Stammseiten** → Button **Zur Stammseite**.

c) Wechseln Sie in den Grafikmodus ⊕ oder Alt + F2 .

d) Die Grundfarbe des Covers besteht aus einem (oder mehreren) farbigen Recht(en). Wählen Sie ▦ in der Symbolleiste oder Alt + F5 und ziehen Sie ein größeres Rechteck auf.

e) Klicken Sie doppelt auf dieses Rechteck. Es öffnet sich der Dialog **Grafikobjekt-**

Eigenschaften oder er schiebt sich in den Vordergrund.

f) Aktivieren Sie die Rubrik Farbe und setzen in die beiden Checkboxen vor **Füllmuster** und **Linien** ein Häkchen.

g) Wählen Sie eine Farbe aus den **Grundfarben** oder **Benutzerdefinierten Farben** aus.

h) Achten Sie darauf, dass Ihr farbiges Rechteck an mindestens einer Seite über die *grauen* Flächen der *Stammseite* hinausragt, anderenfalls kann es später beim Markieren Schwierigkeiten geben.

Bis hierher erstmal.

Der folgende Schritt ist äußerst wichtig, weil Sie anderenfalls nicht mehr von der Stammseite in die normale Ansicht kommen.

Weiter nachgucken ...

1. Klicken Sie mit der *rechten* Maustaste in Ihr Rechteck und wählen Sie im Kontext-Menü **Lage** → **Hinter den Haupttext legen** aus.

2. Ihr farbiges Rechteck sollte nun hinter den grauen Flächen des Satzspiegels liegen. Die Anfasser sind aber noch zu sehen und können bedient werden.

3. Ziehen Sie nun Ihr farbiges Rechteck auf die gewünschte Größe auf. Dabei darf es

Layout

durchaus über den Papierrand gehen. Allerdings gibt es dann dort keine Anfasser mehr!

4. Sollten keine Anfasser mehr zu sehen sein, können Sie es mit der gedrückten linken Maustaste verschieben, die Sie irgendwo auf der farbigen Fläche niederdrücken und bewegen.

5. Schalten Sie wieder in den Textmodus. Der Klick auf die graue Fläche hat nämlich im Grafik- und im Textmodus unterschiedliche Kontext-Menüs. **Zurück zum Haupttext** (oder zur eigentlichen Oberfläche des Covers) kommen Sie nur aus dem *Textmodus*.

Und nun im Detail:

a) Zum Anpassen der Lage und Größe Ihres farbigen Rechtecks klicken Sie mit der *rechten* (!) Maustaste hinein. Es erscheint ein *Kontextmenü*.

Grafikeigenschaften
Lage
Ausschneiden
Kopieren
Grafikobjekt nach vorne
Grafikobjekt nach hinten
Hinter den Haupttext legen

b) Wählen Sie **Lage → Hinter den Haupttext legen** aus. Anschließend sollte Ihre farbige Fläche hinter den beiden grauen Flächen der Stammseite liegen, die *Anfasser* als kleine Quadrate jedoch noch zusehen sein.

c) Schalten Sie mit ⊕ in der Symbolleiste in den *Grafikmodus*.

d) An diesen Anfassern ziehen Sie die farbige Fläche beispielsweise für eine Grundeinfärbung des Covers über die gesamte Seite.

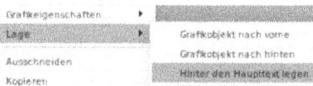

Dabei dürfen Sie ruhig die Papiermaße überschreiten.

e) Es ist nur zu beachten, dass dann keine
   Anfasser zu sehen sind. Die können Sie aber
   aufs Papier holen, indem Sie die farbige Fläche mit *gedrückter linker Maustaste* entsprechend verschieben.

f) Der Rahmen für den *Beschnittrand* sollte
   jetzt über der farbigen Fläche liegen, weil er
   sonst im Normalmodus nicht sichtbar ist.

g) Sollte der Rahmen nicht zu sehen sein, müssen Sie die Farbfläche abermals mit der rechten Maustaste anklicken und im Kontextmenü **Lage → Hinter den Haupttext legen**
   auswählen.

h) Klicken Sie in eine der grauen Flächen der
   Stammseite und wählen Sie **Zurück zum
   Haupttext** aus. Nur auf diese Weise sind
   später alle grünen magnetischen Linien *über*
   der farbigen Fläche bzw. über dem Foto
   oder der Grafik.

Das war es schon!

Auf dieselbe Art und Weise können Sie
auch *Bilder* einfügen. Damit die Textebene
immer erreichbar bleibt, sollten Sie *alle*
Grafikelemente hinter diese graue Fläche
bringen. Falls ein Element einmal zu weit
vorn oder zu weit hinten eingeordnet
wird, gibt es im Kontextmenü Eintrag **Lage**
noch die Möglichkeit, es *schrittweise* nach
vorn oder hinten einzuordnen. Dazu die-

nen die **Menü-Unterpunkte Grafikobjekt nach vorne** und **Grafikobjekt nach hinten**. Auch Drehungen in 90-Grad-Schritten sind hier möglich. *Beliebige* Drehungen sind im Dialog **Grafikobjekt-Eigenschaften** Rubrik **Lage** erreichbar, wobei Textobjekte voll editierbar bleiben.

Jede Gestaltungsebene erreichen

Sollten die beiden Spalten, die die Vorder- und Rückseite des Covers repräsentieren durch eine Unachtsamkeit einmal verrutscht sein, so können Sie dies korrigieren, indem Sie den hie schon oft erwähnten Dialog **Grafikobjekt-Eigenschaften** mit der Rubrik **Lage** aufrufen. Ein Klick im **Grafikmodus** auf die jeweilige graue Fläche offenbart die X- und Y-Maße sowie die Breite und Höhe. Eventuell müssen Sie dann etwas rechnen oder Sie notieren sich deren Werte unmittelbar nach dem Erzeugen.

Durch die vielfältigen Operationen kann es vorkommen, dass ein Grafikelement scheinbar unerreichbar bleibt. Ein erster Gedanke könnte sein, die darüberliegenden, eventuell durchsichtigen Elemente, wie Textobjekte usw. umzusortieren. Wie das oberste Element zu erreichen ist, wissen Sie hoffentlich noch (nämlich im Grafikmodus durch einen Klick darauf), und dann alle oben liegenden nach hinten bringen (**Grafikmodus**, rechter Mausklick, Kontext-Menü → **Lage** → **Grafikobjekt nach vorne/hinten**).

Es ist nicht nur, dass diese Arbeitsweise die Kreativität vehement bremst, sondern sie ist (mit jedem Mausklick) auch fehleranfällig. Und das korrekte Ergebnis der Operation sehen Sie nicht. Viel einfacher ist es doch, die oberste Lage über der zu verändernden im Grafikmodus ✛ anzuklicken. Betätigen Sie nun die *Tabulator-Taste* ⇥. Mit jedem Tastendruck wird die Ebene gewechselt. Haben Sie die gewünschte Ebene erreicht – zu erkennen an den Anfassern – können Sie alle bekannten Manipulationen an dieser Ebene ausführen, auch die, im Kontext-Menü unter **Lage** aufgeführten Operationen. Das trifft sowohl auf der Stammseitenebene zu, als auch auf der normalen (Schreib-)Oberfläche.

Das Gesicht des Buches

Durch die farbigen Linien des Textfeldes, die jetzt *über* den farbigen Flächen liegen sollten, können Sie sich nun die *grünen magnetischen Linien* aus den Linealen mit gedrückter linker Maustaste ziehen. Beachten Sie, dass alle Flächen und Linien die Sie nun auf das Cover holen *über* diesen grünen Linien liegen. Diese grünen Linien springen normalerweise im Millimeterabstand weiter. Wenn Sie feinere Abstufungen benötigen, drücken Sie beim Bewegen mit der Maus zusätzlich ⇧ und wählen Sie für die Feineinstellung eine höher auflösende Zoom-Stufe.

Beispiel Vorderseite

Auf der Vorderseite eines Buches erwartet der zukünftige Leser vor allem den Titel – und so vorhanden – den Untertitel wie auch den Autor oder Herausgeber. Es ist nicht falsch, hier schon den Verlag zu benennen, aber nicht unbedingt notwendig. Der Verlag kann auch auf der Rückseite oder dem Buchrücken angegeben werden. Für mein Empfinden sollten Sie auf weitere Angaben auf der Vorderseite verzichten, da es sonst zu *marktschreierisch* daherkommt, also wie die quietschbunten Boulevardblätter.

Wenn auch bei *Dem Cover eine Grundfarbe geben auf Seite 331* empfohlen wurde, schon das Titelbild auf die Stammseite zu legen ist das nicht zwingend notwendig. Überlegen Sie zunächst, ob ein kleiner Teil der Beschriftung vom Bild verdeckt werden soll. Bei entsprechend großer Schrift kann das recht reizvoll sein. Bedenken Sie dabei, dass in der Oberhälfte der Kleinbuchstaben mehr Informationen stecken als in der Unterhälfte. (Siehe *Die obere und die untere Hälfte auf Seite 65*)

Zwar befindet sich der Textrahmen für beide Seiten getrennt auf dem virtuellen Papier, dennoch empfehlet es sich, vorzugsweise Textobjekte für Titel und Verfasser zu verwenden. Sie lassen sich viel leichter verschieben und justieren als Text direkt auf der Seite.

Text-Schatten simulieren

Mit Textobjekten ist es auch möglich, den Schatten einer Schrift zu simulieren. Allerdings sind auf diese Weise keine weichen Schatten erreichbar. Das ist Grafikprogrammen vorbehalten.

Schnell mal nachgucken ...

1. Platzieren Sie ein Textobjekt auf der Vorderseite des Covers und schreiben Sie den Titel des Buches hinein. Legen sie die Größe fest.

2. Setzen Sie den Cursor in das Textobjekt und Markieren Sie den gesamten Titel.

3. Wählen Sie die **Schriftart**, **-Größe** und **-Farbe** aus.

4. Schalten Sie in den **Grafikmodus** ✛ und ziehen mit der *linken* Maustaste das Textobjekt am *oberen* oder *unteren* Rand auf eine leere Stelle der Pinnwand.

5. Kopieren Sie dieses Textobjekt und fügen es sofort wieder auf der Pinnwand ein.

6. Ordnen Sie beide Textobjekte räumlich so, dass sie ungefähr übereinander auf der Pinnwand stehen.

7. Schalten Sie zurück in den **Textmodus** und markieren Sie eines der beiden Textobjekte. Ordnen Sie der Schrift eine Schattenfarbe zu.

8. Schalten Sie wieder in den ✛ **Grafikmodus** und schieben die beiden Textobjekte entweder mit der linken Maustaste oder besser mit der Pfeiltasten so *übereinander*, dass sie fast(!) deckungsgleich sind.

9. Je nachdem, welches Textobjekt Sie ausgewählt haben, stimmen die *Vorder-* und *Hintergrundfarbe* mit der gewünschten Position überein oder nicht. Ist die Schattenfarbe oben, Markieren Sie im **Grafikmodus** das Textobjekt und führen einen Rechtsklick aus.

Überschrift

Text mit einfachem Schatten

10. Dadurch erscheint ein *Kontext-Menü,* mit dem Sie im Menüpunkt **Lage** die Position verändern können.

11. Entspricht der Versatz der beiden Textobjekte Ihren Vorstellungen, markieren Sie beide, machen einen Rechtsklick darauf und wählen in dem Kontextmenü **Grafik-Objektgruppe** bilden aus.

12. Schieben Sie nun die Grafik-Objektgruppe an den vorgesehenen Platz im Cover.

Und nun im Detail:

a) Einen Titel mit Schatten gibt es als Voreinstellung in Papyrus-Autor nicht. Sie müssen ihn selbst aus zwei korrespondierenden Textobjekten zusammensetzen.

Layout

b) Platzieren Sie auf der späteren *Vorderseite* (rechts) ein **Textobjekt** des Covers und schreiben Sie mit der *Vordergrundfarbe* den Titel des Buches hinein. Beachten Sie, dass ein Abstand von 10 bis 20 mm zum Rand des beschnittenen Buches und bis zum Buchrücken bleiben sollte.

c) Wählen Sie **Schriftart**, **-Größe** und **-Farbe** der Schrift in bekannter Weise aus.

d) Schalten Sie in den **Grafikmodus** ⊕ und ziehen mit der *linken* Maustaste das **Textobjekt** am oberen oder unteren Rand auf eine leere Stelle der Pinnwand.

e) Kopieren Sie das **Textobjekt** im **Grafikmodus** und setzen es auf der *Pinnwand* daneben, sodass Sie zwei identische Textobjekte auf der Pinnwand sehen.

Überschrift

Zwei vorbereitete Textobjekte zum
Übereinanderschieben für
Schattendarstellung

f) Das zuletzt abgesetzte **Textobjekt** liegt immer *über* den vorhergehenden!

g) Klicken Sie *doppelt* auf das ursprüngliche Textobjekt. Dadurch wird es in den **Textmodus** versetzt. Klicken Sie ein zweites Mal auf dieses **Textobjekt**.

h) Nun ist die Schrift markiert. Weisen Sie diesem die Schattenfarbe zu.

i) Schalten Sie wieder in der Symbolleiste mit einem Klick auf ⊕ in den Grafikmodus.

j) Markieren Sie mit einem einfachen Klick auf eines der beiden Textobjekte und schieben Sie am besten mit den Pfeiltasten ↑ ↓

Layout

← → beide Textobjekte fast(!) deckungsgleich aufeinander, je nachdem, in
welcher Position der Schatten sichtbar sein
soll.

k) Markieren Sie beide Textobjekte ⊕, klicken
Sie mit der *rechten* Maustaste in die Markierung und wählen Sie im *Kontextmenü* **Grafikobjekt-Gruppe bilden** aus.

l) Um beide Textobjekte legt sich ein markierter Rahmen. Ziehen Sie mit gedrückter linker Maustaste diese Grafikobjekt-Gruppe auf
die Vorderseite (rechts) Ihrer Coverdatei.

m) Richten Sie die Schrift nach Ihrem Gusto aus.

Das war es schon!

Bei der Kreation Ihres Covers sollten Sie auf
Ihr Gefühl vertrauen. Als Anhaltspunkte
können Ihnen das Dritteln oder der Goldene
Schnitt dienen. Vergleichen Sie auch: *Goldener Schnitt auf Seite 276.*

Teildurchsichtige Schatten
Auch teilweise durchsichtige Schatten sind
realisierbar. Sowohl Papyrus-Grafikobjekte
als auch Schriften gestatten dies. Schriften
sollten dazu aus gutem Grund ausreichend
breit sein.

Und nun im Detail:

a) Markieren Sie das Grafikobjekt oder den Text
aus; Linien und Füllmuster im Grafikmodus,
Texte und Texthintergrund im Textmodus.

b) Öffnen Sie den Dialog **Grafikobjekt-Eigen-schaften** und wählen Sie die Rubrik **Farbe** aus.

c) Wählen Sie unter A**nwenden auf...** die Kategorie aus, indem Sie die Checkbox mit Häkchen versehen.

d) Stellen Sie den Regler Transparenz: auf den gewünschten Wert. Brauchbare Werte finden Sie zwischen 20 und 80 %.

e) Zum Anwenden klicken Sie auf den Button Übernehmen.

Das war es schon!

Rückseite des Buches

Wie aus den vorherigen Ausführungen zu vermuten, befindet sich die Rückseite des Covers auf der linken Seite, genauer gesagt auf der linken Spalte. Dabei setze ich voraus, dass Sie die Einteilung des Coverblattes nach dem Vorschlag vorgenommen haben. Zwar sind viele On-Demant-Verlage dazu übergegangen, die Bücher nicht mehr in Folie einzuschweißen, dennoch ist es die erste nähere Information für einen potenziellen Käufer und Ihre erste Gelegenheit, ihn neugierig zu machen.

Wenn Sie eine zumindest in Fachkreisen bekannte Person sind, können hier einige Angaben über Ihre Person stehen. Wollen Sie aber, dass Ihr Werk im Mittelpunkt steht, machen Sie Ihren potenziellen Leser auf den Inhalt aufmerksam, aber

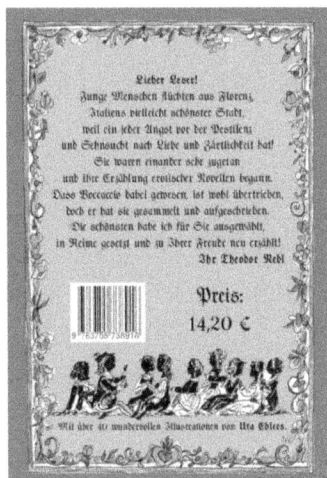

Beispiel Rückseite

Layout

verraten Sie nach Möglichkeit nichts Wesentliches.

Ist Ihr Werk besonders umfangreich oder beleuchtet viele Aspekte, versuchen Sie erst gar nicht, alles irgendwie anzusprechen. Bedenken Sie dabei, dass der Platz auf der Rückseite sehr begrenzt ist. Schließlich braucht der Buchhandel den Strichcode der ISBN und auch einen Verkaufspreis, der dem Gesetz nach ohnehin bei allen Händlern zu einer bestimmten Zeit immer ein und derselbe sein muss. Auch der Verlag kann auf der Rückseite es Covers genannt werden.

Oft kommt es vor, dass sich Ihr potenzieller Käufer ungeplant in einer Buchhandlung wiederfindet, nur um zu sehen, was es so Neues gibt. Verwenden Sie deshalb für die Schrift eine einfache, gut lesbare und vor allem eine nicht zu kleine. Eine 14-Punkt-Schrift ist im Gegensatz zum Inhalt angebracht. Sie glauben gar nicht, wie viele Kunden ihre Lesebrille nicht bei sich haben ... Außerdem hofft der Kunde auf kurze präzise Informationen ohne jegliches Geschwafel. Geben Sie ihrem zukünftigen Leser diese.

Auch mit Ihrem Klappentext zu weit an den Rand zu gehen ist keine gute Idee. Sie sollten mindestens 12 bis 15 Millimeter vom fertigen Buchrand Abstand halten, also 17 bis 20 Millimeter von links, sowie unten und oben von Ihrem Coverentwurf, der ja noch beschnitten wird. Wenn Sie Ihren Klappentext im Blocksatz gestalten, achten Sie auf Symmetrie der Rückseite. Die meisten Menschen mögen eine gewisse Ordnung.

Layout

Ein weiteres Argument gegen einen schmalen Rand ist der, dass bei einer Toleranz beim Beschneiden von *1 Millimeter* bei 5 Millimeter Randbreite ca. 20% Ungenauigkeit entstehen bei 20 Millimetern aber nur ca. 5%. So fällt diese Ungenauigkeit also weit weniger auf.

Es ist außerdem legitim, auch auf die Rückseite Fotos und Grafiken zu benutzen, beispielsweise das eigene Konterfei oder das der Hauptfigur. Die ISBN stellt die On-Demant-Druckerei oder der Verlag meist als PNG-Bild zur Verfügung. Sie sollte auf dem Rückcover eine Breite von ca. 40 Millimetern haben.

Der Buchrücken

Im Gegensatz zur Vorder- und Rückseite eines Buches hat der Buchrücken die geringste Fläche, grade so viel, dass Titel und Verfasser/Autor darauf Platz finden und vielleicht noch das Logo des Verlages. Nur bei sehr dicken Büchern ist es möglich, dies darauf unterzubringen, ohne dass man den Kopf in die eine oder andere Richtung drehen muss. Besteht ein Werk aus mehreren Bänden, ist es diese Angabe, die meist in Normallage angegeben wird.

Wie herum Titel und/oder Autor zu lesen sind (von links oder von rechts), gibt es keine bindenden Vorschriften und kommt auf die Intensionen des Covergestalters oder den Vorgaben des jeweiligen Verlages an. Für alles gibt es einleuchtende Begründungen:

Beospiel Buchrücken

- Stehen die Bände im Bücherregal, ist es angebracht, dass sie von rechts lesbar sind. Wird nun ein Buch herausgenommen, haben Sie es gleich richtig herum in der Hand, denn die Titelseite ist rechts. Technische Zeichnungen sind nach diesem Vorbild beschriftet.
- Liegen die Bücher auf einem Stapel, ist es günstiger, sie von links aus lesbar zu gestalten. Dann nämlich liegen die Vorderseiten oben.

Sie sehen also, es kommt auf Ihre eigene Anschauung an, ob Sie den Buchrücken von links oder von rechts aus lesen können.

Bindearten

Die ursprünglichste aller Bindearten ist die Fadenbindung. Inzwischen wurden weitere Bindemethoden entwickelt und teilweise auch kombiniert.
An dieser Stelle sollen sie nur aufgezählt und kurz beschrieben werden, ohne Anspruch auf Vollzähligkeit.

Buchbindungen

Sehr schnell war es bei längeren Schriftstücken üblich, diese irgendwie mechanisch miteinander zu verbinden. Anfangs wurden sie gerollt, was aber schnell zu Platzproblemen bei der Aufbewahrung führte. Schon vor der Erfindung des Buchdrucks war es daher üblich zusammenhängende Schriftstücke zu einem Buch zu binden – anfangs war das durchaus *wörtlich* zu verstehen.

Layout

Fadenbindung

Mit der Zeit hat es sich bewährt, zunächst einmal beschriebene oder bedruckte Papierblätter einmal auf die Hälfte zu falten und an diesem Falz »zusammenzunähen«. Der Buchbinder sagt ›heften‹ dazu. Diese Technik ist auch heute noch üblich. Daher kommt auch der Begriff Schreib-*heft*.

Dafür müssen auf ein Blatt vier Seiten gedruckt werden. Für das erste Blatt sind das auf der Oberseite die Seiten 1 und 16 sowie auf der Unterseite die Seiten 2 und 15. Das zweite Blatt enthält die Seiten 3 und 14 sowie 4 und 13. Das geht so weiter, bis alle vier Blätter bedruckt sind. Daran schließt sich das Heft der nächsten sechzehn Seiten an. Anschließend werden alle Hefte miteinander verbunden.

Blatt 1 vorn		Blatt 1 hinten	
Seite 16	Seite 1	Seite 2	Seite 15
Blatt 2 vorn		Blatt 2 hinten	
Seite 3	Seite 14	Seite 4	Seite 13
Blatt 3 vorn		Blatt 3 hinten	
Seite 12	Seite 5	Seite 6	Seite 11
Blatt 4 vorn		Blatt 4 hinten	
Seite 10	Seite 7	Seite 8	Seite 9

Seitenverteilung für Druck beim Heften

Durch diese Art der Bindung können Sie (fast) die gesamte Seite betrachten und das Buch ist beim Lesen nicht so sperrig. Seit dem Mittelalter hat der Buchbinder fast alle Bücher so gebunden. – Man kennt sie auch als Schulheftbindung. Meist werden 16 Seiten (= 4 Blätter) in der Mitte gefaltet und auf eine bestimmte Art und

Layout

Weise zusammengenäht. Bei dieser Art sind Doppelseiten erforderlich. Die Enden der Fäden bleiben dabei am äußeren Falz. Mehrere dieser zusammengenähten Papierstapel werden dann ebenfalls wieder zusammen gebunden. Das Verfahren ist zwar aufwendig, aber bei richtigen Materialien sehr haltbar. Auf diese Art gebundenen Bücher bleiben an der aufgeschlagenen Stelle aufgeschlagen.

Und dann kam ein Buchhändler ...

Lumbecken

Der Buchhändler Emil Lumbeck[*] erfand diese Methode. In dieser Funktion kam er oft mit verschlissenen Büchern und fliegenden Seiten in Berührung.

Vielleicht taten ihm diese alten Bücher leid, denn er suchte eine Methode, dieses gedruckte Wissen zu retten. Dazu schnitt er den Buchrücken ab und verklebte ihn neu mit einem Kunstharzkleber. 1942 trat er mit seiner Erfindung erstmals an die Öffentlichkeit. Seine Bindemethode, die sich nach seinem Namen *Lumbecken* nennt, hatte Erfolg. Ein sehr großer Anteil von preiswerten Büchern, besonders die mit Softcover werden bis heute *gelumbeckt*. Vielfach wird diese Technik auch *Klebebindung* genannt. Neben dem Softcover sind auch Hardcover, also Bücher mit Pappdeckel, möglich. Dadurch, dass die einzelnen Seiten im Falz auf Ein- bis Zwei Millimeter miteinander verklebt sind, gibt das eine gewisse Spannung, die dafür sorgt, dass

[*] * 22. Februar 1886 in Remscheid; † 8. August 1979 in Wuppertal

ein neues Buch, aufgeschlagen auf den Deckel gelegt, sich oft von selbst schließt. Bei der Fadenbindung ist dieser Effekt nicht so ausgeprägt. Doppelseiten sind hier nicht brauchbar. Die Methode besteht darin, die einzelnen Seiten auf der Falzseite zusammenzukleben. Dazu wird der Buchblock teilweise eingespannt. Die Falzseite wird erst zur einen Seite gedrückt und mit Buchbinderlein bestrichen. Sofort danach wird er zur anderen Seite gedrückt und ebenfalls mit Leim bestrichen. Unter Beilegen von Papier wird anschließend die Bundseite zusammengepresst, bis der Leim getrocknet ist. Mit einfachen Mitteln ist diese Methode auch zu Hause anwendbar.

Heißbinden

Neben dem Buchblock aus Einzelblättern benötigt man noch sogenannte ›Heißbindemappen‹. Die sind im späteren Falz mit einen Heißklebstoff vorbereitet. Das zu diesem Verfahren nötige Heißbindegerät gibt es schon in unteren Preisklassen und besteht im Prinzip aus einem Ständer, der unten mit einer elektrischen Wärmeplatte ausgestattet ist. Die zu bindenden Seiten werden in eine passende Heißbindemappe gelegt und mit dem Falz nach unten in das Heißbindegerät. Ein Timer wird gestartet, der die Heizplatte des Geräts für eine bestimmte Zeit aufheizt. Der Heißklebstoff schmilzt und verklebt die einzelnen Seiten.

Heißbindegerät

Layout

Layout

Spiralbindung

Ebenso wie das Heißbinden ist sie eher etwas für Einzelstücke oder sehr niedrige Auflagen. Auch die Bindung mit einem Plastikstreifen, der zusammengeschweißt wird, benötigt die Spiralbindung eine größere Anzahl gestanzter Durchbrüche im Falz, durch die das Bindemedium gefädelt wird. Wie für das Heißbinden gibt es im Bürohandel entsprechende Handhabegeräte. Es werden nur Einzelseiten verarbeitet.

Klammerbindung

Für Zeitschriften und Broschüren wird sehr oft die Klammerbindung verwendet. Die Klammerung funktioniert wie beim »Klammeraffen«. Allerdings lässt sich die Heftstelle mittels eines Schiebers einstellen, sodass genau in der Heftmitte geklammert werden kann. Um ein glattes Äußeres zu erhalten, und ein Zusammenhalten der Doppelseiten, sollten Sie die Klammer von außen, also vom Cover aus setzen. Dadurch liegen die zusammengebogenen Enden der Klammer auf der Mittelseite im Falz, was auch ›fliegende Blätter‹ verhindert, wenn eine Seite ausreißen sollte.

Natürlich brauchen Sie für diese Art der Bindung

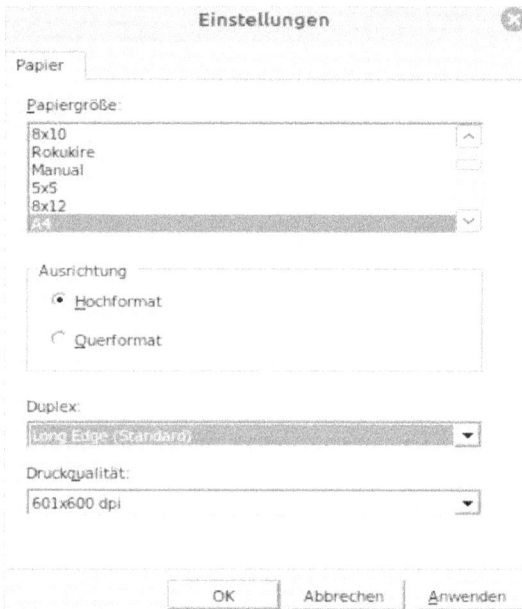

Papiereinstellungen für Druck

Doppelseiten. Mit einem allgemein üblichen Drucker ist das maximale Format
dadurch DIN A5. Papyrus
Autor hat eine Broschü-
ren-Druckweise an Bord,
einschließlich der notwendigen Verkleinerungen,
wenn das Original eine

Heftklammergerät bis DIN A4

Größe von DIN A4 hat. DIN-A4-Broschüren
(Hochzeitszeitungen u. Ä.) benötigen also
mindestens einen DIN-A3-Drucker.

Broschürendruck

Wenn es hin und wieder schnell gehen
muss oder nur wenige Exemplare benötigt
werden, ist der Selbstdruck eine annehm-
bare Option.

Schnell mal nachgucken ...

1. Den Broschürendruck stellen Sie im Menü
   Datei → Drucken oder ⌨Strg+⌨P ein.
2. Setzen Sie ein Häkchen vor **Ungerade
   Seiten drucken** und **Gerade Seiten drucken**, sowie **Spezielle Einstellungen**
   berücksichtigen.

3. Klicken Sie auf den Button **Speziell ...** In
   dem sich öffnenden Dialog setzen Sie in
   das Eingabe/Auswahlfeld eine **2** vor **Seiten auf ein Blatt drucken** aus und setzen Sie ein Häkchen vor **Broschürendruck**.

4. Ist das Ausgangsformat DIN A4, setzen
   Sie bei einem DIN-A4-Drucker ein Häkchen vor **Mit entsprechender Verklei-**

Spezielle Druckeinstellungen

Layout

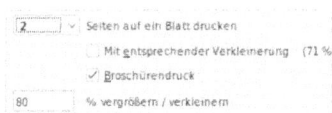

nerung (71%). Die Zahl vor **% vergrö-ßern / verkleinern** muss dann 100 betragen.

5. Alternativ zu dem Haken vor **Mit entsprechender Verkleinerung (71%)**, den Sie dann *nicht* setzen, und stattdessen die Eingabe der Prozentzahl vor **% vergrößern / verkleinern** eingeben.

6. Bei *DIN-A4-Papier* und *DIN-A4-Datei* setzen Sie dann hier die berühmten **71%** (210:297≈0,71=71%) ein, da das Endergebnis ja *DIN A5* ist.

7. Mit dieser Eingabe haben Sie die Möglichkeit, den Ausdruck der Datei fast stufenlos zu verkleinern oder zu vergrößern, solange das zweckmäßig ist.

8. Ist Ihr Werk auf DIN A5 formatiert, das auf DIN A4-Papier gedruckt werden soll, setzen Sie natürlich *kein* Häkchen in die Checkbox vor **Mit entsprechender Verkleinerung (71%)**.

Und nun im Detail:

a) Der Broschürendruck in Papyrus Autor erfolgt über die allgemeinen Druckeinstellungen, die Sie mit [Strg]+[P] oder aus dem Menü **Datei → Drucken...** erreichen.

b) Da im Broschürendruck das Papier allermeist allseitig bedruckt wird, müssen Sie dies Papyrus mitteilen. Normalerweise verlangt der Broschürendruck einen Duplex-Drucker, der das Papier von beiden Seiten bedrucken kann, was hier angenommen wird.

c) Hinter dem Button **Einstellungen…** verbergen sich die **Papiergröße** und der Duplex-Druck. Die Größe ist üblicherweise **A4** und bei **Duplex** wählen Sie je nach Papyrus-Version **Short Edge (Flip)** oder **Landscape** aus.

d) Setzen Sie ein Häkchen in die Checkbox vor **Ungerade Seiten drucken** und **Gerade Seiten drucken**, sowie **Spezielle Einstellungen berücksichtigen**.

e) Klicken Sie auf den Button **Speziell…** In dem sich öffnenden Dialog wählen Sie die **2** vor **Seiten auf ein Blatt drucken** aus und setzen Sie ein Häkchen vor **Broschürendruck**. Es werden 4 originale Seiten auf ein DIN-A4-Blatt gedruckt.

f) Aus einer DIN-A4-Datei mit einer *11-Punkt-Schrift* wird so mit einem A4-Drucker eine DIN-A5-Broschüre mit einer *7,8-Punkt-Schrift*, die sich für normalsichtige noch gut lesen lässt.

g) Damit die vier Seiten auf das Blatt passen, müssen sie verkleinert werden. Setzen Sie ein Häkchen vor **Mit entsprechender Verkleinerung (71%)**. Die Zahl vor **% vergrößern / verkleinern** muss 100 betragen.

Layout

h) Haben Sie Ihr Werk auf das A5-Format geschrieben, ist die Verkleinerung auf 71% *nicht* notwendig. Dann bleibt eine 11-Punkt-Schrift auch in der Broschüre eine 11-Punkt-Schrift. Das Häkchen vor 71% wird dann *nicht* gesetzt.

Das war es schon!

Diese Eingabemöglichkeit der Prozentzahl ist auch nützlich, wenn Sie ein anderes Format auf DIN A4 abbilden wollen, beispielsweise eins der amerikanischen Formate (Letter). Dazu dividieren Sie einfach die Originalbreite der Datei durch die Breite des A4-Blattes und multiplizieren mit 100. Das ist dann der Prozentwert, den Sie in das Feld eintragen müssen. So sind übrigens auch Vergrößerungen möglich.

E-Books

Inzwischen weiß wohl jeder, dass Bücher und Zeitungen nicht mehr mit Bleilettern und Druckerpressen produziert werden, sondern dass in immer größer werdendem Umfang Computer und Drucker verschiedener Techniken eingesetzt werden. Spiegelschrift fließend lesen zu können gehört nur noch in wirklichen Ausnahmefällen zum Anforderungsprofil in einer Druckerei. Immer mehr Schritte in der Buchproduktion werden digitalisiert. In der Regel braucht niemand mehr Tausende handgeschriebene Texte in einen Computer eingeben. In der Regel geschieht das schon beim Autor, der aus seinen Notizen den fertigen Text produziert, wenn Sie einmal von Korrekturen absehen.

Der nächste logische Schritt ist der, dass der Text nicht nur mit dem PC geschrieben, sondern auch beim Leser rein elektronisch ankommt und wiedergegeben wird. Allerdings sind dafür kleine, leichte Geräte notwendig, die zudem möglichst wenig Energie benötigen sollten. Die meiste Energie wird dabei für die Anzeige benötigt, vor allem bei Bildschirmen, die selbst Licht ausstrahlen.

Von Taschenrechnern und Thermometern kennen Sie vermutlich die LCD-Anzeigen, die eine äußere Lichtquelle, beispielsweise die Sonne, benötigen. Allerdings sind solche Anzeigen relativ träge und haben keine besonders gute technische Auflösung, also ppi, Pixel per Inch, Bildpunkte je Zoll.

Die Trägheit solcher Anzeigen ist bei einem Lesegerät für Texte und Bilder wirklich von untergeordneter Bedeutung. Entspanntes Lesen benötigt eine relativ hohe Auflösung und einen guten Kontrast, der aber nicht durch selbstleuchtende Punkte, wie beim Fernsehbild, erzeugt werden darf, weil das die Augen zu sehr anstrengt und diese Technik zu viel Energie benötigt. Der hohe Kontrast muss einerseits durch eine hohe Reflexion zwischen den Buchstaben und andererseits durch möglichst tiefes Schwarz bei den Buchstaben selbst entstehen, also wie auf beschriebenem/bedrucktem Papier.

So ein elektrisch ansteuerbares ›Papier‹ ist dann tatsächlich erfunden worden. Es beruht auf winzigen Kügelchen, kleiner als

Layout

0,01 mm ($\triangleq$ 10 µm,) die auf einer Seite weiß und auf der anderen Seite schwarz eingefärbt sind. Diese mikroskopisch kleinen Kügelchen oder auch Zylinder müssen sich zusätzlich mit geringer Energie um 180° drehen lassen. Natürlich mit hoher Zuverlässigkeit. Herkömmliche Elektromotoren sind da logischerweise fehl am Platz. Inzwischen ist es sogar gelungen, sie nicht nur auf die andere Seite, sondern auch beliebige Werte dazwischen zu drehen, was bedeutet, dass beide Seiten in bestimmten Verhältnissen zu sehen sind. So entstehen die verschiedenen Grautöne, wenn Sie sich an das Druckverfahren von Bildern erinnern. Jüngste Entwicklungen zeigen auf diese Weise sogar farbige Bilder ...

Die Nutzer von E-Book-Reader können auf ihren Geräten Schriftart, Ränder und Zeilenabstände individuell einstellen. Ein klares vorherbestimmtes Layout ist deshalb kaum möglich.

E-Pub und Mobi erstellen

Eine dieser Codierungen ist das universelle *ePub*. Es wird von vielen Buchverlagen unterstützt, während *Mobi* eine Marke von *Amazon* ist. Nur hier erhalten Sie E-Books im Mobi-Format (und neuerdings in ePub).

Beide, Mobi und ePub erlauben es, die Bücher so zu verschlüsseln, dass nur bezahlte oder freie Bücher wiedergegeben werden können.

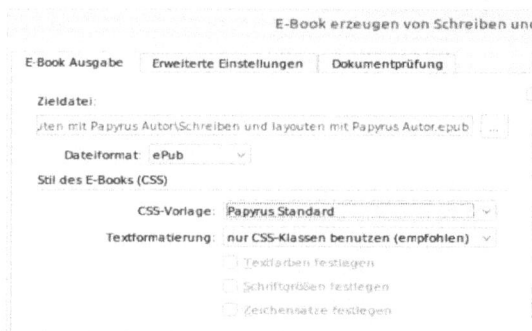

E-Book-Einstellungen

Da sich beide Systeme in der Anwendung kaum unterscheiden, werden sie hier zusammen beschrieben. Voraussetzung, um eine verkaufsfähige E-Book-Datei zu erzeugen, ist natürlich, dass die Rechtschreibung und Grammatik des Textes in Ordnung ist. Trotz weitgehender persönlicher Einstellungen des Nutzers bleiben noch einige Möglichkeiten, was vor allem die Überschriftengestaltung und das Einrücken am Absatzanfang sowie die Textausrichtung betrifft.

Papyrus Autor hat mehr als ein Dutzend verschiedener CSS-Vorlagen dem Nutzer zur Verfügung gestellt, teilweise farbig. Zusätzlich kann die Textformatierung noch verändert werden, indem Textfarben, Schriftgrößen und Zeichensätze individuell vor der Konvertierung zu verändern. Zur Begutachtung der verschiedenen Stile ist ein Dokument enthalten (›Der Köhler‹), an dem die Wirkung ausprobiert werden kann. In dieser Hinsicht hat das Mobi-Format seine eigenen Voreinstellungen. Sie können die Wirkung des elektronisch erzeugten Layouts aber auch an Ihrem eigenen Dokument ausprobieren.

Erweiterte Einstellungen gibt es für die eingebundenen Bilder sowie für Fußnoten. Für Bilder ist die voreingestellte Auflösung 300 dpi (Dots per Inch), die eigentlich ppi (Pixel per Inch) heißen müsste, weil ja das Pixel die kleinste Einheit auf dem E-Book-Reader ist.

Eine Dokumentenprüfung wird im dritten Reiter vorgenommen, und zwar immer für das Dokument, in dem Sie den Dialog **E-Book erzeugen von** *(Nennung des Datei-*

namens).pap geöffnet haben. Es werden Links und Bilder geprüft sowie deren **Mindestauflösung (DPI)**.

Für das Titelbild des E-Books haben Sie die Möglichkeit per Button eines **Im Bildkatalog aus**(zu)**wählen...** oder eine andere **Bilddatei aus**(zu)**wählen** ... Es versteht sich von selbst, dass da nicht die gesamte Coverdatei mit Vorder- und Rückseite sowie dem Buchrücken ausgewählt werden sollte, sondern nur die Vorderseite und das mit einem Seitenverhältnis von ca. 1:1,3, dem Seitenverhältnis der meisten E-Book-Reader. Damit es am Ende auch passt, sollten Sie sich dem Cover für das E-Book extra widmen. Selbst wenn der Entwurf für das (Papier-)Cover schon vorhanden ist, bedarf es hier noch einiger Anpassungen.

PDF-E-Books

Neben den hauseigenen Formaten ePub und Mobi sowie .txt-Dateien können E-Book-Reader auch meist noch PDF-Dateien darstellen. Wer das allerdings schon einmal versucht hat, wird oft keine reine Freude daran gehabt haben, vor allem bei großen Formaten ab DIN A5. Entweder sind die Seiten in so kleiner Schrift, dass die Auflösung für den Text nicht mehr ausreicht, oder Sie müssen die Anzeige für jede Zeile hin und herschalten. Es ist zumindest bei älteren Modellen nicht möglich, den Zoom so aus zurichten, dass nur die Ränder des Schriftstücks in den Hintergrund treten, und trotzdem die Seiten weiterzuschalten, so wie es auf dem

PC möglich wäre. Um hier auf die nächste Seite zu gelangen, sind oft mehrere Bedienungsschritte auf dem E-Book-Reader notwendig und darum ärgerlich.

Da aber eine PDF-Datei ein festes Layout hat, können Sie dieses Format einsetzen, wenn es Ihnen um eine feste Anordnung von Text und Bildern geht, wie es oft bei Sachbüchern vorkommt.

Da die Fläche und die Auflösung auf diesen Geräten stark begrenzt ist, sollten Sie dabei die Buchränder so schmal wie möglich gestalten. Sie werden später durch den Rand des Displays ersetzt. Platz genug für die haltenden Finger ist also vorhanden. Das bedeutet gleichzeitig, dass Sie ein PDF-E-Book separat layouten müssen. Die Version für das Druckexemplar ist dafür nur sehr bedingt geeignet.

Während Bücher vom Format her dem Inhalt angepasst werden können, sollte die spezielle E-Reader-PDF ein Seitenverhältnis von 1:1,33 im Hoch- oder 1,33: 1 im Querformat haben. Damit ein Dokument auf möglichst allen Readern ohne Probleme wiedergegeben werden kann, sollte auch die minimale Auflösung von 212 ppi beim Einsteigermodell von Tolino sowie die minimale Displaygröße von 6" in die Überlegungen zum Format einbezogen werden. Die Amazon-Kindle-Serie hat insgesamt ähnliche Werte wie die Tolino- und Kobo-Serie, sodass die Voraussetzungen ähnlich sind.

Zumindest gesunde Augen können eine 8-Punkt-Schrift noch einwandfrei lesen. Das entspricht einer Zeilenhöhe einschließlich Zeilenabstand (0,353 mm/Pt × 8 Pt Zeichenhöhe × 1,25 Abstandsfaktor) von 3,53 mm.

Bei einer Bildschirmhöhe von 122 mm ergeben sich daraus maximal 34 anzuzeigende Zeilen. Als unterste Grenze wären dies maximal 30 Zeilen (einschließlich etwas Reserve für interne Anzeigen des Readers) auf einem 6"-Display, einschließlich Seitenzahlen (Im PDF haben Seitenzahlen im Gegensatz zum ePub- und Mobi-Format wieder eine Berechtigung). Weiter also sollte der Satzspiegel nicht ausgereizt werden. Alles was die einzelnen Reader-Modelle an besseren Werten hergeben, kommt damit der Wiedergabequalität zugute.

Die Verwendung der Druck-PDF für das E-Book geht mit dem ohnehin geringen Platz auf dem Reader nicht ökonomisch genug um. Hier ist eine PDF-Datei optimal, die mit etwa 3 mm Seitenrand rechnet und bedarf somit einem speziellen Layout.

Die optimierte E-Reader-PDF

Grundlage für die notwendigen Einstellungen ist auch hier wieder die 1:1-Ansicht; Sie wissen schon: die Einstellung, in der Sie den Zoom so ausprobiert und eingestellt haben, dass eine DIN-A4-Seite auf dem Bildschirm mit einem Lineal gemessen genau 21 cm breit ist. Das zeigt Ihnen dann später, wie groß es auf dem Reader-Display dargestellt wird.

Da 6"-Displays derzeit die kleinsten sind, sollten Sie für dieses Format Ihre Reader-PDF-Datei anlegen – es sei denn, Sie nehmen als Grundlage Ihren eigenen Reader. Nebenstehend sind die Displaymaße zusätzlich für 7"- und 8"-Reader angegeben.

Displaymaße, gerundet

6"-Display ca.	90 × 122 mm
7"-Display ca.	106 × 142 mm
8"-Display ca.	122 × 163 mm

Layout

Schnell mal nachgucken ...

1. Im Menü **Dokument** → **Seitenlayout...**
   Rubrik **Papierformat** richten Sie sich
   also ein Blatt mit den Maßen Breite =
   90mm und Höhe 122 mm ein.

2. In der Rubrik **Seitenlayout** geben Sie für
   die Seiten **links**, **rechts** und **unten** einen
   Rand von 3 mm ein. Für **oben** wählen Sie
   wegen der eingeblendeten Icons des
   Readers 8 mm.

3. Für die Seitennummern wählen Sie eine
   Höhe von 5 mm im Kopf- oder Fußbereich. Das reicht, um eine 8-Punkt-Schrift
   bei einem Zeilenabstandsfaktor von 1
   darzustellen.

4. In diesem Bereich können Sie Ihr Werk
   als PDF-E-Book gestalten. Die Breite des
   Satzspiegels stimmt etwa mit dem
   kleinsten Taschenbuch-Format von 12 ×
   19 cm bei überein.

5. Die Schriftgröße und den Zeilenab-
   stand sollten Sie so wie in diesen
   Taschenbüchern für ein entspanntes
   Lesen wählen.

6. In PDF-E-Books können Sie bis auf die
   Beachtung des Formats alle Möglichkeiten der Layoutgestaltung ausnutzen. Nur **Doppel-** und **linke/rechte**
   Seiten gibt es in PDF-E-Books natürlich nicht.

Layout

8. Erweiterungen

Papyrus Autor auf Linux

Papyrus Autor wurde für *Windows* und *Mac* programmiert. Als *Linux-Nutzer* sind Sie da trotzdem dabei – mithilfe von WINE, das die (Laufzeit-)Umgebung von Windows auf Linuxsystemen nachbaut.

Papyrus funktioniert auf den ubuntubasierenden Distributionen wie Linux Mint und Xubuntu gut. Da es oft nicht mit der mitgelieferten Wine-Version von Linux läuft, ist es ein guter Gedanke, den Umweg über PlayOnLinux (PoL) oder dem professionelleren CrossOver zu gehen. Diese ›Mittelsmänner‹ können jeweils für jedes Windows-Programm die optimale Wine-Version benutzen und verwalten. Eine andere Möglichkeit wäre, über VirtualBox zuerst ein Windows zu installieren und darin dann Papyrus Autor. Allerdings braucht man dann dafür eine gültige *Windows-Lizenz*.

Unter Linux Mint 19 und Wine 3.20 (installiert mithilfe von PoL) funktioniert die Vorschau für die E-Book-Erstellung teilweise nicht. E-Books werden aber korrekt erstellt. Weitere Einschränkungen wurden noch nicht festgestellt. In Linux werden Druckertreiber für viele bekannte Druckermarken automatisch installiert. Brauchen Sie eine gute Druck-Vorschau, bietet ›Turbo Print‹

diese. Allerdings gibt es Turbo Print nicht kostenlos genauso wie ›Cross-Over.‹

Papyrus-Installation mit Wine 8.02

In der Septemberausgabe 2023 der LINUX-WELT wurde auf WINE 8 aufmerksam gemacht, und dass darüber viele Windows-Programme auf Linux zum Laufen gebracht werden können.

Mit Linux Mint 21.2 Cinnamon konnte Papyrus Autor 11.07 *ohne* Einschränkungen benutzt werden.

Die neuste Version von WINE ist leider noch nicht bei den jeweiligen Anbietern zum Download bereit. Deshalb habe ich auf der Seite von Winehq (winehq.org) nachgesehen. Dort soll für die o.g. Konfiguration Folgendes ins Terminal eingegeben werden:

```
sudo dpkg --add-architecture i386
sudo mkdir -pm755 /etc/apt/keyrings

sudo wget -O /etc/apt/keyrings/
winehq-archive.key https://dl.
winehq.org/wine-builds/winehq.key

sudo wget -NP /etc/apt/sour-
ces.list.d/ https://dl.winehq.org/
wine-builds/ubuntu/dists/jammy/
winehq-jammy.sources

sudo apt update

sudo apt install --install-
recommends winehq-stable
```

Es ist wichtig, dass hier alles so geschrieben wird, wie angegeben. Am besten Sie kopieren sich die Anweisungen direkt bei WINEHQ. Das dauert aber je nach Anschluss schon eine Weile. Das Terminal verzeiht kein fehlendes oder falsches Leerzeichen. (In der 3. Zeile ist das erste Zeichen nach dem Minuszeichen übrigens ein großes O gefolgt von einem Leerzeichen! Eine Null führt zur Fehleranzeige)

Dieses Script löscht übrigens die vielleicht schon vorhandene Wine-Version in Linux, wenn sie nicht über PoL heruntergeladen wurde. Die sind in PoL sicher verwahrt.

Anschließend wurde Papyrus über PlayOnLinux (PoL) installiert und dabei nur **Windows 10** als System eingestellt, also kein Häkchen bei **Eine andere Wine-Version verwenden** setzen. Auch zusätzliche DLL sind nicht notwendig.

Es konnten keine Probleme bei der Papyrus-Installation und -Ausführung festgestellt werden. Nicht einmal der in der Vergangenheit oft angezeigte harmlose **Dudenfehler Nr.7** zeigte sich. Die Vorschau bei ePub funktioniert nun auch wieder! Inzwischen gibt es ein Update von Wine auf Version 9, das über die Aktualisierungsfunktion von Linux angeboten wurde. Sie funktioniert und kann installiert werden.

Seinen Text anhören

Es ist eine Tatsache, dass ein parallel vorgelesenes und mitgelesenes Textstück viele Fehler offenbart. Für Windows gibt es da den Voice-Reader, das interne Vorleseprogramm Microsoft-Reader oder auch den MWS-Reader. Auch das russische Programm "Balabolka" (Schwätzer) gehört dazu. Allerdings kommen die SAPI-4- und SAPI-5-Stimmen ziemlich künstlich daher. Die Microsoft-Speech-Platform verweigerte bisher unter Windows 7 seinen Dienst. Es ergab sich die Frage, ob man **Balabolka** auch auf Linux zum Laufen bekommt. Mit der relativ natürlich klingenden Stimme **Hedda** ist es gelungen. Sie kennt auch Jahreszahlen wie 1896 usw. Viele englische, ins Deutsche eingeführten Begriffe wie *Handy* spricht "Hedda" richtig aus. Zudem werden an Satzzeichen kleine Pausen eingefügt, sodass der Sinn eines Textes sehr gut herüberkommt. Balabolka indes verfügt über ein Benutzerwörterbuch, in das die richtige Aussprache von Wörtern eingetragen werden kann.
Balabolka lässt sich auch über PoL in Linux installieren und ist in der Wine-Version unkompliziert. Die Installation in Windows und Linux beginnt, nachdem Sie nur in Linux ein virtuelles Laufwerk eingerichtet haben. Folgende einfache Schritte sind notwendig:

Erweiterungen

Schnell mal nachgucken ...

1. Mit Play on Linux neues virtuelles Laufwerk einrichten, beispielsweise »Blabla«. *Das ist nur für Linux notwendig.*

2. Balabolka von `https://balabolka.de.uptodown.com/windows` herunterladen und (Linux = auf diesem Laufwerk Blabla) installieren

3. Auf Seite `https://www.microsoft.com/en-us/download/details.aspx?id=27225` gehen und **Microsoft Speech Platform - Runtime (Version 11)** herunterladen (kostenlos) und (Linux = im Laufwerk Blabla) installieren. Die Datei heißt: **SpeechPlatform-Runtime.msi**

4. Auf Seite `https://www.mwsreader.com/de/sprecher/` Sprecherin **Hedda** downloaden (kostenlos) und (Linux = im Laufwerk Blabla) installieren. Die Datei heißt hier: **MSSpeech_TTS_de-DE_Hedda.msi**

5. Die anderen kostenlosen Stimmen werden nicht eingebunden, da sie entweder *SAPI4-* oder *SAPI5-Stimmen* sind. Die Kostenpflichtigen wurden nicht ausprobiert.

Wichtig ist, dass alles von PoL aus in *dasselbe* virtuelle Laufwerk installiert wird, damit Balabolka auch die Dateien findet.

Erweiterungen

Weiter nachgucken ...

1. Installiere ein Programm

2. Installiere ein Programm, das nicht aufgelistet ist

3. Im sich öffnenden Fenster **Manuelle Installation** anwählen.

4. auf weiter klicken.

5. **Editiere oder aktualisiere eine bestehende Applikation**

6. auf weiter klicken

7. **Bitte wähle ein Programm**

8. unten links auf **Zeige virtuelle Laufwerke** klicken

9. Jetzt werden die Laufwerke angezeigt

10. Auf das neu eingerichtete oder verwendete Laufwerk klicken, danach auf weiter.

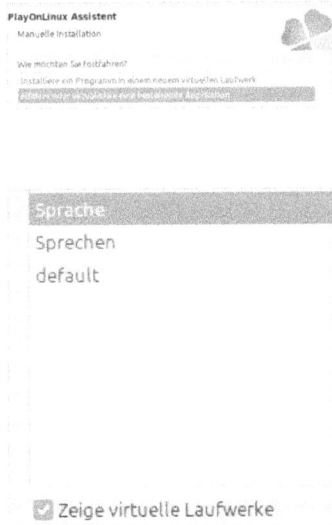

An dieser Stelle kann vermutlich auf die Details verzichtet werden.

Für jede der zu installierenden Komponenten (**Balabolka**, **SpeechPlatformRuntime** und den Sprecher **Hedda**) muss diese Routine durchlaufen werden.

PlayOnLinux Assistent
Manuelle Installation

Wie möchten Sie fortfahren?
Installiere ein Programm in einem neuen virtuellen Laufwerk
Editiere oder aktualisiere eine bestehende Applikation

Sprache
Sprechen
default

Zeige virtuelle Laufwerke

Erweiterungen

Andere Stimmen

Hier noch zur Ergänzung bei Linux (Mint): *Balabolka* braucht nicht unbedingt *PoL*. *Wine* allein reicht vollkommen aus. *SAPI-4-Stimmen* können dann auf die gleiche Weise installiert werden, wenn man die Programme **germanpack.exe** und **lhttsged.exe** sowie ****spchapi.exe**** in denselben Ordner installiert, wie Balabolka.
"**Hedda**" ist die bestmögliche Stimme, wenn Sie die neueren Windows-Stimmen nicht haben.

Text von Balabolka vorlesen lassen

Es ist nicht notwendig, dass Sie den Text in das Programmfenster von Balabolka kopieren.

Schnell mal nachgucken ...

1. Balabolka und Papyrus starten

2. Balabolka minimieren

3. In Papyrus gewünschten Text markieren.

4. Drücken Sie [Strg]+[C] (Kopieren). Die Wiedergabe kann im Minimenü beendet und unterbrochen werden.

5. Text wird direkt vorgelesen. (Es wird in der Statuszeile beim Drücken der *rechten* Maustaste ein Minimenü angezeigt. Hier kann Balabolka im Bedarfsfalle auch beendet werden.)

| Maximieren |
| Öffnen... |
| Speichern als Audio-Datei... |
| Start |
| Pause |
| Stop |
| Markierten Text lesen |
| Zwischenablage vorlesen |
| Beenden |

Minimenü von Balabolka

So kann bei Dialogen und Ähnlichem schnell vom Schreiben auf das Anhören umgeschaltet werden, ohne dass Fenster gewechselt werden müssen. Eine Korrektur ist auch während des Vorlesens möglich. Wiedergegeben wird es selbstverständlich erst beim nächsten Kopieren!

9. Anhang

Weitere Tricks

Buchstaben verschieben

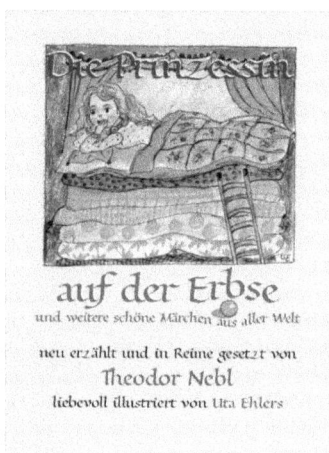

Anhang

Außer bei Initialen kann das Microspacing (Menü **Text** → Menüpunkt **Microspacing...** oder $\boxed{\text{Strg}}$+$\boxed{\text{⇧}}$+$\boxed{\text{M}}$) auch zur Gestaltung von Covern angewendet werden. Die Maßeinheit kann wieder Pixel, Druckerpixel, mm, Punkt (1/72 Zoll) und Zoll sein. Verwenden Sie immer die Einheit Punkt, stellt sich dann allmählich für Sie ein Gefühl für diese kleinen Abstände ein. Im nebenstehenden Beispiel ist die Verwendung des Microspacing durch die drückende Erbse sinnfällig, wenn Sie an dieses Grimm'sche Märchen und seinen Inhalt denken.

Welche Schriftart für welchen Text

Dieses Buch ist in einer serifenlosen Schrift (auch *Sans Serif* (ohne Serifen) genannt) gesetzt. Außerdem ist sie recht dünn im Strich und hat somit einen geringen Grauwert. Romane und Zeitungsartikel werden oft mit einem serifenbehafteten Font gedruckt. Serifen sind die kleinen waagerechten Endstriche an den Buchstaben, besonders an der Grundlinie. Vertreter sind *Times New Roman* und *Bodoni* für Serifenschriften, die für Massentexte geeignet sind und einen geringeren Zeilenabstand erfordern. Serifenlose Schriften wie *Arial* und *Helvetia* finden Sie oft in Sachbüchern. Leicht verständlichere Sachbuchtexte bedienen sich gerne zarteren Schriftarten, um den Leser nicht mit einer ›dicken Textwand‹ zu konfrontieren, die ihn möglicherweise abstoßen würden. Serifenlose Schriften werden oft auch als *Grotesk-Schriften* bezeichnet.

Persönliche Texte wirken meist noch vertrauter, wenn Sie Hand- und Pinselschriften verwenden. Eine tintenblaue Druckfarbe verstärkt den Effekt noch.

Einen Farbverlauf im Layout verwenden

Papyrus ist (noch) nicht in der Lage, einen Farbverlauf auf dem Cover oder auch im Buchblock zu generieren. Es gibt allerdings im Denkbrett die Möglichkeit dafür. Öffnen Sie also über das zuständige Icon in der Symbolleiste oder rechts-unten in der Statuszeile Ihr **Denkbrett**. Klicken Sie mit der *rechten* Maustaste hinein und wählen Sie im Kontextmenü den Eintrag **Neue Gruppe**.

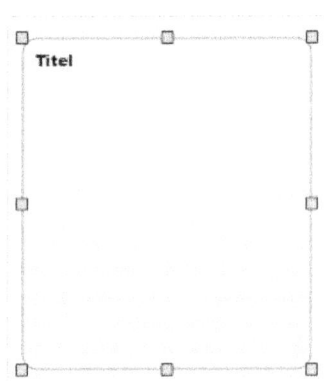

Mit der *linken* Maustaste klicken Sie hinein, um den acht Anfassern die Größe zu ändern. Ein Klick mit der *rechten* Maustaste hinein öffnet ein Kontextmenü, aus dem Sie die Farbe, die Form und Texteigenschaften einstellen können. Nur wenn Sie das *Denkbrett* mit ⊕ aus der Symbolleiste öffnen, haben Sie links-unten in der Statuszeile die Möglichkeit, es als PDF-Datei abzuspeichern. Das ist der erste Schritt zu einer Bilddatei. Das Wort **Titel** können Sie auf die bekannte Weise doppelt anklicken und löschen.

PDF-Dateien in Bilder verwandeln

Da das PDF eine Seitenbeschreibungs-Sprache ist, ist es möglich, es in eine Bilddatei umzuwandeln. Verschiedene Grafikprogramme, wie GIMP, Photoshop und andere sind in der Lage, dies für Sie zu erledigen. Auch im Web gibt es Seiten, die das für Sie in der Regel einfach und kostenlos erledigen können.

Wenn Sie auf diese Weise einen Farbverlauf vom Denkbrett verwenden, achten Sie darauf, die Höhe schon im Denkbrett festzulegen. Da der Ver-

Anhang

lauf vertikal erfolgt, könnten beim vertikalen Auseinanderziehen unschö-
ne Farbabstufungen sichtbar werden. Dagegen ist es kein Problem, das
Verlaufbild waagerecht anzupassen, weil in dieser Richtung keine Farbunterschiede auftreten. Wenn Sie eine andere Ausrichtung des Bildes wün-
schen, bietet Papyrus im Dialog **Grafikobjekt-Eigenschaften** → Rubrik
Lage, jeden beliebigen Winkel einzustellen. Diesen Dialog erreichen Sie
aus dem Menü **Einfügen** → **Grafikobjekte** → **Grafikeigenschaften**....

Leerzeile trifft auf Seitenumbruch

Beim abschließenden Formatieren der Textseiten, in denen vermehrt
Leerzeilen als Gestaltungsmittel dienen, ist es höchst ärgerlich, eine
neue Buchseite erst in der zweiten Zeile beginnen zu lassen. Sie wird
dann meist einfach gelöscht. Treten dann doch noch späte Veränderungen im Text auf, kann es vorkommen, dass eine eliminierte Textzeile nun
doch wieder eingefügt werden muss. Meist passiert das gerade auf einer
Seite, die momentan nicht zu sehen ist. Natürlich muss das wieder korrigiert werden. Doch wo war denn nun die Stelle genau?
Eine mögliche Lösung ist das Markern des ersten Wortes nach einer
gelöschten Leerzeile. Vor allem braucht der Textmarker vor dem
Umwandeln in eine Druck-PDF-Datei nicht entfernt werden. Er ist dort
nur sichtbar, wenn Sie in den PDF-Einstellungen das auswählen. Bei einer
ungeplanten Veränderung wissen Sie aber, dass vor dem gemarkerten
Wort eine leere Zeile einzufügen ist.

Ganzen Satz markieren

Mitten in einem Text einen ganzen Satz vollständig zu markieren, verlangt eine ruhige Hand und eine gute Maus oder einen präzisen Trackball. Dabei ist es ganz einfach: Ein *Dreifachklick* an einer beliebigen Stelle
des Satzes markiert ihn einschließlich Satzendezeichen.

Duden-Korrektor und Gedichte

Manchmal darf eine Zeile nicht bis zum möglichen physischen Ende gehen.
Wer hier nur ⏎ betätigt, hat später, obwohl der Satz noch nicht zu Ende
ist ein Problem. Der Duden-Korrektor will dann unter allen Umständen
den Beginn der neuen Zeile großschreiben. Das lässt sich verhindern,
wenn Sie statt einer *Absatzschaltung* eine *Zeilenschaltung* mit ⇧+⏎
einfügen. Besonders bei Gedichten ist dieses Verhalten angenehm.

Korrekturübertragungen auf die Textdatei

Korrekturen auf ausgedruckten Texten lassen sich übersichtlicher auf die Textdatei übertragen, wenn Sie am Ende Ihres Werkes anfangen. Dadurch bleiben die Seitenzuordnungen der entsprechenden Datei ohne Versatz. Sie finden also die zu korrigierende Stelle genau an der, an der Sie sie auch auf dem Ausdruck vor sich haben.

Stammseiten in diesem Buch

✓ Doppelseitiges Dokument (rechte und linke Seiten unterscheiden)

S. 1: links "Schmutztitel", rechts "Schmutztitel"
S. 2: links "Fronispiz", rechts "Fronispiz"
S. 3: links "Titel", rechts "Titel"
S. 4: links "Impressum", rechts "Impressum"
S. 5-10: links "Inhalt", rechts "Inhalt"
S. 11-15: links "Auftakt", rechts "Auftakt"
S. 16-39: links "Voreinstellungen", rechts "Voreinstellungen"
S. 40-71: links "Layoutfehler", rechts "Layoutfehler"
S. 72-97: links "Wissenswertes", rechts "Wissenswertes"
S. 98-134: links "Regeln", rechts "Regeln"
S. 135-190: links "Überschrift+Inhalt", rechts "Überschrift+Inhalt"
S. 191-349: links "Layout", rechts "Layout"
S. 350-357: links "Erweiterungen", rechts "Erweiterungen"
S. 358-361: links "Anhang", rechts "Anhang"

Stammseiten in Praxisbuch Layout
Auftakt (Doppelseite)
Voreinstellungen (Doppelseite)
Layoutfehler (Doppelseite)
Wissenswertes (Doppelseite)
Regeln (Doppelseite)
Überschrift+Inhalt (Doppelseite)
Layout (Doppelseite)
Anhang (Doppelseite)
Erweiterungen (Doppelseite)
Schmutztitel (Doppelseite)
Fronispiz (Doppelseite)
Titel (Doppelseite)
Impressum (Doppelseite)
Inhalt (Doppelseite)

Anhang

Musterzeilen

Kapitelüberschrift 1
»Kapitel-Kopf«, Ubuntu 18/28 fett

Kapitel - Inhaltsverzeichnis-1   Seite
»Kapitel-Sahne«,Ubuntu 11/14 fett

Unterkapitel 2

»Abschnitt-Kopf«, Ubuntu Light 16/28

Unterkapitel-Inhaltsverzeichnis-2   Seite   »Abschnitt-Sahne   2«,
Ubuntu Light 11/14

Teilproblem 3

»Teilproblem-Kopf« , Ubuntu Light 12/14

Teilproblem-Inhaltsverzeichnis-3   Seite
»Teilproblem-Sahne 3«, Ubuntu Light 11/14

Unterproblem 4

»Unter-Kopf«, Ubuntu Light 11/14 fett-kurs.

Unterproblem-Inhaltsverzeichnis-4   Seite
»Unter-Sahne 4«, Ubuntu Light 11/14 kurs.

Wolgast Script 14/14, dunkelgrau und
7/7 über/unter Absatz

Wolgast Script 14/14, dunkelgrau und
7/7 über/unter Absatz

Wolgast Script 14/14, dunkelgrau und
7/7 über/unter Absatz

Wolgast Script 14/14, dunkelgrau und
7/7 über/unter Absatz

Schnell mal nachgucken ...
Wolgast Script 14/14, dunkelgrau, 7/7 über/unter Absatz, farbiger Hintergrund

Weiter nachgucken ...
Wolgast Script 14/14, dunkelgrau, 7/7 über/unter Absatz, farbiger Hintergrund

1. Schrittfolge
Ubuntu light 11/14, schwarz, farbiger Hintergrund mit Zählvariable arabische Ziffern

a) Detailbeschreibung
Ubuntu Light 10/14, schwarz mit Zählvariable Kleinbuchstaben

Anhang

Weiterführende Literatur

Claudia Runk, »Grundkurs Typografie und Layout«, Galileo Press, Bonn 2012, ISBN 978-3-8362-1794-1, 3. Auflage 2012

Stichwortverzeichnis

Stichwortverzeichnis

Anhang

Geheimnisse des Autors

Oh, wie blamabel! Wo kam nur der Reporter her, der
mir jetzt so dreist ein Mikrofon unter die Nase hielt?
In diesem Moment hatte ich keine Zeit, darüber nach-
zudenken, denn er wollte von mir wissen, wie ich zum
Schreiben gekommen sei. Dabei bin ich gar nicht vorbereitet.
Konnte ich ihm erzählen, dass ich in der Schule Auf-
sätze nahezu gehasst hatte? – Natürlich nicht! Oder
dass ich in der 6. Klasse einmal einen Science-Fiction-
Roman las, in dem mir das Ende nicht passte, weil das Raumschiff einem
Asteroiden zum Opfer fiel. – Nie! Kurzerhand schrieb ich das Ende um
und fand mich dabei ganz toll. Vierzehn lange handgeschriebene Seiten
waren es, wenn ich mich recht erinnere. Es ist bestimmt gut, dass dieses
Stück handgeschriebener Text nicht mehr auffindbar ist. Das war vor
über 50 Jahren und – ist untauglich für Reporter.
Nach der Wende legte ich mir einen Amiga-Computer zu – mit dem Schreibprogramm *Wordworth* sowie einen lärmenden Nadel-Drucker. Endlich
konnte ich mein Selbstgeschriebenes ohne Mühe auch wieder entziffern.
Später hatte ich aus Arbeitsplatzmangel leider zu viel Zeit und fing an,
Geschichten zu schreiben. Eine davon stellte ich erstmals 2006 in der Dobe-
raner Schreibwerkstatt der VHS vor. Es war eine Science-Fiction-Geschich-
te. Ja, das konnte ich dem Reporter erzählen! Dabei musterte er mich so
eigenartig. Glaubte er mir etwa nicht? Ich schwöre, es ist die Wahrheit.
Ob der Besuch der Schreibwerkstatt der Volkshochschule Früchte getra-
gen habe, wollte er dann wissen. Jetzt, da mir bewusst wurde, dass ich nun
schon weit über ein Jahrzehnt dabei war, habe ich das bejaht. Den Roman
»Schmarotzer«, die 800-jährige Familiengeschichte des Bauern Garbe und
einen Stapel Kurzgeschichten, die ich oft aus der Betätigung in der Schreibwerkstatt heraus geschrieben hatte, konnte ich ihm vorweisen. Und ähnliches taten die anderen Kursteilnehmer der Schreibwerkstatt auch, betonte
ich. Dann stand es fest: Wir, die Schreiber, wollten unsere Geschichten veröffentlichen. Die örtliche Digitaldruck-Firma verlangte eine Coverdatei und
eine für den Buchblock. Die beiden zu erstellen, blieb an mir haften, da ich

leichtsinnigerweise mit meinen PC-Kenntnissen geprahlt hatte und mit dem Vorhandensein der nötigen Software. (So eine PDF-Datei konnte man damals noch nicht direkt aus dem Schreibprogramm heraus erstellen.)
Interessierte das den Zeitungsreporter überhaupt, der mir plötzlich wie ein Lehrer vorkam, der die Hausaufgaben kontrollierte.
So wie er gekommen war, verschwand er auch wieder: lautlos. In diesem Moment läutete die Schulglocke zum Unterricht.
Ich erwachte und stellte erleichtert fest, dass es der Wecker war.
Noch im Schlafanzug setzte ich mich an den Frühstückstisch. Um elf Uhr hatte sich ein Zeitungsfritze angekündigt, über den neuen Schreibkurs der VHS zu sprechen. Ich nahm mir ganz fest vor, auch über mein neustes Buch zu sprechen, keinen Roman, sondern einer Anleitung zum Publizieren mit meinem Lieblings-Schreib- und Layoutprogramm. »*Praxisbuch Layout mit Papyrus Autor*«, oder so ähnlich soll es mal heißen. Inzwischen hatte ich nämlich für die Kursteilnehmer als auch für den Leiter der Schreibwerkstatt, etliche Bücher druckfertig gemacht. Dieses Wissen wollte ich weitergeben. Außerdem: Wann bekommt man in einer überregionalen Zeitung schon mal kostenlose Werbung für ein Buch ...
Ein Klecks Marmelade landete auf meinem Schlafanzug. Durch den Versuch sie wegzuwischen, wurde er nur noch größer und klebriger. Wenn der Reporter jetzt hereinkäme, so, wie in dem Traum – oh, wie wäre das blamabel!

Anhang

Bildnachweis

- »Das Farbdreieck von 1931« im Punkt **Der Monitor-Farbraum auf Seite 75**, Quelle Wikipedia, ist gemeinfrei
- Alle anderen Abbildungen sind Screenshots von Einstelldialogen von Papyrus Autor Version 11.07 Win64 von Papyrus ®© R.O.M. Logicware Soft- und Hardware GmbH, Am Studio 2A, 12489 Berlin und selbst erstellte Beispiele unter Linux Mint 21.3. sowie private Fotos und Dokumente.

Danksagung

Oft zu Unrecht steht der Autor eines Werkes allein im Mittelpunkt des öffentlichen Interesses. Ohne all diese, die gewollt und ungewollt Ideengeber geworden sind; solche, die den noch unausgegorenen Text lesen mussten und ihn hinterfragt haben und welche, die durch fleißige Arbeit in der Druckerei das Buch erst ermöglichten, ist selbst der beste Autor nur ein einsamer Mensch vor einem dummen Computer.

Mein Dank gilt deshalb den Probelesern Herrn *Prof. Dr. Theodor Nebl,* der mir sogar erlaubte, Abbilder seiner eigenen Bücher zu verwenden, den Autoren *Rolf Barkhorn* und *Siegfried Standke* für ihre wertvollen Hinweise. Auch Herrn *Ulli Ramps,* der das fantastische ›Papyrus Autor‹ mit seinem Team schuf und der mir gestattete, Bildschirmfotos und das Papyrus-Logo zu verwenden, sollen hier genannt sein.

Desgleichen die vielen Forumsteilnehmer, die eigentlichen Quellen der Inspiration, sollen nicht unerwähnt bleiben, auch wenn ich mich schließlich anders entschieden habe. Dennoch habe ich von ihnen gelernt.

Durch die vielen ungewöhnlichen Fragen haben mich viele Papyrus-Autor-Einsteiger auf den rechten Weg gebracht und mir gezeigt, was man alles falsch machen und verstehen kann.

Sie alle formten durch Zuspruch und Kritik meine Ansicht zu den Erklärungen im Text und im Coverdesign dieses Sachbuchs.

Nicht zuletzt möchte ich meiner Ehefrau Karin für die Nachsicht danken, ohne die dieses Buch nicht oder nicht so schnell entstanden wäre.

Berthold Wendt

Anhang

Milton Keynes UK
Ingram Content Group UK Ltd.
UKHW050725310324
440175UK00022B/889

9 783758 383076